智力课堂

逻辑思维游戏

思维拓展游戏编委会◎编

吉林出版集团
吉林科学技术出版社

图书在版编目（C I P）数据

逻辑思维游戏 / 思维拓展游戏编委会编. 一长春：吉林科学技术出版社，2013.6（2021.1重印）
（智力课堂）
ISBN 978-7-5384-6780-2

Ⅰ.①逻… Ⅱ.①思… Ⅲ.①智力游戏－儿童读物 Ⅳ.①G898.2

中国版本图书馆CIP数据核字（2013）第098447号

逻辑思维游戏

编　　思维拓展游戏编委会
出 版 人　李　梁
责任编辑　高小禹　万田继
封面设计　南关区涂图设计工作室
制　　版　长春茗尊平面设计有限公司
开　　本　710mm×1000mm　1/16
字　　数　200千字
印　　张　13
版　　次　2013年7月第1版
印　　次　2021年1月第2次印刷

出　　版　吉林出版集团
　　　　　吉林科学技术出版社
发　　行　吉林科学技术出版社
地　　址　长春市人民大街4646号
邮　　编　130021
发行部电话／传真　0431-85635177　85651759　85651628
　　　　　　　　　85677817　85600611　85670016
储运部电话　0431-84612872
编辑部电话　0431-86037583
网　　址　http://www.jlstp.com
印　　刷　北京一鑫印务有限责任公司

书　　号　ISBN 978-7-5384-6780-2
定　　价　29.80元
如有印装质量问题　可寄出版社调换

前言

二十一世纪最重要的是什么?人才!人才是怎样养成的?充足的知识储备、灵活的思维方式，都是作为人才的充要条件。　这两者并不是平等存在的，灵活的思维方式显然是占主导地位的。试想一下，如果一个人缺乏思维的灵活性，那么，即使他拥有再多的知识储备，也只能做一个照本宣科的“书呆子”。所以说，如何充分调动自己的IQ，才是一个聪明人更应该关心的问题。

本书通过各种各样的逻辑思维训练的测试题，讲解了排除法、递推法、倒推法、等常用的解题方法，从而训练自己高超的思维技巧，让头脑变得更灵活、更富有创造力，并能让你在以后的生活中学以致用。目的不是教你学会多少专业的逻辑学理论，而是通过一些我们常用的思考问题的方法，在潜意识中逐步提高逻辑思维能力。同时收录了大量的逻辑思维训练题，尽量着眼于实用、有趣，但是对逻辑思维方面要求较高，希望能对青少年朋友学习和运用逻辑知识有所帮助，激发大脑潜能、活跃思维、提升逻辑思维能力。

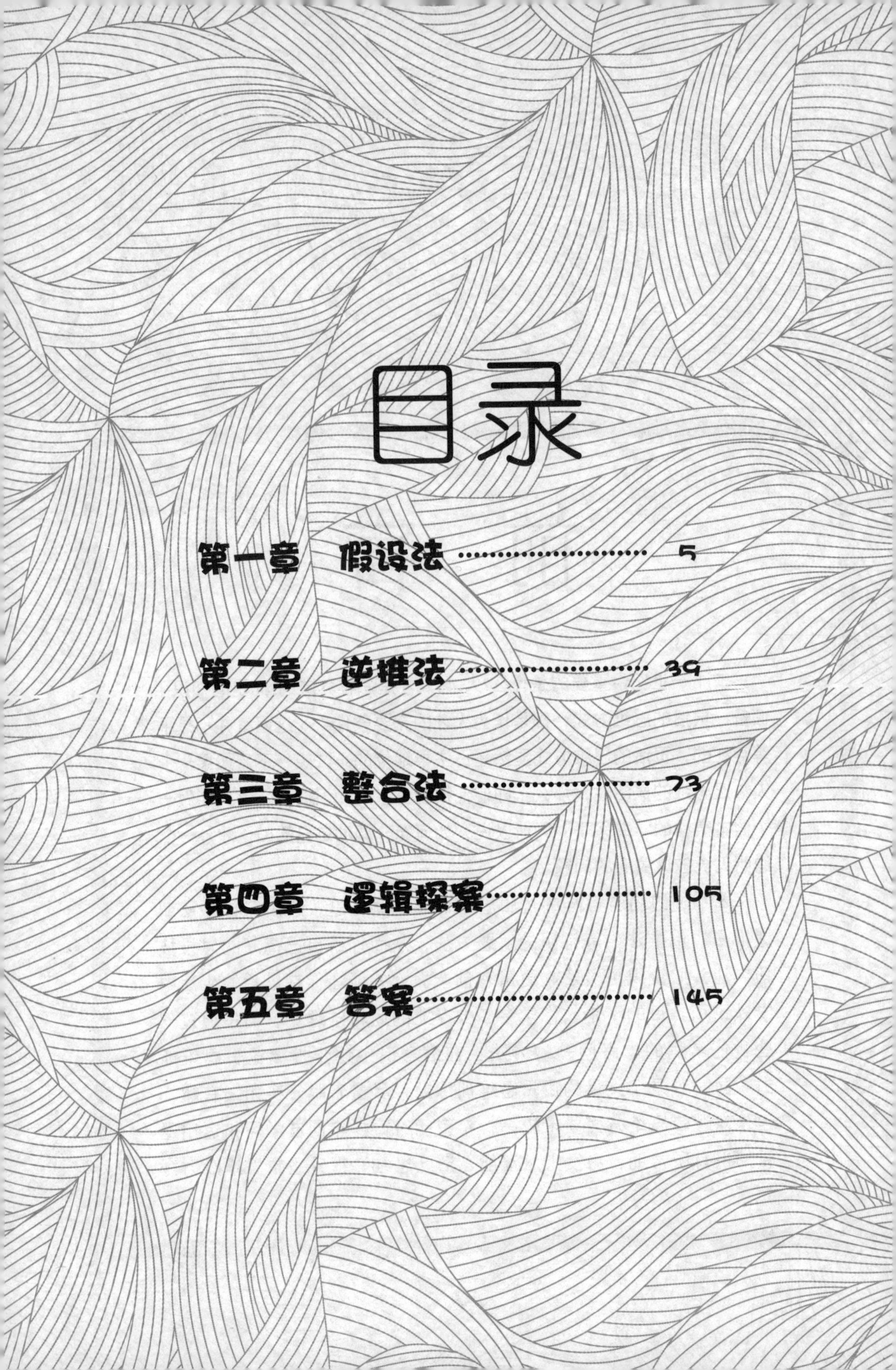

目录

第一章

假设法

Hypothesis method

逻辑判断中的难题有很多都可以用假设法解开，逻辑判断中的假设法还是使用了反证法的逻辑思路。也就是先假设一个判断的真假，然后据此得出一些新的判断，若是出现矛盾就舍去假设；若是没有产生矛盾，假设就是成立的。

1 谁是骗子

有甲、乙两人，他们是老实人，或是骗子。

甲说：“我们两人中至少有一人是骗子。”

谁是骗子?

2 谁干的好事

小红、小芳、小惠三个同学中有一人帮助生病的小青补好了笔记，当小青问谁干的好事时：

小红说：“是小芳干的。”

小芳说：“不是我干的。”

小惠说：“也不是我干的。”

如果知道三人中有两人说的是假话，有一人说真话，能判断是谁做的好事吗?

分析：结论有三种可能，全部列出，进行判断。

3 谁是记者

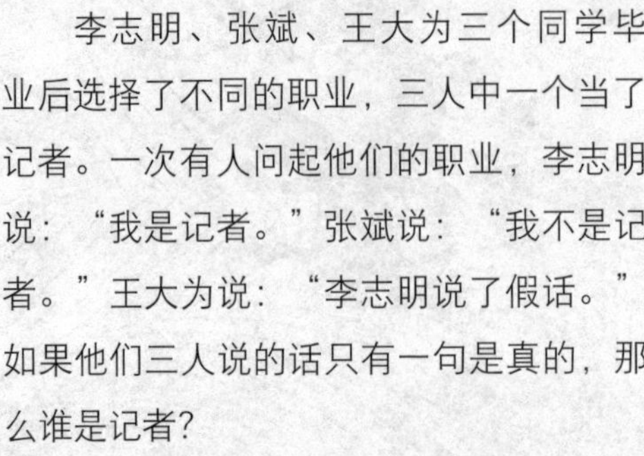

李志明、张斌、王大为三个同学毕业后选择了不同的职业，三人中一个当了记者。一次有人问起他们的职业，李志明说：“我是记者。”张斌说：“我不是记者。”王大为说：“李志明说了假话。”如果他们三人说的话只有一句是真的，那么谁是记者?

4 谁打扫了办公室

老师发现，有人帮他清扫了办公室，他问在场的四位同学，是谁打扫了办公室?

甲：“不是我打扫的”；

乙：“是丁打扫的”；

丙：“是乙打扫的”；

丁：“乙说的是假话”。

经了解，老师发现他们四人中，只有一人说的是真话，其余三人说的是假话。问谁说的是真话，是谁帮助老师打扫了办公室?

5 大象出题

象爸爸想了解小象A和小象B哪个聪明些，一天它出了这样一道题：我有两块黑布，一块白布，要在你们的背上各放一块，你们只能看到对方背上放的是什么颜色的布，而看不到自己背上布的颜色。象爸爸边说边把两块黑布分别放在他们的背上，让他们猜出自己背上放的是什么颜色的布。

过了一会儿，小象A回答说：“我的背上放的是黑布。”请想一想，小象A是怎样猜出来的?

6 糖和石子

有三个袋子，一个装着糖，另外两个装着石子，它们分别写着：

袋子A：“这个袋子装着石子。”

袋子B："这个袋子装着糖。"

袋子C："石子装在袋子B中。"

三个袋子上写的内容，只有一个袋子上写的是正确的。问哪个袋子里装着糖？

7 三位青年的年龄

有人问三位青年的年龄。

小刘说："我22岁，比小陈小2岁，比小李大1岁。"

小陈说："我不是年龄最小的，小李和我差3岁，小李是25岁。"

小李说："我比小刘年纪小，小刘23岁，小陈比小刘大3岁。"

这三位青年每人回答的三句话中，有一句是故意说错的。

你知道他们各自的年龄吗？

8 三好学生

A、B、C、D四个同学猜测他们之中谁被评为三好学生。A说："如果我被评上，那么B也被评上。"B说："如果我被评上，那么C也被评上。"C说："如果D没评上，那么我也没评上。"实际上他们之中只有一个没被评上，并且A、B、C说的都是正确的。问：谁没被评上三好学生。

9 谁得优秀

六年级同学毕业前，凡报考重点中学的同学，都要参加体育加试。加试后，甲、乙、丙、丁四名同学谈论他们的成绩：

甲说："如果我得优，那么乙也得优。"

乙说："如果我得优，那么丙也得优。"

丙说："如果我得优，那么丁也得优。"

以上三名同学说的都是真话，但这四人中得优的却只有两名。问这四人中谁得优秀？

10 冠军是谁

田径场上A、B、C、D、E、F六人参加百米决赛。对于谁是冠军，看台上甲、乙、丙、丁四人有以下猜测：

甲说："冠军不是A就是B。"

乙说："冠军不是C。"

丙说："D、E、F都不可能是冠军。"

丁说："冠军是D、E、F中的一人。"

比赛结果是，这四人中只有一人的猜测是正确的。你知道冠军是谁吗？

11 三个戴帽子的小孩

老师和A、B、C三个小朋友在一起做一个游戏。老师告诉小朋友们，共有五顶帽子，两顶黑色，三顶白色。拿出其中三顶，不告诉什么颜色，每人一顶，分别戴在每个人的头上。每个人都看不见自己头上的帽子。B坐在C的背后，A坐在B的背后。B只能看见C头上的帽子；A能看见B和C头上的帽子；C看不见任何人头上的帽子。

老师问，谁能知道自己头上帽子的颜色？A回答：“我不知道。”B接着回答：“我也不知道。”C略一思考，说：“我知道自己头上帽子的颜色。”

想想看，C推测自己头上帽子的颜色是什么？他是如何作出推测的？

12 皮球的颜色

有红、蓝、黄、白、紫五种颜色的皮球，分别装在五个盒子里。甲、乙、丙、丁、戊五人猜测盒子里皮球的颜色。甲：第二盒是紫的，第三盒是黄的。乙：第二盒是蓝的，第四盒是红的。丙：第一盒是红的，第五盒是白的。丁：第三盒是蓝的，第四盒是白的。戊：第二盒是黄的，第五盒是紫的。猜完之后打开盒子发现，每人都只猜对了一种，并且每盒都有一个人猜对。

由此可以推测：

A 第一个盒子内的皮球是蓝色的

B 第三个盒子内的皮球不是黄色的

C 第四个盒子内的皮球是白色的

D 第五个盒子内的皮球是红色的

13 谁做的好事

某工厂为了表扬好人好事核实一件事，厂方找了A、B、C、D四人。A说：“是B做的。”B说：“是D做的。”C说：“不是我做的。”D说：“B说的不对。”这四人中只有一人说了实话。问：这件好事是谁做的？

14 谁打破了玻璃

四个小朋友宝宝、星星、强强和乐乐在院子里踢足球，一阵响声，惊动了正在读书的陆老师，陆老师跑出来查看，发现一块窗户玻璃被打破了。陆老师问：“是谁打破了玻璃？”

宝宝说：“是星星无意打破的。”

星星说：“是乐乐打破的。”

乐乐说：“星星说谎。”

强强说：“反正不是我打破的。”

如果只有一个孩子说了实话，那么这个孩子是谁？是谁打破了玻璃？

15 五大洲的序号

地理老师在黑板上挂了一张世界地图，并给五大洲的每一个洲都标上一个代号，让学生认出五个洲，五个学生分别回答如下：

甲：3号是欧洲，2号是美洲；

乙：4号是亚洲，2号是大洋洲；

丙：1号是亚洲，5号是非洲；

丁：4号是非洲，3号是大洋洲；

戊：2号是欧洲，5号是美洲。

老师说他们每人都只说对了一半。你知道这五大洲的序号吗？

16 谁的成绩最好

考试刚过，甲、乙、丙、丁四个人预测谁的成绩最好。

甲说：“丙的分数最高。”

乙说：“甲的分数最高。”

丙说：“我的分数肯定不是最高。”

丁说：“得最高分的不是我。”

等老师改完试卷，一看成绩，甲、乙、丙、丁四人得分各不相同。至于其中谁得分最多，四个人异口同声，都说：“我们只有一个人猜对了。”

究竟谁的成绩最好呢？

17 谁是骗子

有甲、乙、丙三人，每人或者是老实人，或者是骗子。

甲说：“乙是骗子。”

乙说：“甲和丙是同一种人。”

谁是骗子？

18 各是哪一种人

有3种人，老实人总是讲真话，骗子总是讲假话，正常人有时讲真话，有时讲假话。甲、乙、丙3人中，有一个老实人，有一个骗子，有一个正常人。

甲说：“我是正常人。”

乙说：“甲说的是真话。”

丙说：“我不是正常人。”

问：甲、乙、丙各是哪一种人？

19 比赛的结果

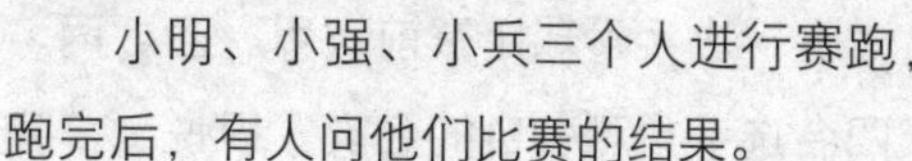

小明、小强、小兵三个人进行赛跑，跑完后，有人问他们比赛的结果。

小明说：“我是第一。”

小强说：“我是第二。”

小兵说：“我不是第一。”

实际上，他们中有一个人说了假话。请判断一下比赛的结果。

20 藏宝图

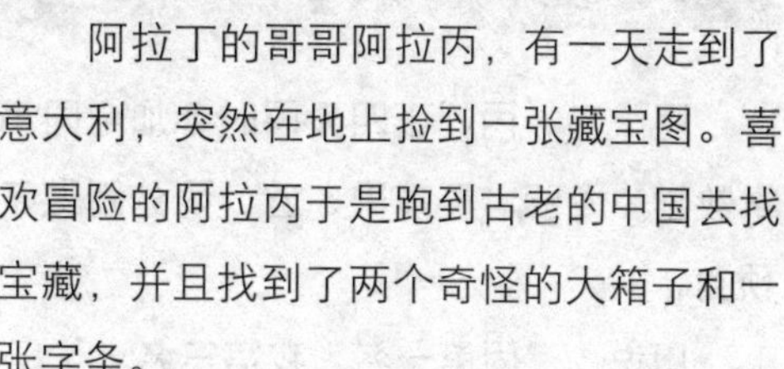

阿拉丁的哥哥阿拉丙，有一天走到了意大利，突然在地上捡到一张藏宝图。喜欢冒险的阿拉丙于是跑到古老的中国去找宝藏，并且找到了两个奇怪的大箱子和一张字条。

字条上面写着：“这是我生前珍藏的黄金宝物。我将黄金装在其中一个箱子。我希望能将黄金宝物传给有智慧的人。如果你的EQ有130以上，相信这个问题难不倒你，不过如果你没有，你还是趁早离开吧，否则开错箱子，你就将永远与我为伴了……哈！哈！哈！黄金老人留。”

阿拉丙接着看到两个箱子上也有字条：

甲箱：“乙箱上的字条是真的，而且黄金在甲箱。”

乙箱：“甲箱的字条是假的，而且黄金在甲箱。”

阿拉丙马上找来他的得力助手（就是你）。你决定打开哪一个箱子呢？

21 预测错了的选手

在一次乒乓球比赛前，甲、乙、丙、丁四名选手预测各自的名次。甲说：“我绝对不会得最后！”乙说：“我不能得第一，也不会得最后！”丙说：“我肯定得第一！”丁说：“那我是最后一名！”比赛揭晓后知道，四人没有并列名次，而且只有一名选手预测错误，你知道是哪位选手预测错了吗？

22 判断名次

甲、乙、丙、丁四人同时参加全国小学数学夏令营。赛前甲、乙、丙分别做了预测。

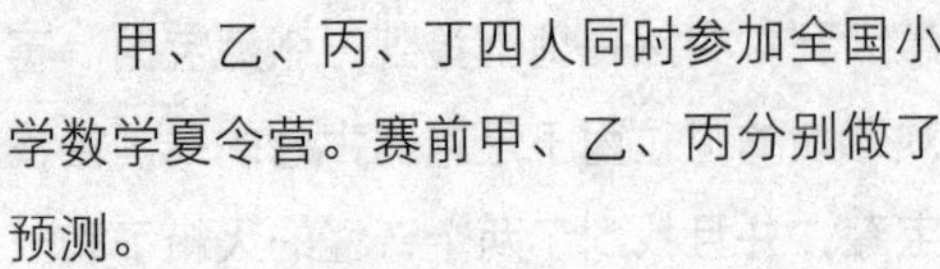

甲说：“丙第一名，我第三名。”

乙说：“我第一名，丁第四名。”

丙说：“丁第二名，我第三名。”

成绩揭晓后，发现他们每人只说对了一半，你能说出他们的名次吗？

23 胜了几场

甲、乙、丙、丁比赛乒乓球，每两个人要赛一场，结果甲胜了丁，并且甲、乙、丙三人胜的场数相同。问丁胜了几场？

24 谁做的好事

某班级有学生做好事不留名。甲、乙、丙、丁四位老师对班上的四位学生表达了他们的看法。

甲说：“这件事如果不是张三做的，肯定就是赵六做的。”

乙说：“这件事如果是张三做的，那么李四或王五也会做。”

丙说：“这件事如果李四不做，则王五也不做；赵六也不会是做这件事的人。”

丁说：“这件事肯定是张三做的，而李四与王五都不会做。”

事后得知，四位老师的看法中只有一种是对的。

据此，可以推出做好事的学生是：

A 张三 B 李四 C 王五 D 赵六

25 举一反三

在三只盒子里，一只装有两个黑球，一只装有两个白球，还有一只装有黑球和白球各一个。现在三只盒子上的标签全贴错了。问能否从一只盒子里拿出一个球来，就能判断出这三只盒子里各装的是什么吗？

26 谁打破了玻璃

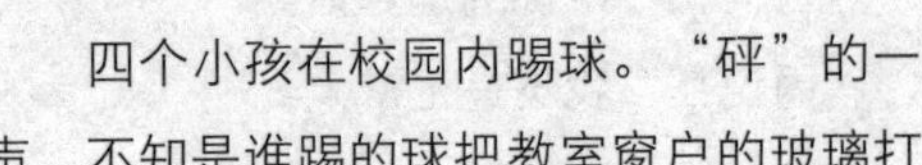

四个小孩在校园内踢球。“砰”的一声，不知是谁踢的球把教室窗户的玻璃打

破了，王老师跑出来一看，问“是谁打破了玻璃？”

小张说：“是小强打破的。”

小强说：“是小胖打破的。”

小明说：“我没有打破窗户的玻璃。”

小胖说：“王老师，小强在说谎，不要相信他。”

这四个小孩只有一个说了实话。

请判断：说实话的是谁？是谁打破了窗户的玻璃？

27 三个和尚

从前有三个和尚，一个讲真话，一个讲假话，另一个有时讲真话，有时讲假话。一天，一位智者遇到这三个和尚，他问第一位和尚：“你后面是哪位和尚？”和尚回答：“讲真话的。”他又问第二位和尚：“你是哪一位？”得到的回答是：“有时讲真话，有时讲假话的。”他问第三位和尚：“你前面的是哪位和尚？”第三位和尚回答说：“讲假话的。”根据他们的回答，智者马上分清了他们各是哪一位和尚，请你说出智者的答案。

28 藏书数目

甲、乙、丙三人对小强的藏书数目作了一个估计，甲说：“他至少有1000本书。”乙说：“他的书不到1000本。”丙说：“他最少有1本书。”这三个估计中只有一句是对的，那么小强究竟有多少本书？

29 住在哪儿

甲、乙、丙、丁在谈论他们及他们的同学何伟的居住地。

甲说：“我和乙都住在北京，丙住在天津。”

乙说：“我和丁都住在上海，丙住在天津。”

丙说：“我和甲都不住在北京，何伟住在南京。”

丁说：“甲和乙都住在北京，我住在广州。”

假定他们每个人都说了两句真话，一句假话。问：不在场的何伟住在哪儿？

30 多少人戴着黑帽子

一群人开舞会，每人头上都戴着一顶帽子。帽子只有黑白两种，黑的至少有一顶。每个人都能看到其他人帽子的颜色，却看不到自己的。主持人先让大家看看别人头上戴的是什么帽子，然后关灯，如果有人认为自己戴的是黑帽子，就拍自己的手。第一次关灯，没有声音。于是再开灯，大家再看一遍，关灯时仍然鸦雀无声。一直到第三次关灯，才有噼噼啪啪拍手的声音响起。问有多少人戴着黑帽子？

31 河水能喝吗

海洋中有一个谎话部落和真话部落共同生活的小岛。一个风和日丽的早晨，探险家来到了这个小岛。由于饥渴难耐，探险家决定先找水喝。他发现了一条小河，但是小河入海处，却漂浮着一些死鱼。探险家犹豫了，不知河水是否有毒。这时，来了一位岛上的居民，探险家决定询问一下。

“天气真好啊！”探险家说道。

“啊呜啊呜！”居民回答道。

探险家又问：“这水能喝吗？”同时捧起河水，做喝水状。

“啊呜啊呜！”

居民作出同样的回答，也不知是肯定还是否定。而且这个人也不知道是真话部落的还是谎话部落的。探险家陷入了沉思。

如果你是探险家，如何判断河水是否能喝？

32 实话和假话

有四个人各说了一句话。

第一个人说：“我是说实话的人。”

第二个人说：“我们四个人都是说谎话的人。”

第三个人说：“我们四个人只有一个人是说谎话的人。”

第四个人说：“我们四个人只有两个人是说谎话的人。”

你能确定谁说的是实话，谁说的是假话吗？

33 谁能拿金牌

对于谁能得到四年级六个班文艺大奖赛的金牌，小明、小光、小玲、小红四个小朋友争论不休。

小明说：得金牌的不是一班就是二班；

小玲说：得金牌的绝不是三班；

小光说：四、五、六班都不可能得金牌；

小红说：得金牌的可能是四、五、六班中的一个。

比赛后发现这四个人中只有一个人猜对了，你能判断出谁得金牌吗？

34 是甲队的吗

少先队员做游戏，甲队只准说真话、乙队只准说假话。甲队在讲台西边，乙队在讲台东边。叫一个小朋友上来判断从两队中选出的一个人是哪个队的。这个小朋友叫这个队员去问一个队员是在讲台西边还是东边。这个队员回来说，那个队员说他在讲台西边。这个小朋友马上判断出来。这个人是甲队的，为什么？

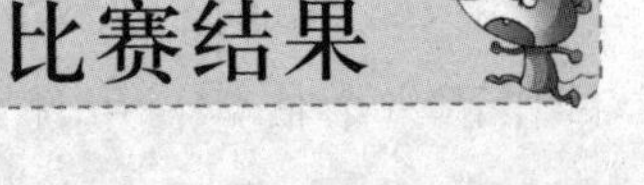

35 推出比赛结果

运动场上，甲、乙、丙、丁四个班正在进行接力赛。对于比赛的胜负，在一旁观看的张明、王芳、李浩进行着猜测。

张明说："我看甲班只能得第三，冠军肯定是丙班。"

王芳说："丙班只能得第二名，至于第三名，我看是乙班。"

李浩则说："肯定丁班第二名，甲班第一。"

而真正的比赛结果，他们的预测只猜对了一半。

请你根据他们的预测推出比赛结果。

36 哪个数字

四个人玩游戏，在每张纸上写上1～9中的一个数字，然后叠起来，每人从中抽取2张，然后报出两数的关系，由此猜出剩下没有人拿的那个数字是多少。已知：

（1）A说他手里的两数相加为10。

（2）B说他手里的两数相减为1。

（3）C说他手里的两数之积为24。

（4）D说他手里的两数之商为3。

由此他们四人都猜出了剩下没有人拿的那个数字，这个数字是（　）。

A 5　B 6　C 7　D 8

37 骗子和赌棍

甲、乙、丙三人中有一位是意大利牧师，有一位是英国骗子，还有一位是美国赌棍。牧师不说谎话，骗子总说谎话，赌棍有时要说谎。

甲说："丙是牧师。"

乙说："甲是赌棍。"

丙说："乙是骗子。"

谁是英国骗子？谁是美国赌棍？

38 发挥正常的人

甲、乙、丙三人一起参加了物理和化学两门考试。三个人中，只有一个在考试中发挥正常。

考试前，甲说："如果我在考试中发挥不正常，我将不能通过物理考试。如果我在考试中发挥正常，我将能通过化学考试。"

乙说："如果我在考试中发挥不正常，我将不能通过化学考试。如果我在考试中发挥正常，我将能通过物理考试。"

丙说："如果我在考试中发挥不正常，我将不能通过物理考试。如果我在考试中发挥正常，我将能通过物理考试。"

考试结束后，证明这三个人说的都是真话，并且：

发挥正常的人是三人中唯一的一个通过这两门科目中某门考试的人。

发挥正常的人也是三人中唯一的一个没有通过另一门考试的人。

从上述断定能推出以下哪项结论？

A 甲是发挥正常的人

B 乙是发挥正常的人

C 丙是发挥正常的人

D 题干中缺乏足够的条件来确定谁

是发挥正常的人

Ⓔ 题干中包含互相矛盾的信息

39 白帽子和黑帽子

有甲、乙、丙、丁、戊五个人，每个人头上戴一顶白帽子或者黑帽子，每个人显然只能看见别人头上帽子的颜色，看不见自己头上帽子的颜色。并且，一个人戴白帽子当且仅当他说真话，戴黑帽子当且仅当他说假话。已知：

甲说：“我看见三顶白帽子和一顶黑帽子。”

乙说：“我看见四顶黑帽子。”

丙说：“我看见一顶白帽子和三顶黑帽子。”

戊说：“我看见四顶白帽子。”

根据上述题干，下列陈述都是假的，除了：

Ⓐ 甲和丙都戴白帽子

Ⓑ 乙和丙都戴黑帽子

Ⓒ 戊戴白帽子，但丁戴黑帽子

Ⓓ 丙戴黑帽子，但甲戴白帽子

Ⓔ 丙和丁都戴白帽子

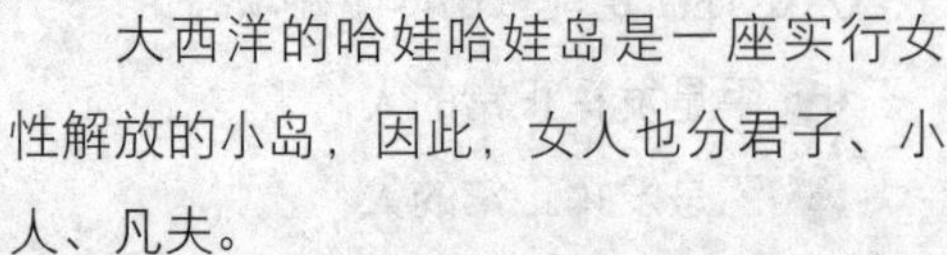

40 哈娃哈娃岛

大西洋的哈娃哈娃岛是一座实行女性解放的小岛，因此，女人也分君子、小人、凡夫。

话说公元1001年，刚继位的哈娃哈娃岛女皇一时突发奇想，批准了一条非常奇怪的法令：君子必须跟小人通婚，小人必须跟君子通婚，凡夫只准跟凡夫通婚。这么一来，不管是哪一对夫妻，要么双方都是凡夫，要么一方是君子，一方是小人。

某一年的“咖啡节”和“可可节”，哈娃哈娃岛上发生了两个故事：

（1）“咖啡节”的故事

舞会上，有一对夫妻：A先生和A夫人。他们站在小舞台上说了如下的两句话：A先生：我妻子不是凡夫。A夫人：我丈夫也不是凡夫。

问：如果你是“逻辑博士”，你能断定A先生和A夫人是何种人？

（2）“可可节”的故事

有A先生和A夫人，B先生和B夫人四个人，在“可可节”的舞会上，同坐在一张圆桌上喝酒。微醉时，四个人中有三个人说了如下的三句话：A先生：B先生是君子。A夫人：我丈夫说得对，B先生是君子。B夫人：你们说得对极了，我丈夫的确是君子。

如果你是“逻辑博士”，你能断定这四个人各是何种人吗？这三句话中，哪几句是真的吗？

41 第六号纸牌

八张编了号的纸牌扣在桌上，它们的相对位置如下图所示：

		1	
2	3	4	
	5	6	7
		8	

这八张纸牌：

（1）每张A挨着一张K；

（2）每张K挨着一张Q；

（3）每张Q挨着一张J；

（4）没有一张Q与A相邻；

（5）没有两张相同的牌彼此相邻；

（6）八张牌中有两张A、两张K、两张Q、2张J。

编为6号的是哪一种牌——是A、K、Q还是J?

提示：假定6号牌分别是A、K、Q或J。只在一种情况下不会产生矛盾。

42 过桥

一座独木桥只能容纳一个人走过。这天，张三正在过桥，李四也从对面走上了桥，他们两人的身体没有任何触碰，却都同时过了桥，他们是怎样过桥的呢?

43 谎话和真话

有五个人各说了一句话。

第一个人说："我们中间每个人都说谎。"

第二个人说："我们中间只有一个人说谎。"

第三个人说："我们中间有两个人说谎。"

第四个人说："我们中间有三个人说谎。"

第五个人说："我们中间有四个人说谎。"

请问，他们谁说谎，谁说真话?

44 怪人俱乐部的姐妹

有这样一个怪人俱乐部，成员中有一对非常貌美的姐妹。姐姐在上午说真话，下午说假话，妹妹正好相反，上午只说假话，下午才说真话。有一位想加入该俱乐部的人走访了这姐妹俩，并问道："你们两个谁是姐姐呀?"于是胖一点儿的回答道："我是。"瘦一点儿的回答："我是。"当再问道："现在几点钟"时，胖一点儿的回答："快到中午了"。瘦一点儿的回答："已经过了中午"。请问现在是上午还是下午，哪一个是姐姐呢?

45 由重到轻的顺序

有四个外表看起来没有区别的小球，它们的重量可能各有不同。取一个天平将甲、乙放一组，丙、丁为另一组分别放在天平的两边，天平是基本平衡的。将乙和丁对调一下，甲、丁一边明显地要比乙、丙一边重很多。可奇怪的是我们将天平的一边放上甲、丙，而另一边刚放上乙，还没有来得及放上丁时，天平就压向了乙一边。

则四个球由重到轻的顺序是：

A 乙、丁、甲、丙

B 丁、乙、丙、甲

C 乙、甲、丁、丙

D 丁、乙、甲、丙

46 师徒下厨

唐僧师徒四人一天来到一个小客栈，店里的人一见悟空兄弟相貌可怕，吓得都跑光了。师徒四人只得自己动手，下厨做饭。他们一个在烧水，一个在洗菜，一个在淘米。

已知：

A 唐僧不担水也不淘米

B 悟空不洗菜也不担水

C 如果唐僧不洗菜，那么沙僧就不担水

D 八戒既不担水也不淘米

你知道他们各做什么吗？

47 裙子的颜色

王菲、李娜、刘明都穿着连衣裙去参加游园会。她们穿的裙子一个是花的，一个是白的，一个是蓝的。只知道刘明没有穿蓝裙子，王菲既没穿蓝裙子，也没穿花裙子。

请你想一想：

穿白裙子的是哪位？

穿蓝裙子的是哪位？

穿花裙子的是哪位？

48 莎士比亚属于谁

莎士比亚的同时代人本·琼逊讲过一句名言，说莎士比亚不属于一个时代而属于所有的世纪。上文显然支持的一项观点是：

A 莎士比亚很英俊

B 本·琼逊很了解莎士比亚

C 莎士比亚很卓越

D 莎士比亚并不实际存在

49 谁是冠军

田径场上进行跳高决赛，参加决赛的有A、B、C、D、E、F六个人。对于谁是冠军，看台上甲、乙、丙、丁四人猜测：

甲：“冠军不是A，就是B。”

乙：“冠军绝不是C。”

丙：“D、E、F都不可能是冠军。”

丁：“冠军可能是D、E、F中的一个。”

比赛后发现，这四人中只有一人的猜测是正确的。你能断定谁是冠军吗？

50 被覆盖的颜色

在黑、蓝、黄、白四种由深至浅排列的涂料中，一种涂料只能被它自身或者比它颜色更深的涂料所覆盖。若上述断定为真，则以下哪一项确切地概括了能被蓝色覆盖的颜色？

（1）这种颜色不是蓝色；

（2）这种颜色不是黑色；

（3）这种颜色不如蓝色深。

A 只有（1） B 只有（2）

C 只有（3） D 只有（1）和（2）

E （1）、（2）和（3）

51 祝枝山写春联

明代书画家祝枝山和唐伯虎、文徵明、周文宾堪称“江南四大才子”。他疾恶如仇，常用笔画戏弄贪官污吏。

某年除夕，他应邀为一刘姓赃官题写了两幅春联：

明日逢春好不晦气终年倒运少有余财

此地安能居住其人好不悲伤

赃官看后恼羞成怒，即刻扭了祝枝山要问罪。

祝枝山抱拳一笑：“大人差矣！学生写的全是吉庆之词啊！”

于是，祝枝山抑扬顿挫地重又当众念了一遍。赃官和众人听得目瞪口呆，无言对答。好半天，方如梦初醒，再看那祝枝山，早已扬长而去。祝枝山写的春联应该如何断句？

52 打工与上学

并非小李既打工又上学。如果上述断定是真的，那么，下述哪项一定是真的？

A 小李打工但不上学

B 小李上学但不打工

C 小李既不打工也不上学

D 如果小李打工，那么他一定不上学

E 如果小李不打工，那么他一定上学

53 怪城

有一个怪城，城里一边住着好人，一边住着骗子，城门左右各有一个人站岗，其中一个是好人，一个是骗子，好人总说实话，骗子总说假话。有个人到了这个城门后，忘记了哪边是好人，如果问错了人，就会走到骗子住的地方，吃亏上当。这可怎么办呢？

54 兴趣所在

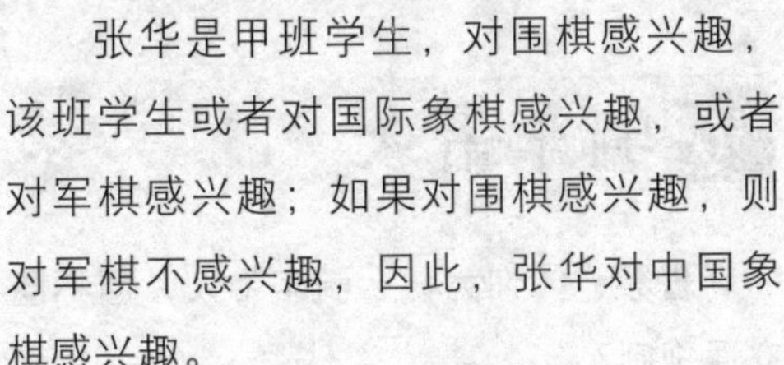

张华是甲班学生，对围棋感兴趣，该班学生或者对国际象棋感兴趣，或者对军棋感兴趣；如果对围棋感兴趣，则对军棋不感兴趣，因此，张华对中国象棋感兴趣。

以下哪项最可能是上述论证的假设？

A 如果对国际象棋感兴趣，则对中国象棋感兴趣

B 甲班对国际象棋感兴趣的学生都对中国象棋感兴趣

C 围棋和中国象棋比军棋更具挑战性

D 甲班学生感兴趣的棋类只限于围棋、国际象棋、军棋和中国象棋

E 甲班所有学生都对中国象棋感兴趣

55 营养价值

甘蓝比菠菜更有营养。但是，因为绿芥蓝比莴苣更有营养，所以甘蓝比莴苣更有营养。以下各项，作为新的前提分别加入到题干的前提中，都能使题干的推理成立，除了：

A 甘蓝与绿芥蓝同样有营养。

B 菠菜比莴苣更有营养。

C 菠菜比绿芥蓝更有营养。

D 菠菜与绿芥蓝同样有营养。

E 绿芥蓝比甘蓝更有营养。

56 骑车带人

警察：“你为什么骑车带人，懂不懂交通规则？”

骑车人：“我以前从没有骑车带人，这是第一次。”

下述哪段对话中出现的逻辑错误与题干中的最为类似？

A 审判员：“你作案后跑到什么地方去了？”

被告：“我没作案。”

B 母亲：“我已经告诉过你准时回来，你怎么又晚回来一小时？”

女儿：“你总喜欢挑我的毛病。”

C 老师：“王林同学昨天怎么没完成作业？”

王林：“我爸爸昨天从法国回来了。”

D 张三：“你已经停止打你的老婆了吗？”

李四：“我从来就没有打过老婆。”

E 谷菲：“昨晚的舞会真过瘾，特别是那位歌星的歌特煽情。”

白雪：“他长得也特酷，帅呆了！”

57 找出对应项（1）

电脑：鼠标

A 水壶：茶杯

B 手机：短信

C 船：锚

D 录音机：磁带

58 找出对应项（2）

健谈对于（　）相当于（　）对于开支。

A 沉默，收入

B 诽谤，谎言

C 说话，奢侈

D 性格，透支

59 字母接龙（1）

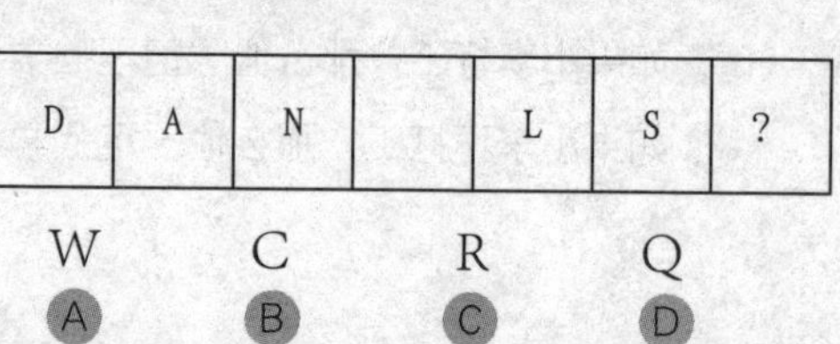

D	A	N		L	S	?

W A　　C B　　R C　　Q D

60 字母接龙（2）

S	G	F	K	?

4　　0　　3　　6

Ⓐ　Ⓑ　Ⓒ　Ⓓ

61 特殊的字母

哪个字母异于其他字母？

A　N　E　F　H

Ⓐ　Ⓑ　Ⓒ　Ⓓ　Ⓔ

62 哪个合适

哪个字母适合填在问号处可完成谜题？

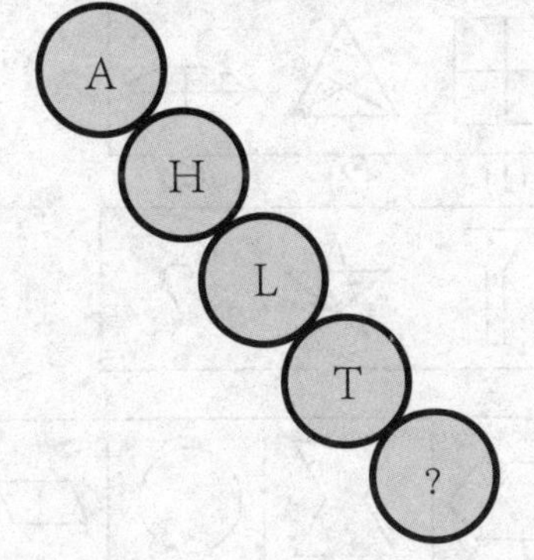

63 汉字接龙（1）

哪个字母适合填在问号处可完成谜题？

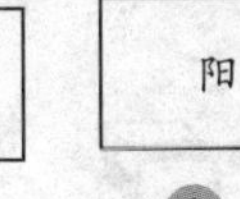

二	小	无	外	?		

阳	春	白	雪

Ⓐ　Ⓑ　Ⓒ　Ⓓ

64 汉字接龙（2）

哪个字母适合填在问号处可完成谜题？

丁	认	名

人	见	?

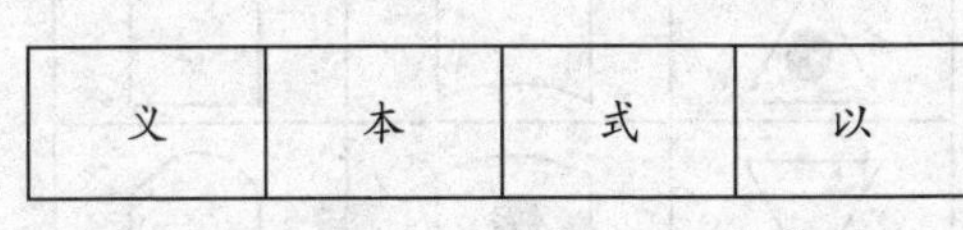

义	本	式	以

Ⓐ　Ⓑ　Ⓒ　Ⓓ

65 找出同类图形

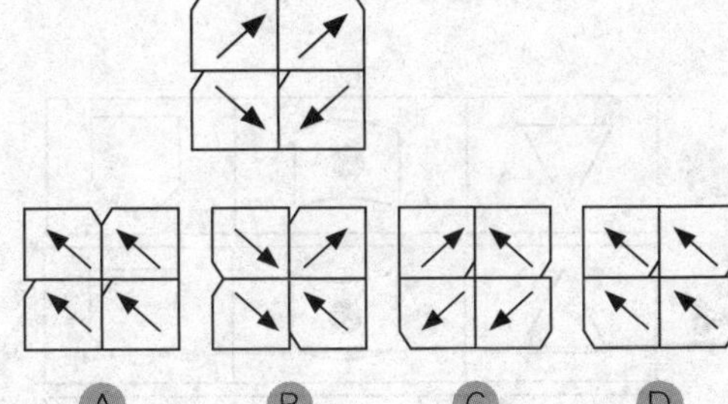

Ⓐ　Ⓑ　Ⓒ　Ⓓ

66 找出对应纸盒

下面四个所给的选项中，哪一选项的盒子不能由左边给定的图形做成？

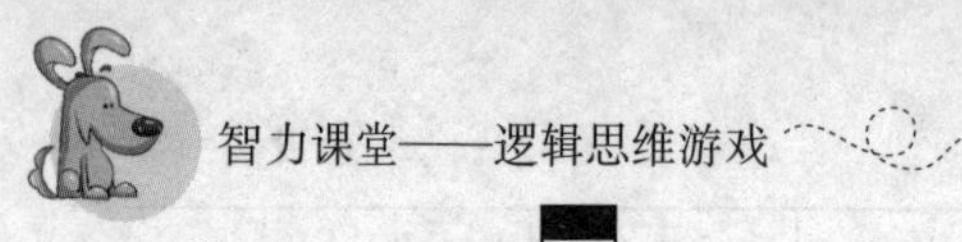

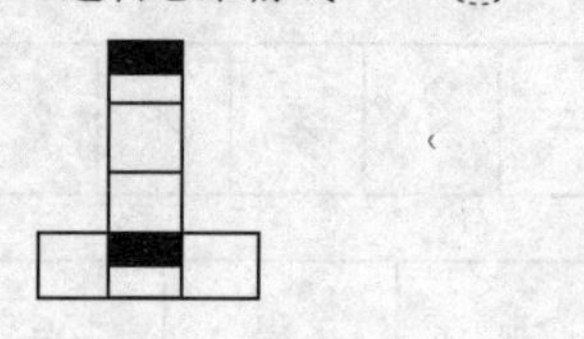

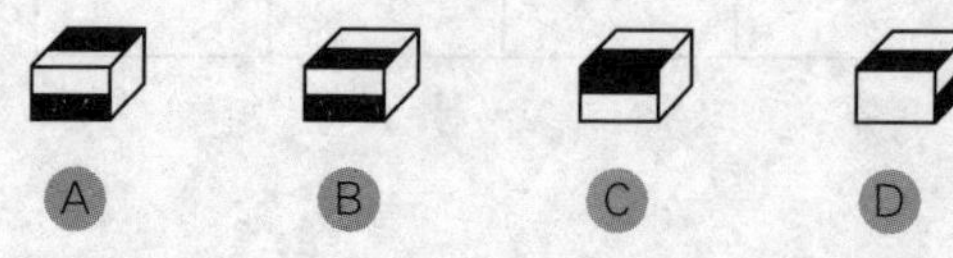

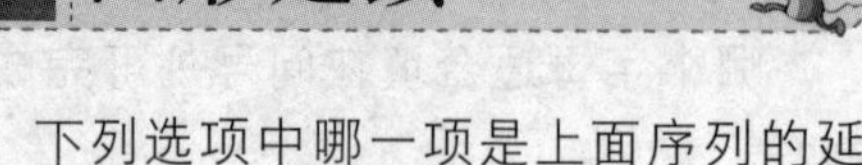

67 图形延续

下列选项中哪一项是上面序列的延续?

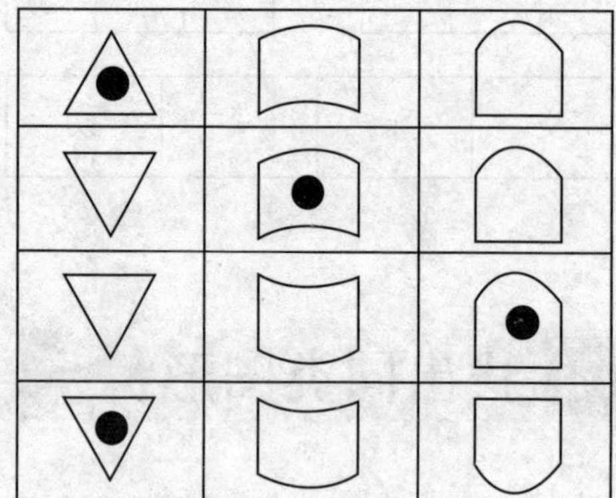

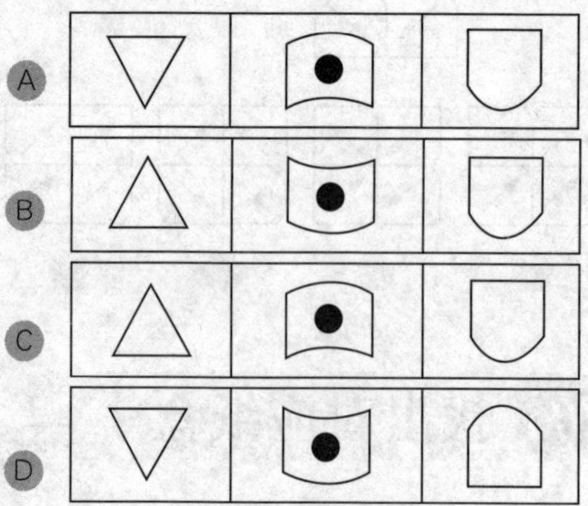

68 图形接龙（1）

根据图（1）和图（2）的逻辑关系，和图（3）相类似的图形是:

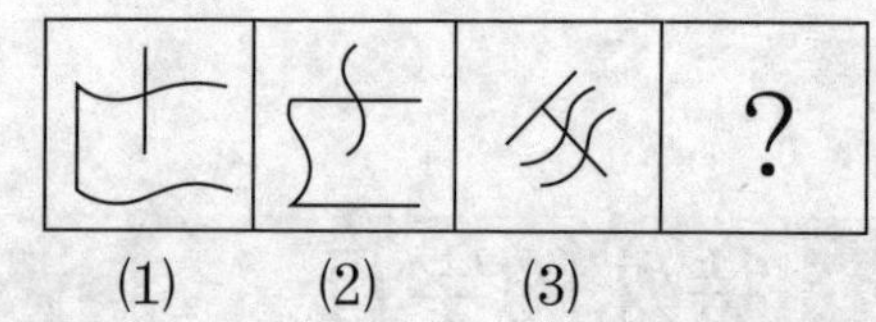

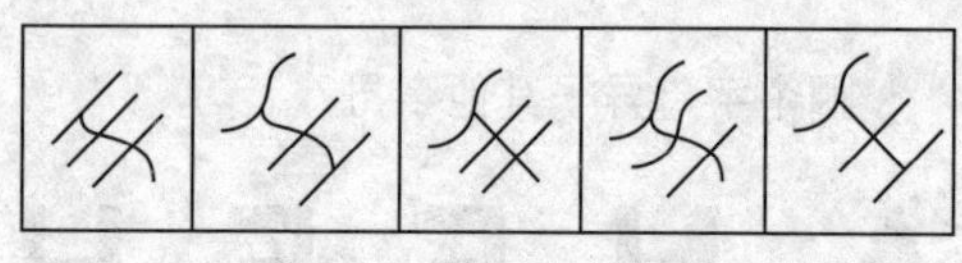

69 图形接龙（2）

根据图（1）和图（2）的逻辑关系，和图（3）相类似的图形是:

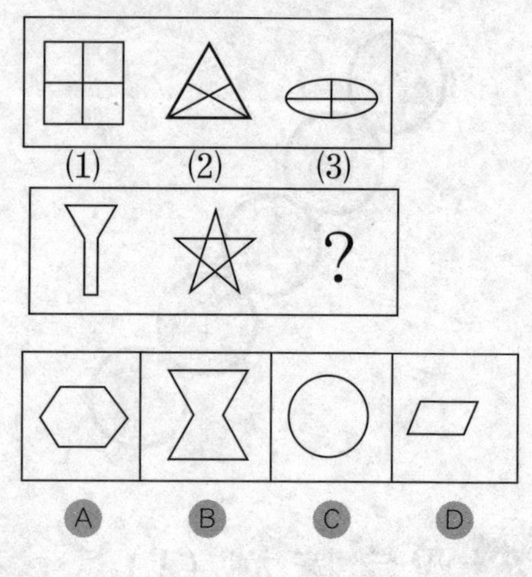

70 图形接龙（3）

A B C D

71 图形接龙（4）

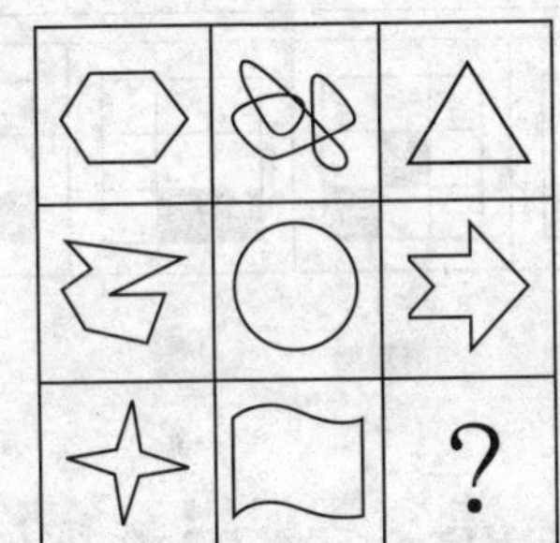

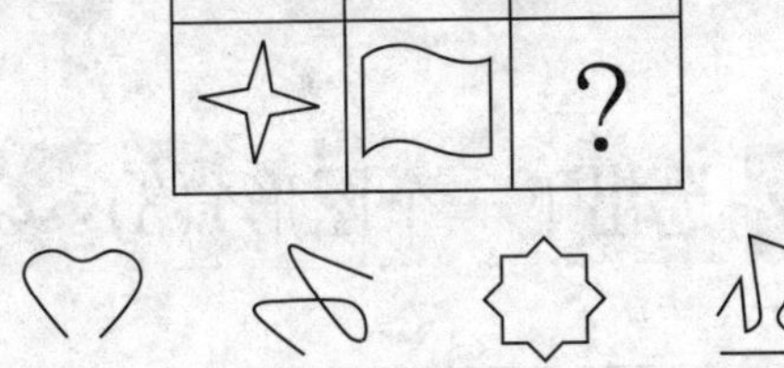

A B C D

72 图形接龙（5）

A B C D

73 图形接龙（6）

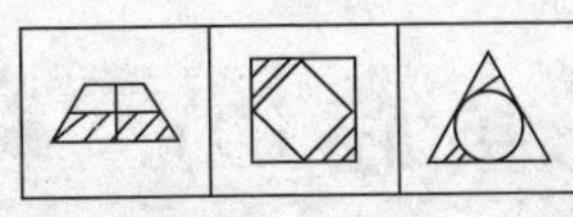

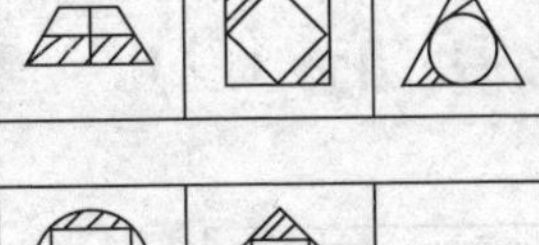

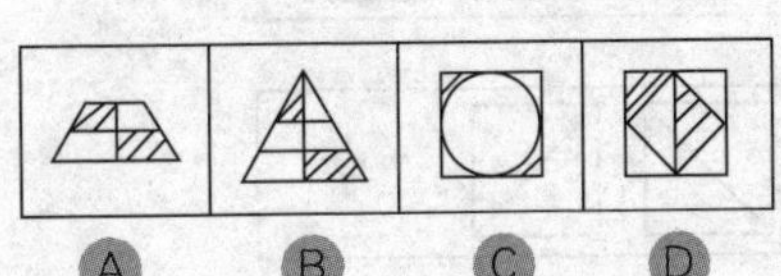

A B C D

74 图形接龙（7）

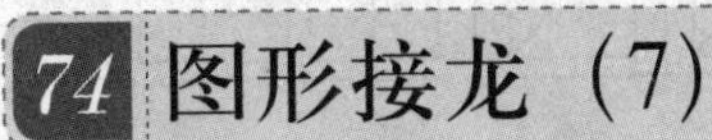

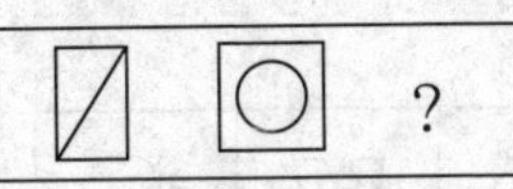

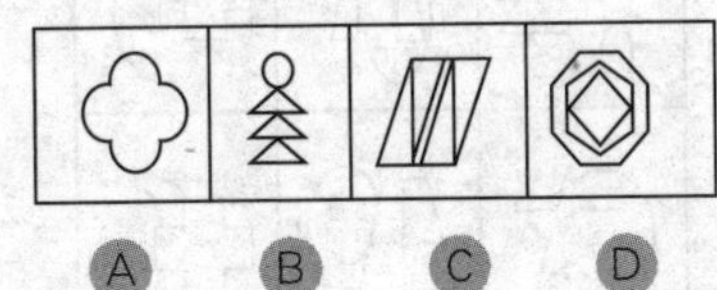

A B C D

75 图形接龙（8）

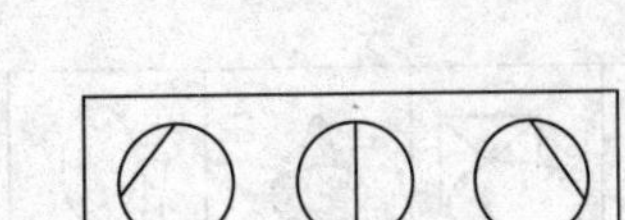

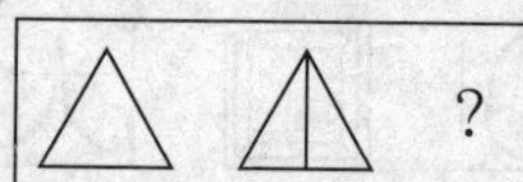

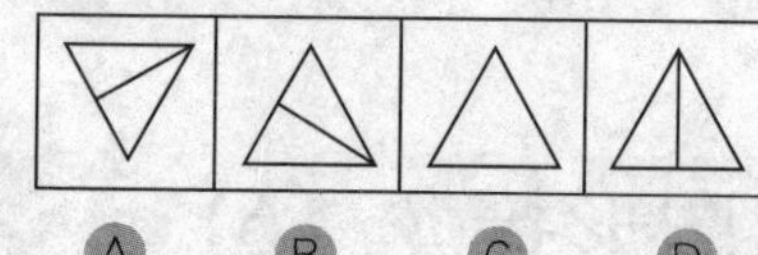

A B C D

76 图形接龙（9）

A B C D

77 图形接龙（10）

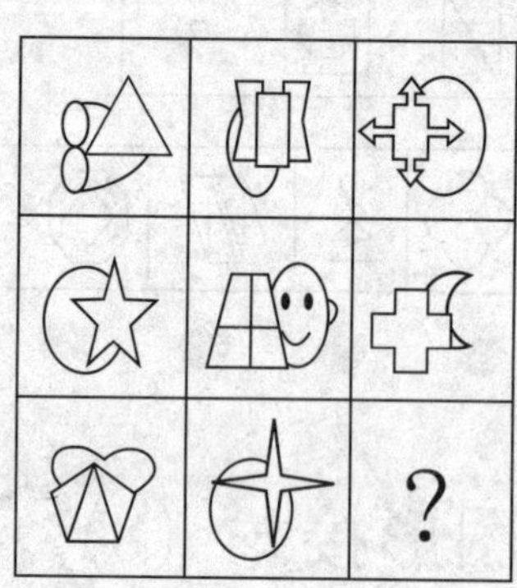

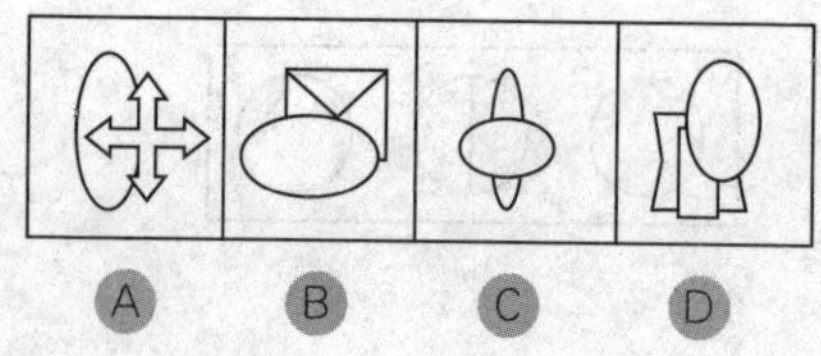

A B C D

78 选出下一个图形（1）

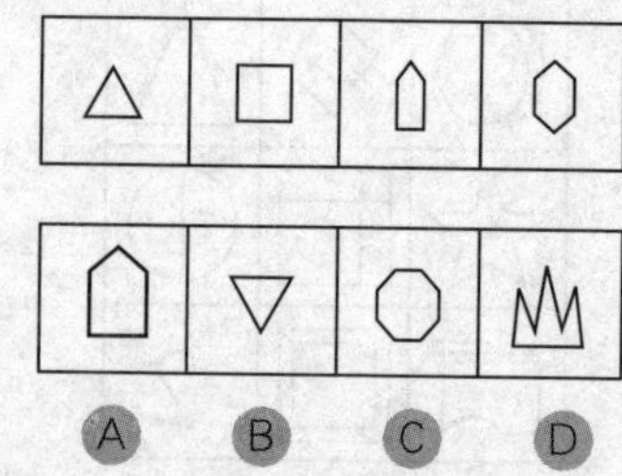

A B C D

79 选出下一个图形（2）

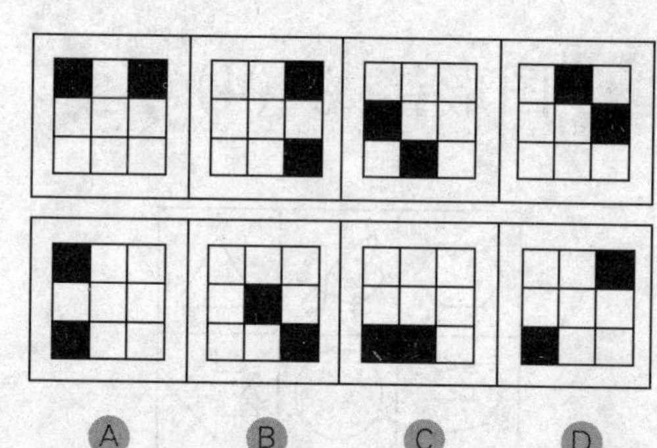

A B C D

80 选出下一个图形（3）

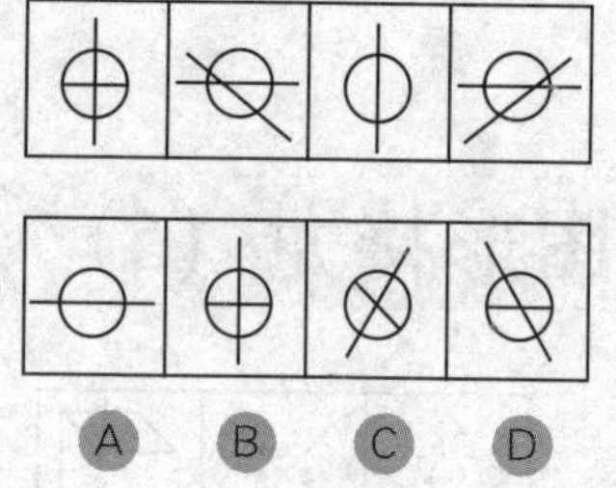

A B C D

81 选出下一个图形（4）

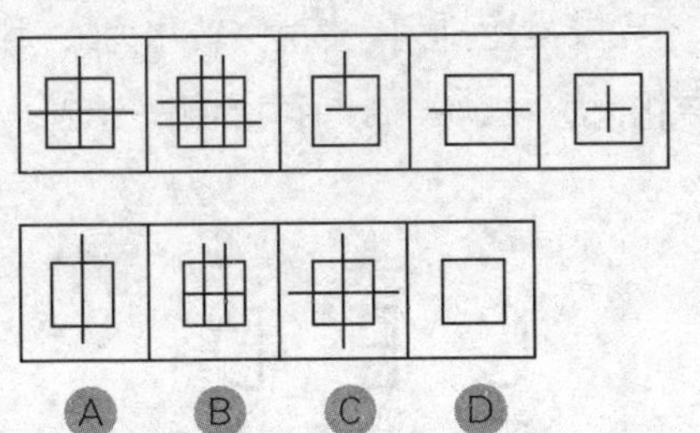

82 选出下一个图形（5）

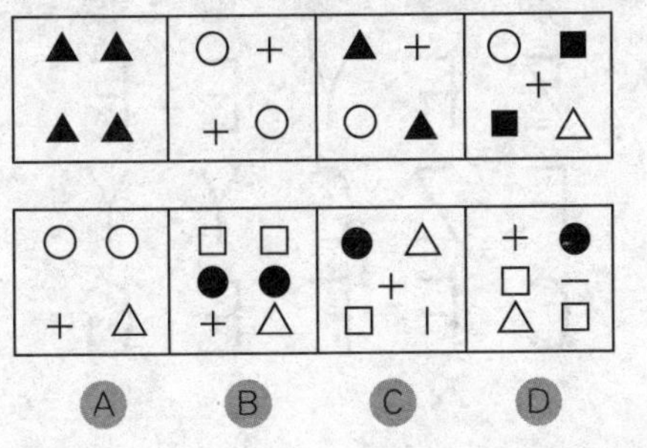

83 选出下一个图形（6）

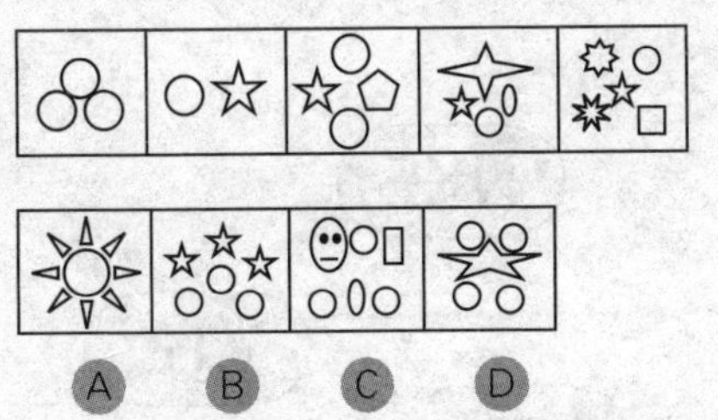

84 商场失窃案

某商场失窃，职员涉嫌被询问。公安局的办案人员的第一个问题是：

“你以后还敢不敢再偷？”

上述提问方式，和下列哪项最为类似？

A 张二考试粗心，数学只得了90分。爸爸问他：“你以后还粗心吗？”

B 李四花了一大笔钱去某地游玩，结果大失所望，阿五幸灾乐祸，问李四：“以后还去吗？”

C 赵六酒后驾车，结果翻车住院，还被罚了款，赵六的爱人又气又急，问：“你以后还敢酒后驾车吗？”

D 某歌舞厅因提供色情服务被查封，半年后复业，执法人员问老板：“你以后还敢不敢再犯？”

E “文化大革命”中，在一次批斗会上，造反派质问被批斗的老干部：“你以后还敢不敢再走资本主义道路了？”

85 找出对应项（1）

期刊：杂志

A 水果：柠檬

B 酱油：食品

C 油墨：印刷

D 皮肤：搔痒

86 找出对应项（2）

阅读：技能

A 种瓜：技巧

B 焊接：技术

C 浏览：才华

D 做诗：天赋

87 找出对应项（3）

阳光：紫外线

- A 电脑：辐射
- B 海水：氯化钠
- C 混合物：单质
- D 微波炉：微波

88 字母接龙（1）

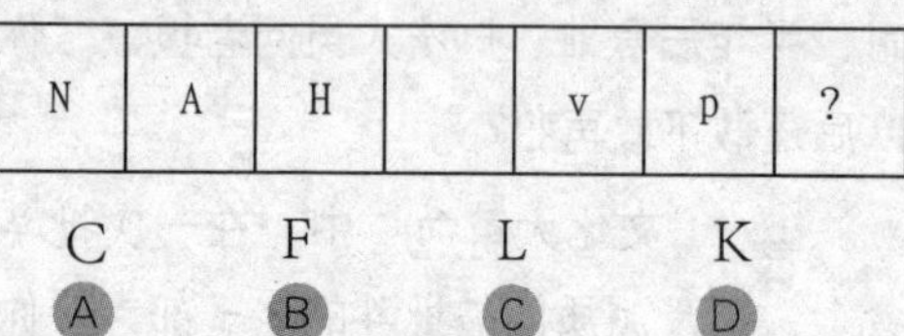

N	A	H		v	p	?

A C　B F　C L　D K

89 字母接龙（2）

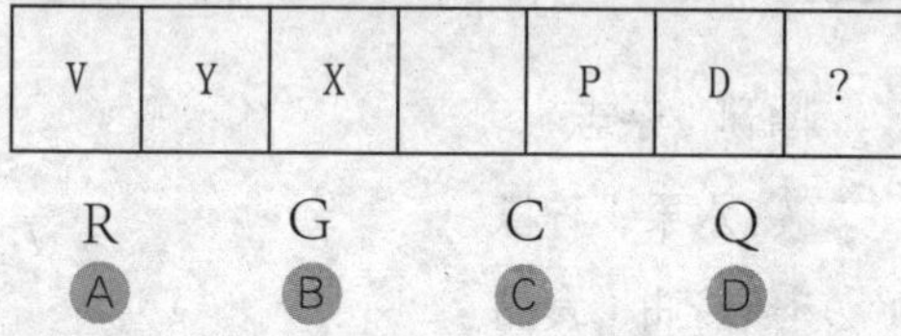

V	Y	X		P	D	?

A R　B G　C C　D Q

90 字母接龙（3）

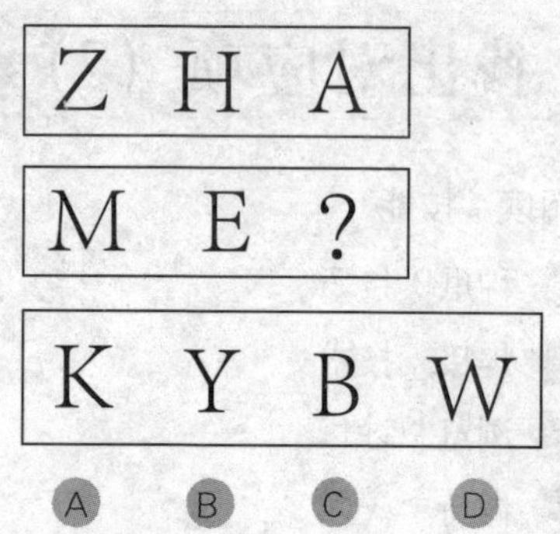

Z	H	A

M	E	?

K	Y	B	W

A　B　C　D

91 字母转化

完成类比排列。按照A转化为B，那么C转化为D、E、F、G、H中的哪一个？

A	B	C
C	E	D
F	I	W
T	X	B

A	B	C	D	E
Z	F	Y	E	F
F	Z	C	Y	Y
C	F	F	E	G

92 特殊的字母

下面哪组字母是特殊的？

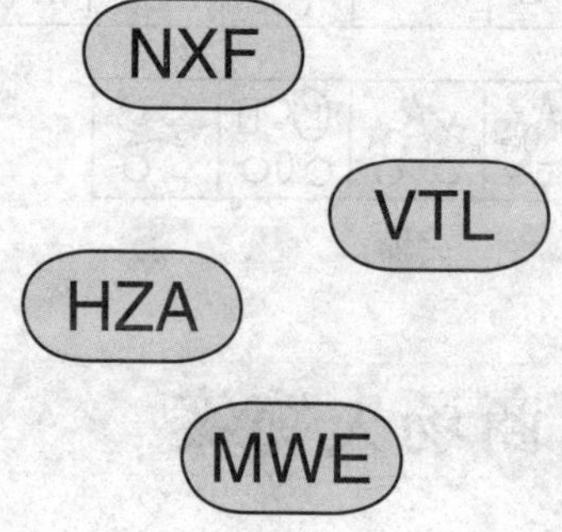

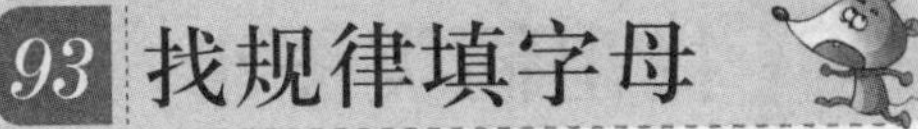

93 找规律填字母

填什么字母能延续这个序列呢?

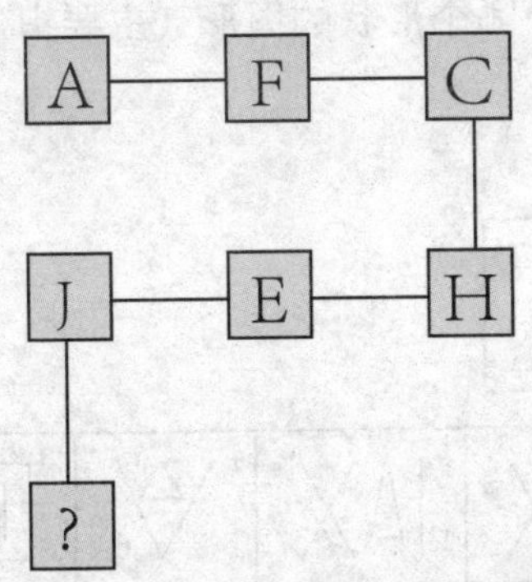

94 看图片找规律

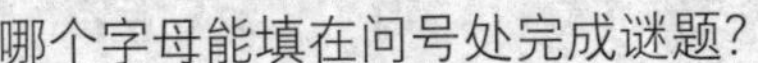

哪个字母能填在问号处完成谜题?

C	L	D
F	?	B
E	Y	E

95 缺失的字母

你能推算出问号处缺失的字母吗?

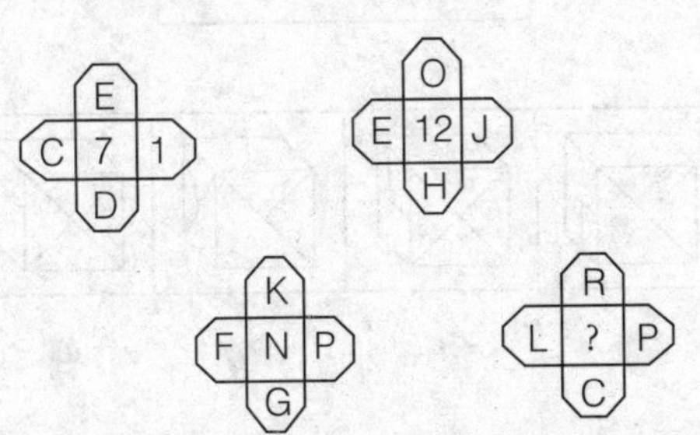

96 字母大厦

哪个字母能填在问号处，完成这个谜题?

T	
V	R
X	P
Z	N
B	?
D	J
F	H

97 转盘上的字母

你知道图中的问号处该填哪个字母吗?

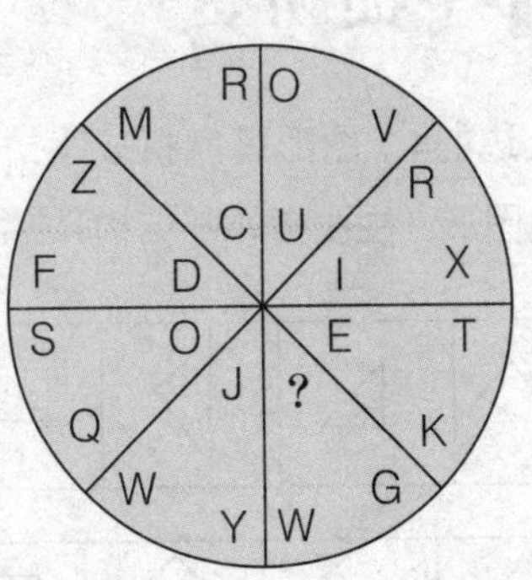

98 汉字接龙（1）

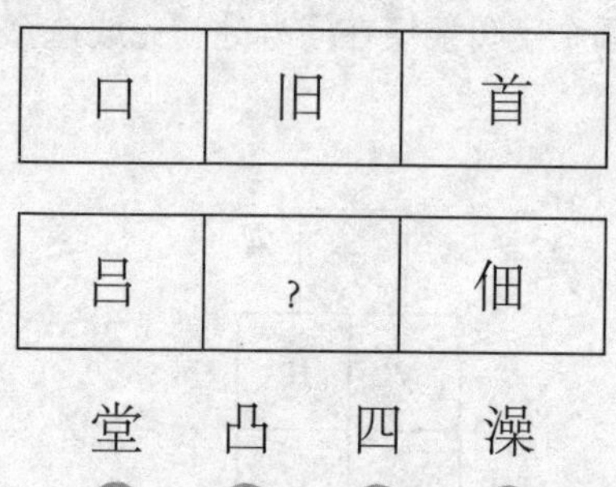

口	旧	首
吕	?	佃

堂 凸 四 澡

A B C D

99 汉字接龙（2）

开	面	出
青	勺	什
小	对	?

无	忠	走	三

A B C D

100 平面拼合

上边的4个图形可以拼成下边的哪个形状的图形（主要指外部结构）？

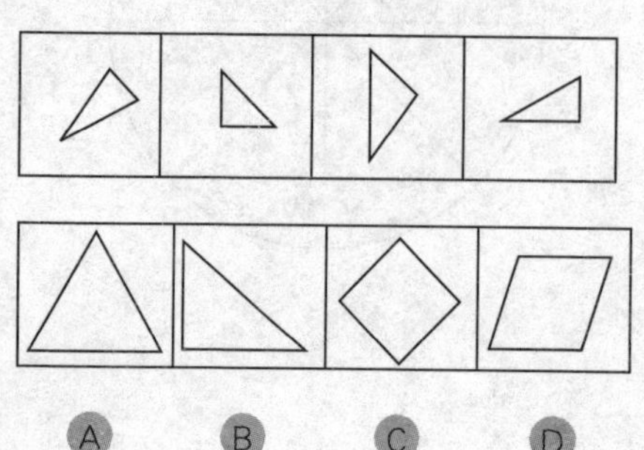

A B C D

101 找出同类图形

选项中的4个图形可以拼成下边的例子中哪个形状的图形（主要指外部结构）？

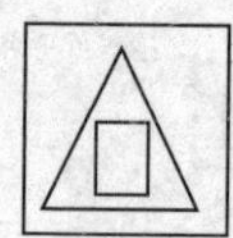

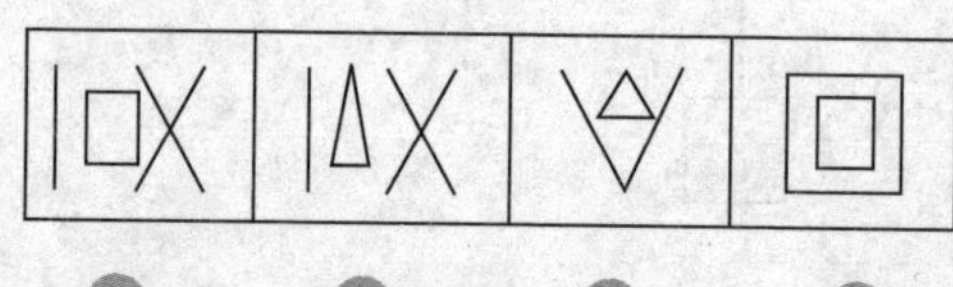

A B C D

102 找出对应纸盒

下面四个所给的选项中，哪一选项的盒子不能由左边给定的图形做成？

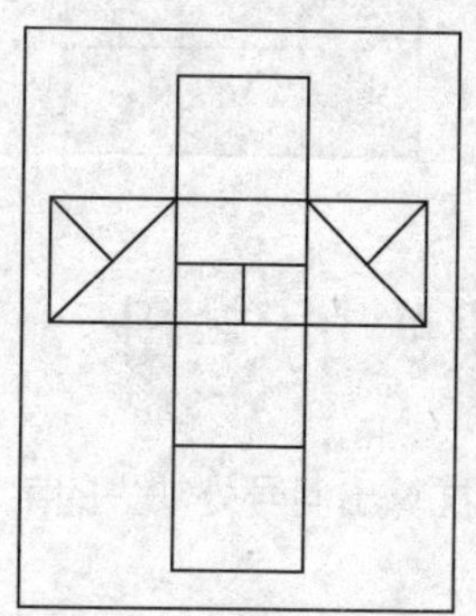

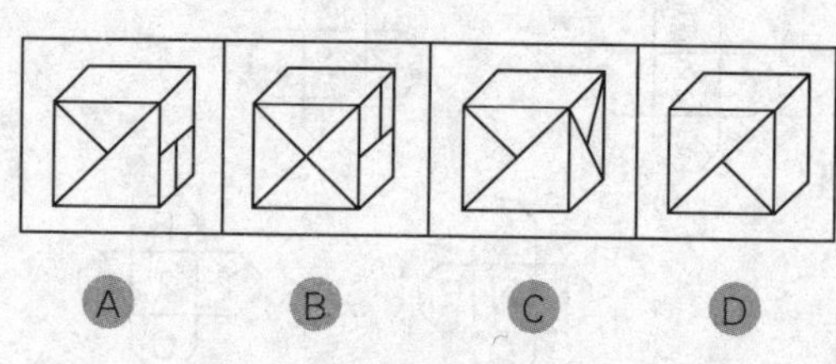

A B C D

103 金字塔之巅

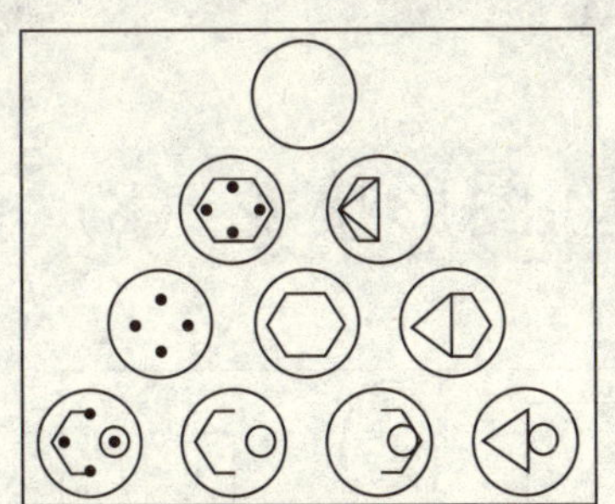

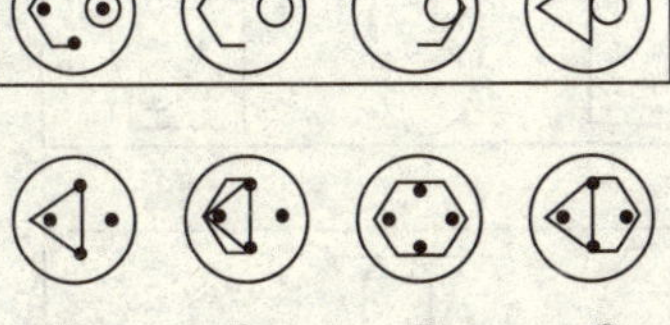

A　B　C　D

104 找出另类

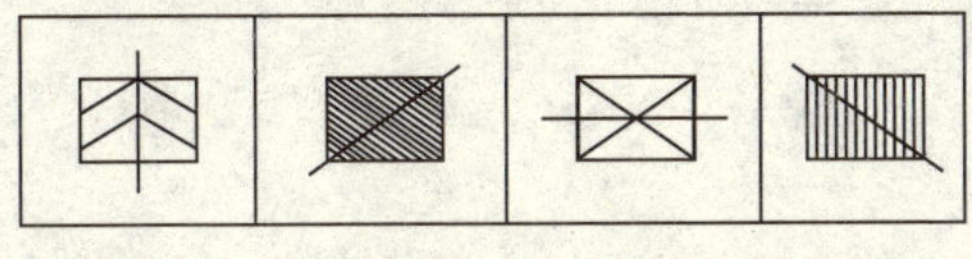

A　B　C　D

105 图形接龙（1）

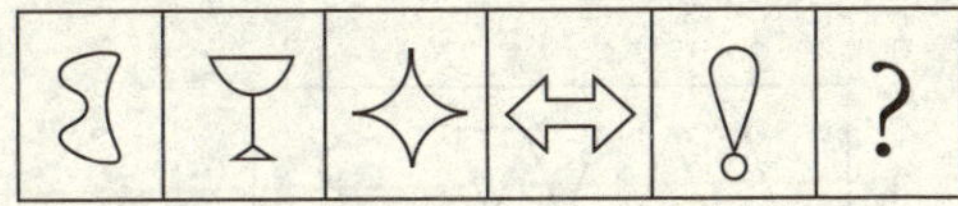

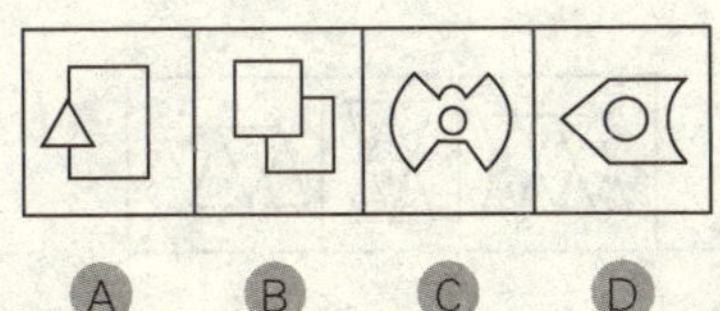

A　B　C　D

106 图形接龙（2）

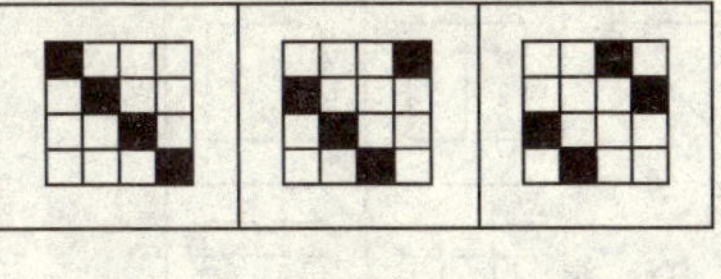

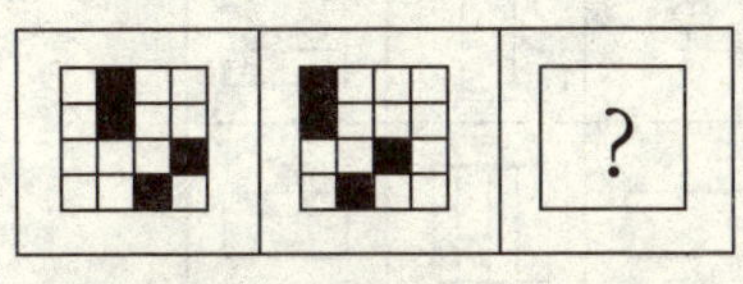

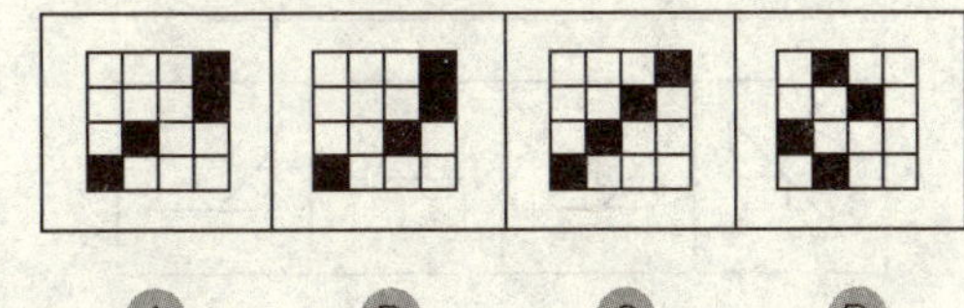

A　B　C　D

107 图形接龙（3）

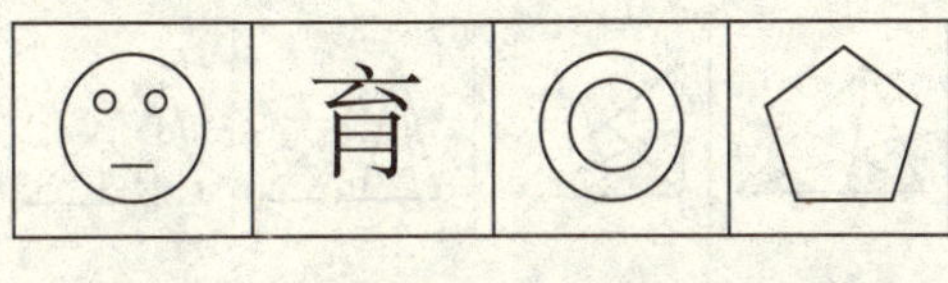

A　B　C　D

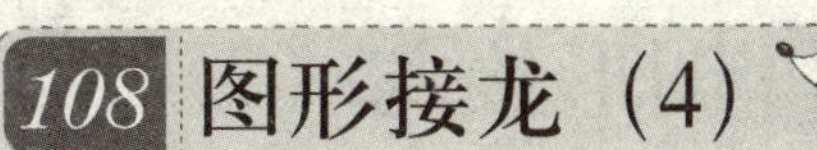

108 图形接龙（4）

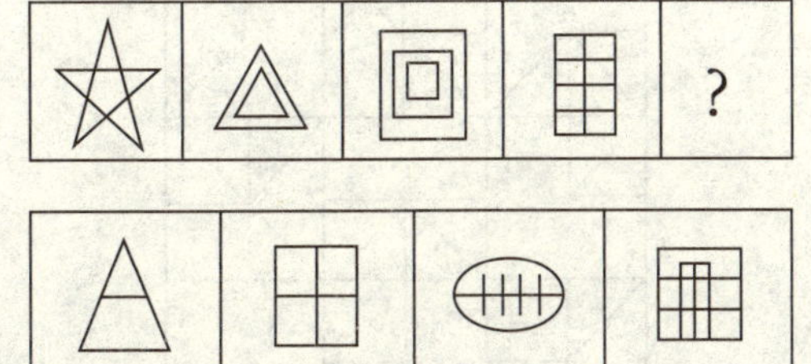

109 图形接龙（5）

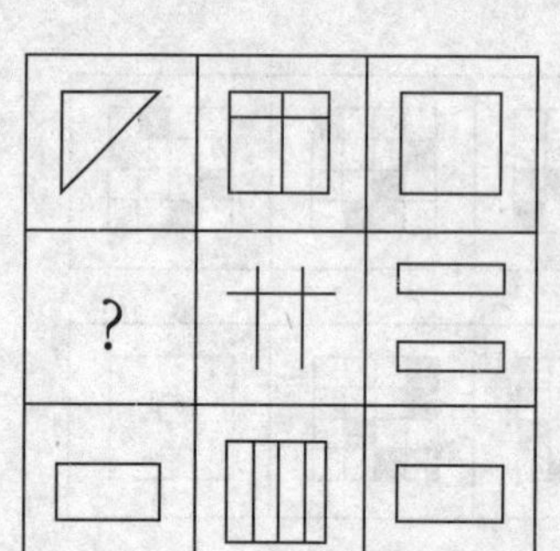

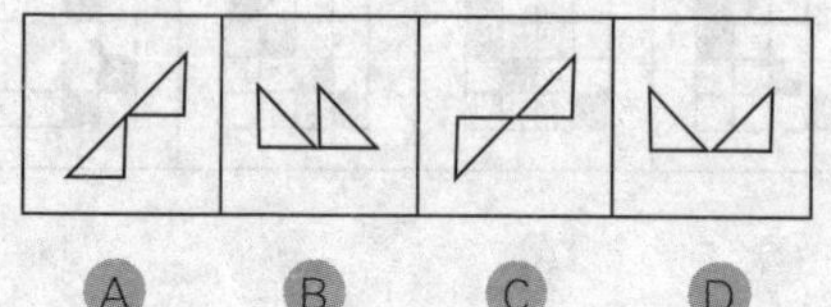

A　B　C　D

110 图形接龙（6）

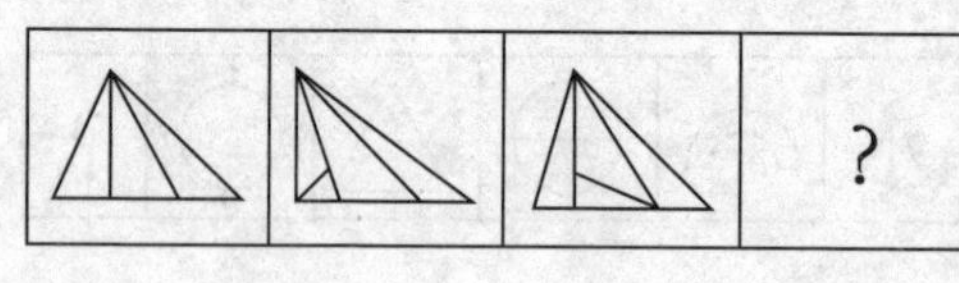

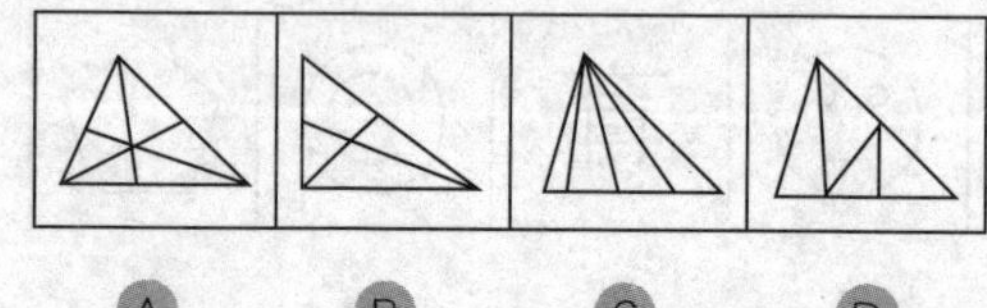

A　B　C　D

111 图形接龙（7）

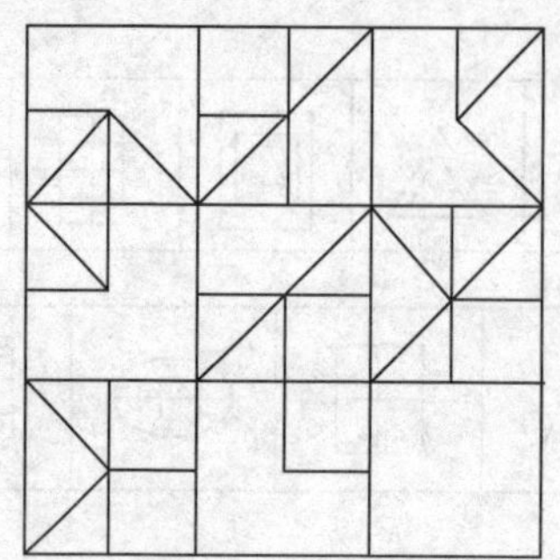

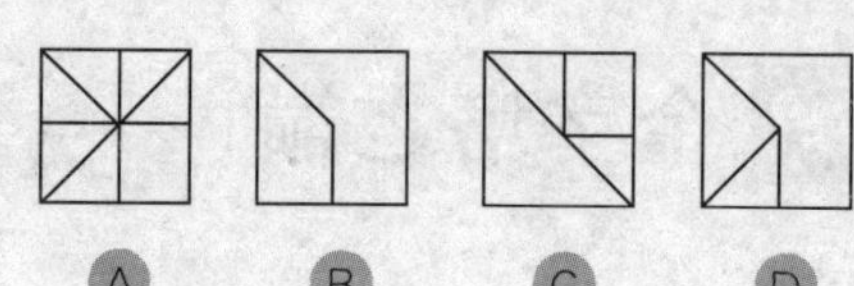

A　B　C　D

112 图形接龙（8）

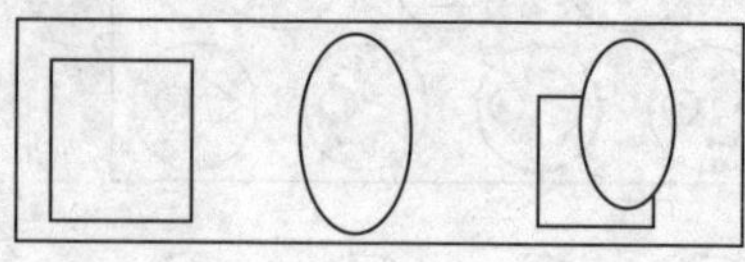

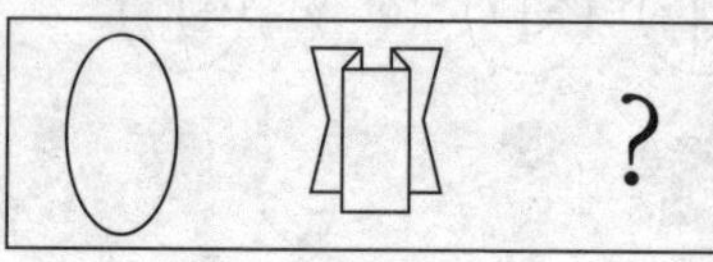

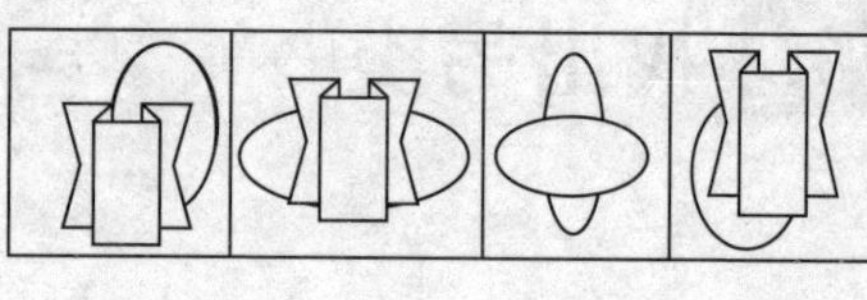

A　B　C　D

113 图形接龙（9）

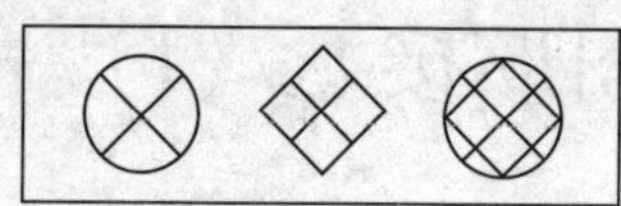

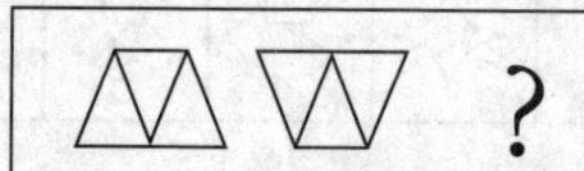

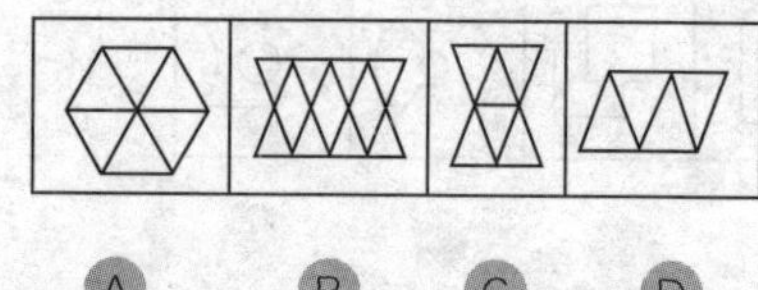

A　B　C　D

114 图形接龙（10）

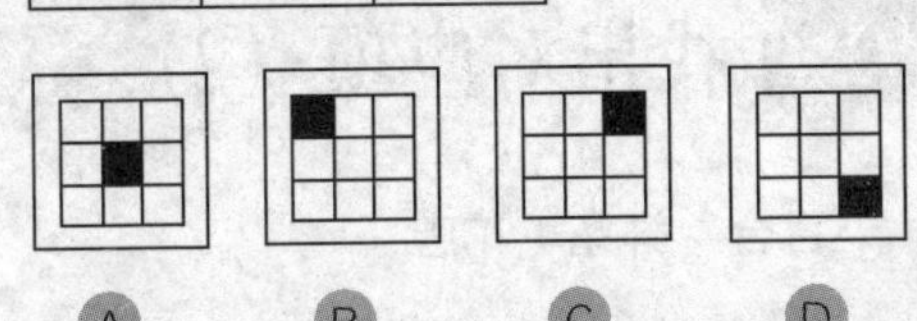

A　B　C　D

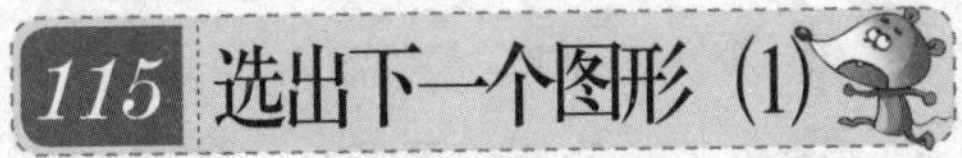

115 选出下一个图形（1）

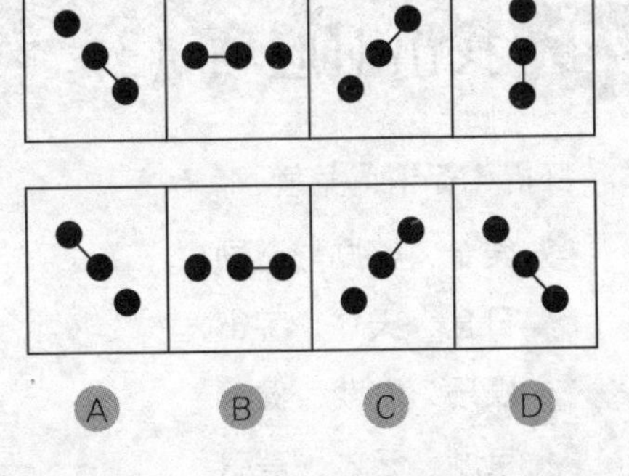

A　B　C　D

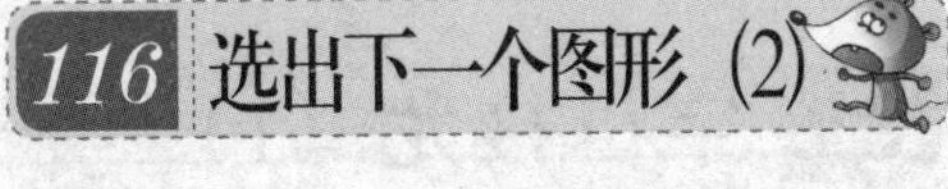

116 选出下一个图形（2）

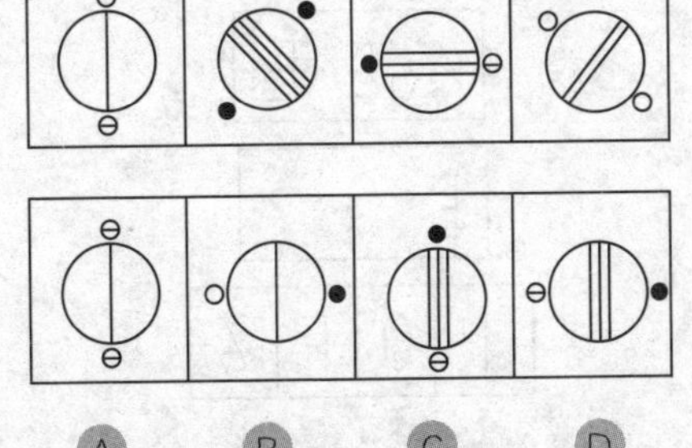

A　B　C　D

117 选出下一个图形（3）

A　B　C　D

118 选出下一个图形（4）

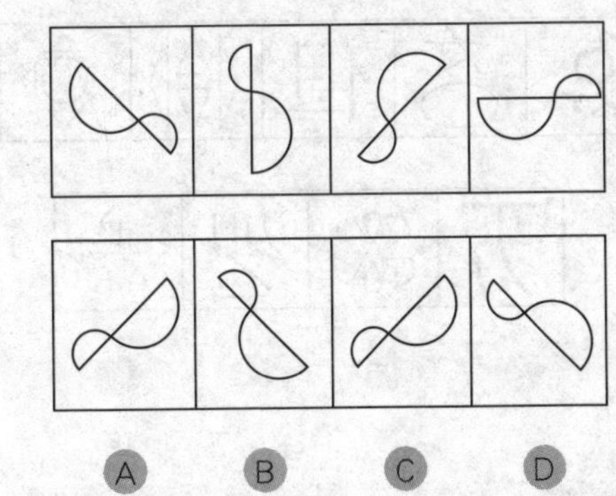

A　B　C　D

119 选出下一个图形（5）

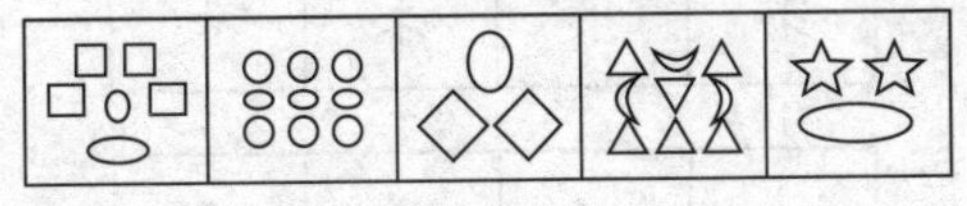

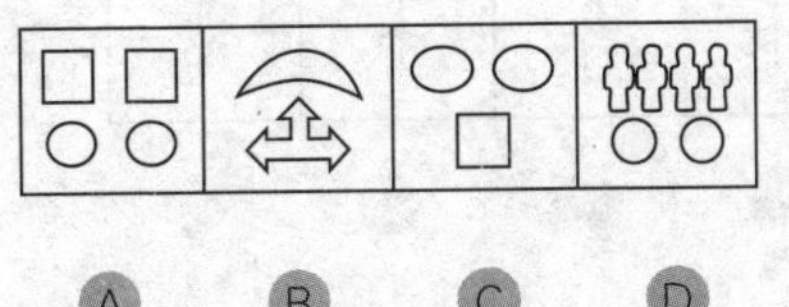

A　B　C　D

120 选出下一个图形（6）

Ⓐ Ⓑ Ⓒ Ⓓ

121 选出下一个图形（7）

Ⓐ Ⓑ Ⓒ Ⓓ

122 选出下一个图形（8）

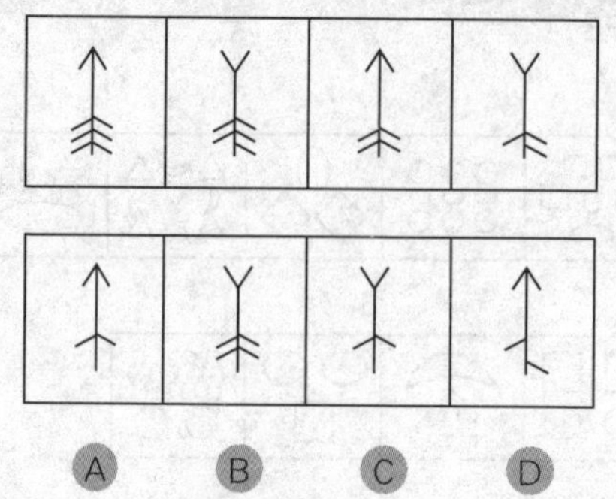

Ⓐ Ⓑ Ⓒ Ⓓ

123 找出对应项（1）

股票：证券

Ⓐ 电脑病毒：程序

Ⓑ 粮食：谷物

Ⓒ 操作系统：电脑

Ⓓ 军人：警察

124 找出对应项（2）

百合：鲜花：花店

Ⓐ 鲫鱼：动物：菜场

Ⓑ 木材：树木：森林

Ⓒ 沙发：家具：客厅

Ⓓ 衬衣：衣服：商场

125 找出对应项（3）

打折：促销：竞争

Ⓐ 奖金：奖励：激励

Ⓑ 日食：天体：宇宙

Ⓒ 娱乐：游戏：健康

Ⓓ 京剧：艺术：美感

126 字母接龙（1）

Ⓐ Ⓑ Ⓒ Ⓓ

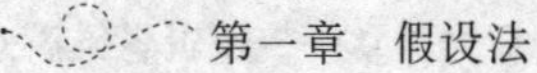

127 字母接龙（2）

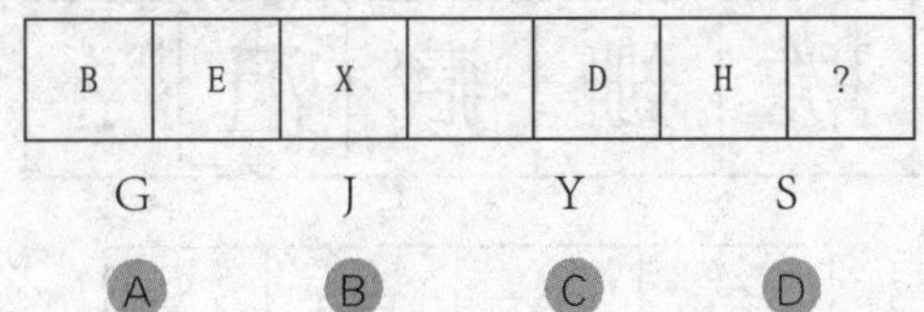

128 字母接龙（3）

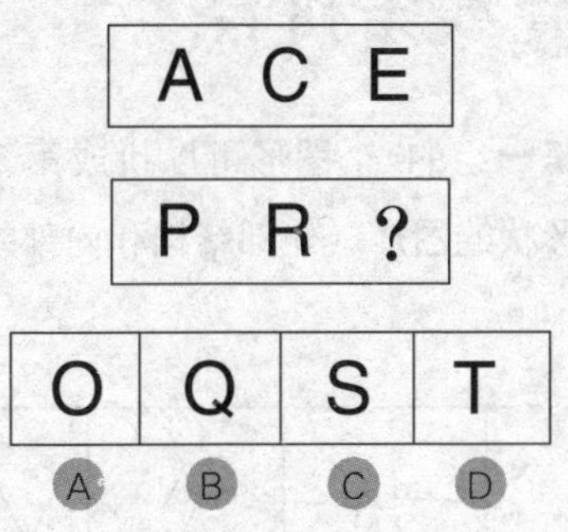

129 哪一个是特殊的

哪一个字母组合是特殊的？

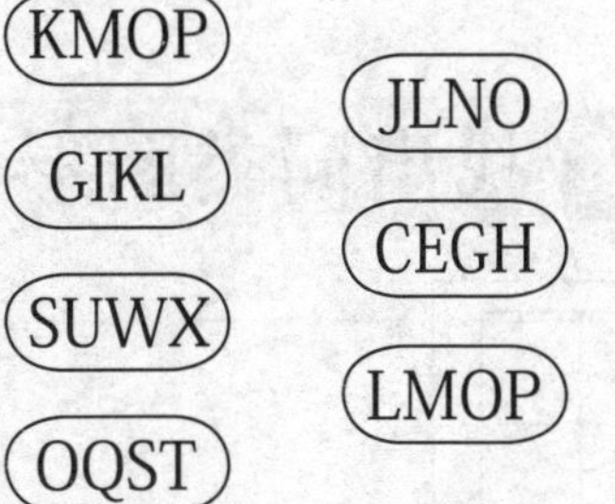

130 字母序列

哪个字母能填在问号处完成下面的序列？

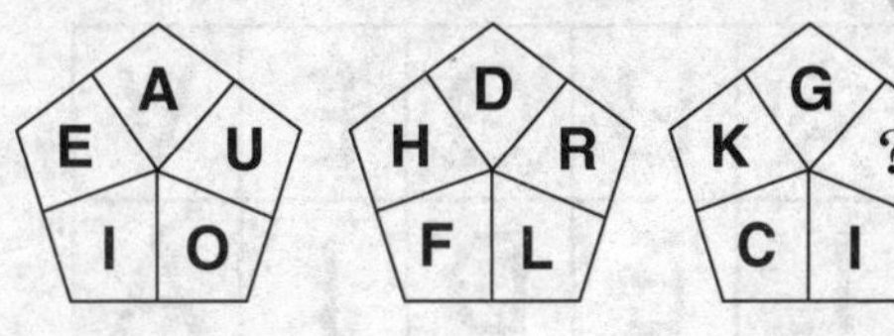

131 完成谜题

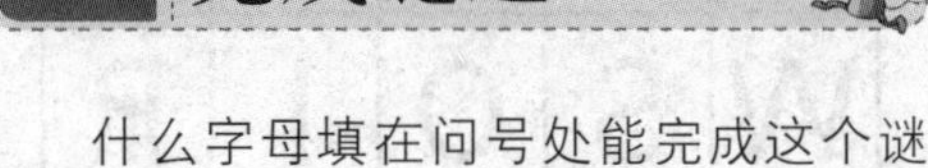

什么字母填在问号处能完成这个谜题？

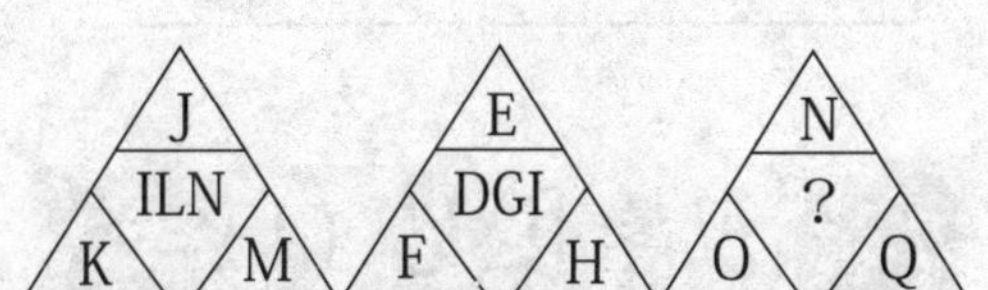

132 填哪个数

填什么字母或数字能完成这个序列？

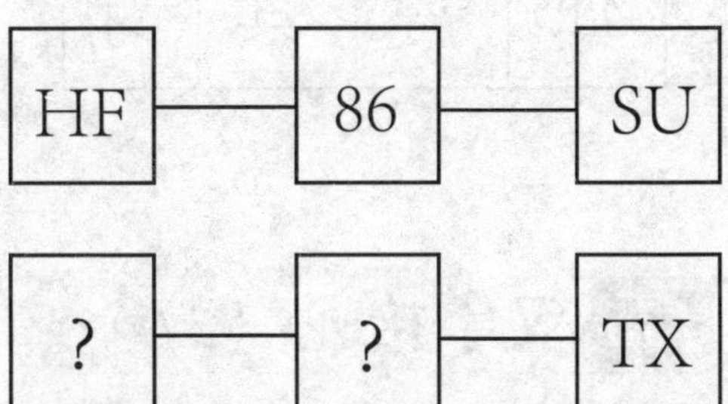

133 问题是什么

现在我的心情非常之好，于是大方地告诉你本题的答案：7。那么，你的任务就是找出本题的问题是什么。作为提示，我们给出了一个迷宫。每次只能向前走一个方格，方向任意。起点和终点已经标明，你所走的路线连缀起来就是本题的题干。

134 汉字接龙（1）

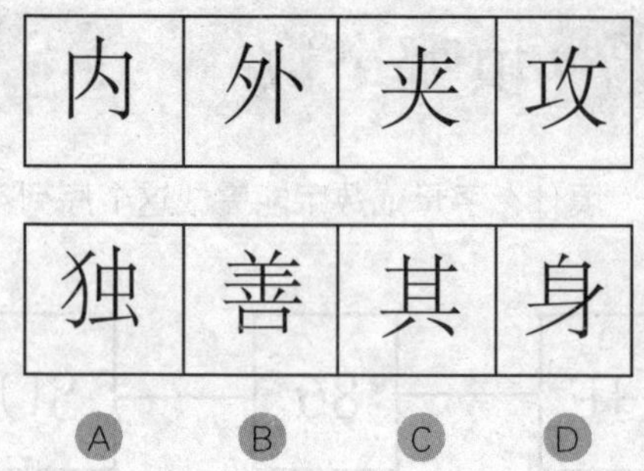

135 汉字接龙（2）

粘	贴	点	运	动	?

队	员	式	会

A　B　C　D

136 汉字接龙（3）

血	意	副	廉

A　B　C　D

137 线条拼合

第一组的4个图形可以拼成第二组的哪个形状的图形（外部结构和内部线条结构）？

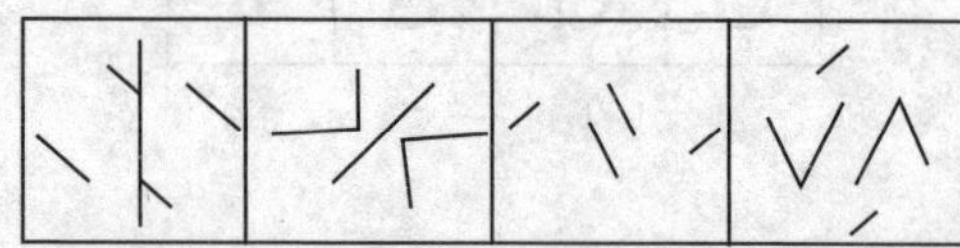

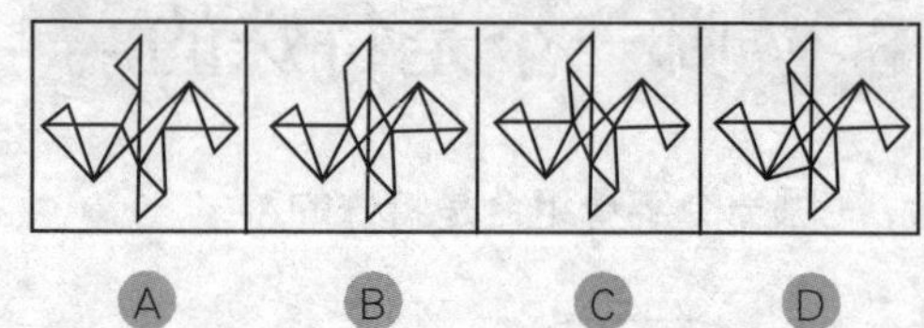

A　B　C　D

138 找出同类图形

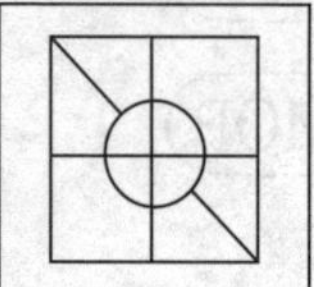

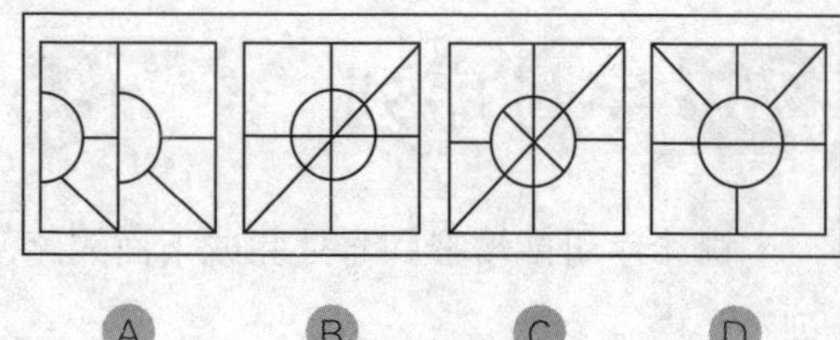

A　B　C　D

139 金字塔之巅

在4层图形中，第一行有1个基本图形，第二行有2个基本图形，依此类推，第四行有4个图形，这10个图形中间缺少一个图形，请选择相应的图形填充。

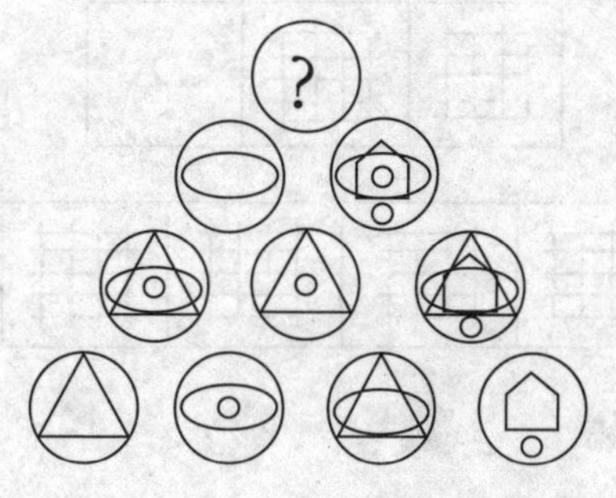

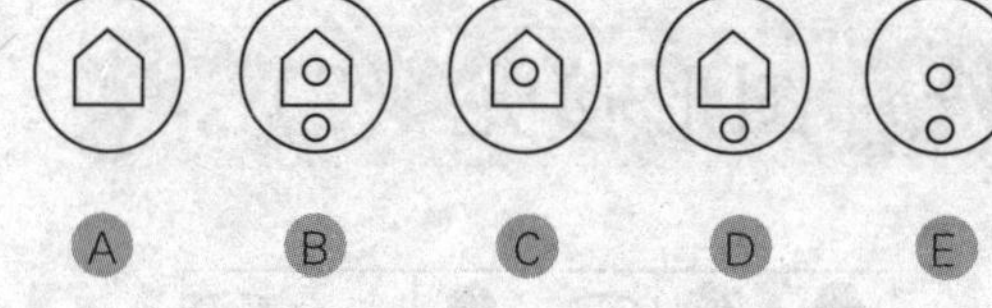

140 图形延续

下列选项中哪一项是上面序列的延续？

Ⓕ	▲		///			P	△!
P	△!	Ⓕ	▲		///		
///			P	△!	Ⓕ	▲	
▲		///			P	△!	Ⓕ

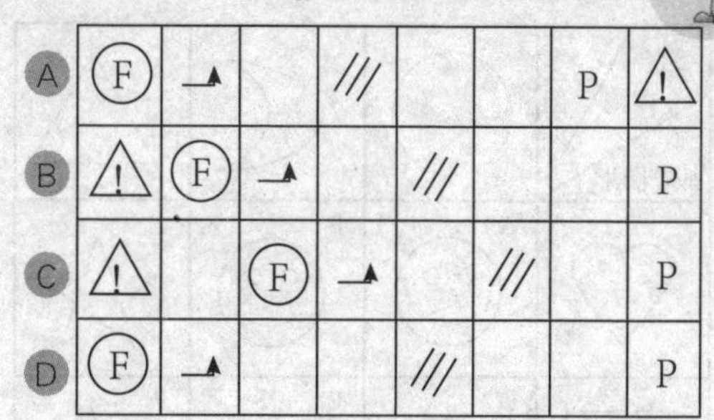

141 胶滚滚涂图案

小明用下图甲的胶滚沿着从左到右的方向将图案滚涂到墙上，右边所给的四个图案中符合胶滚滚涂图案的是？

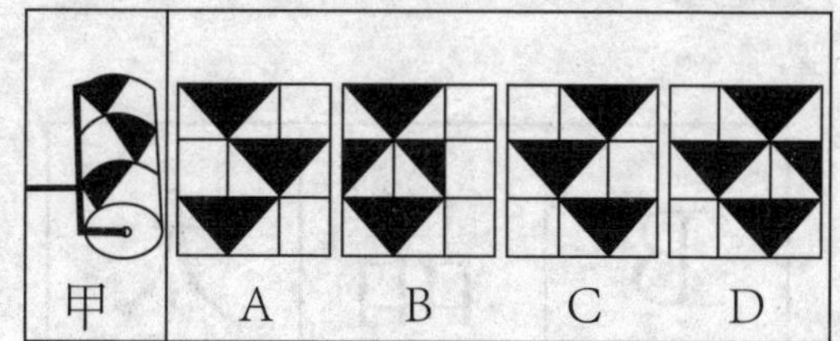

142 找出另类

在4×4表格中，第一行有3个基本图形，第一列也有3个基本图形，行与列对应的图形按照某一规律复合，构成了中间9个图形。但是中间有一个图形的复合是不符合对应规律的，请把它找出来。

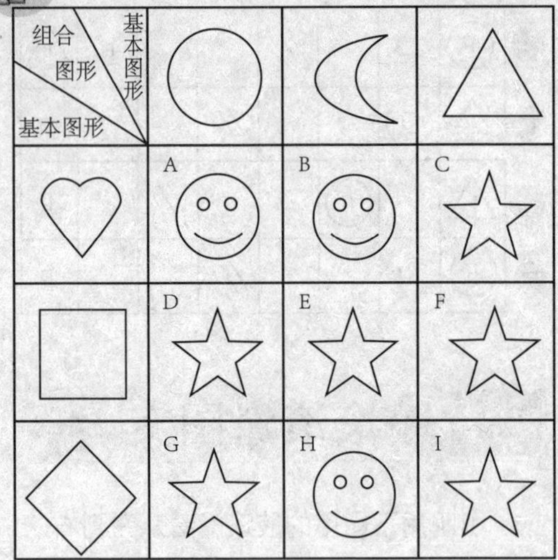

143 找出下一个字符

δ 目 ω 田

144 图形接龙（1）

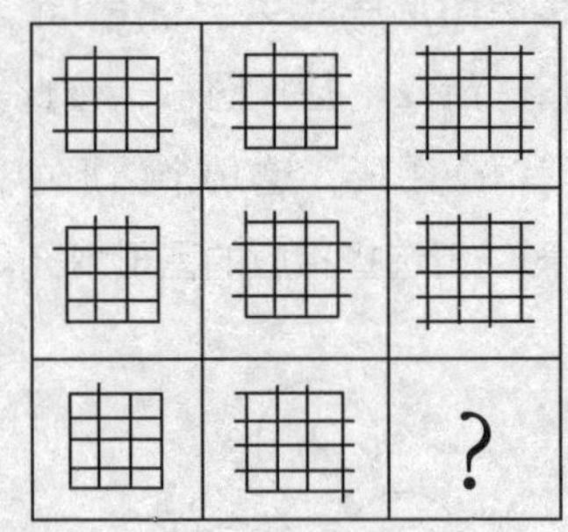

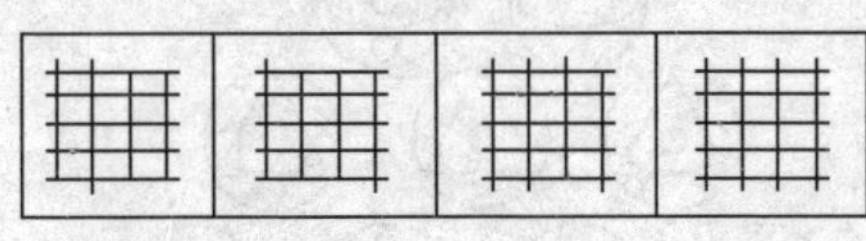

A B C D

145 图形接龙（2）

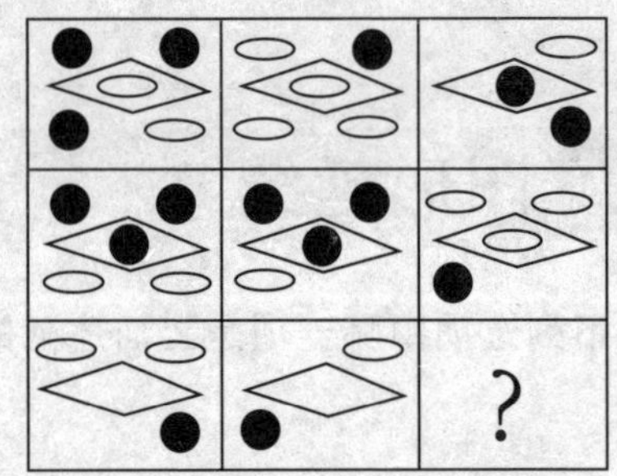

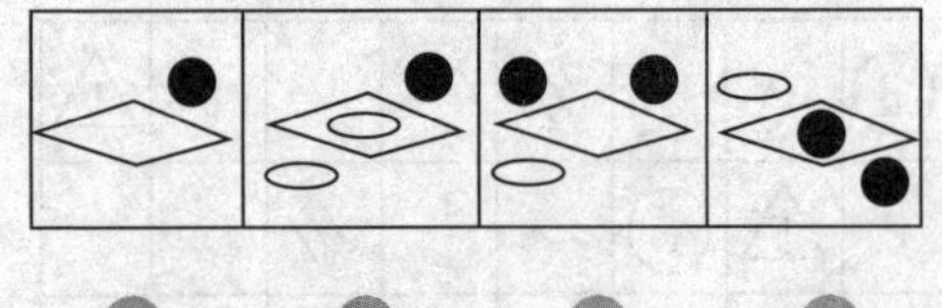

A B C D

146 图形接龙（3）

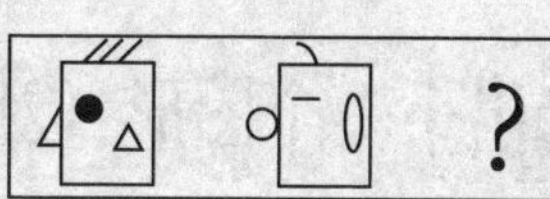

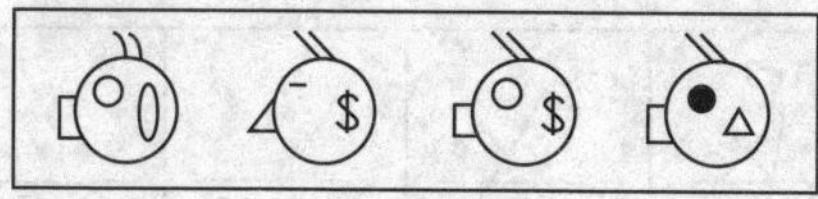

A　B　C　D

147 图形接龙（4）

A　B　C　D

148 图形接龙（5）

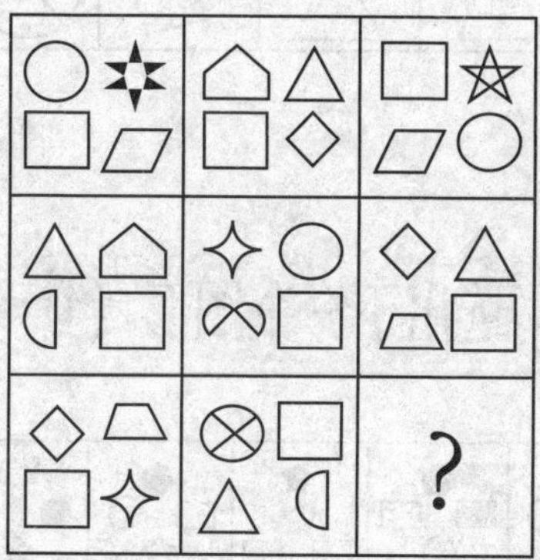

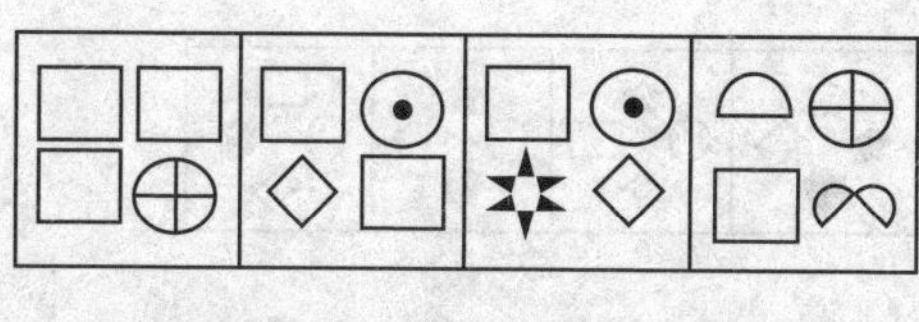

A　B　C　D

149 图形接龙（6）

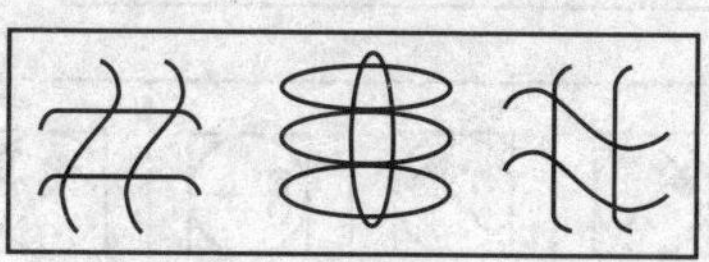

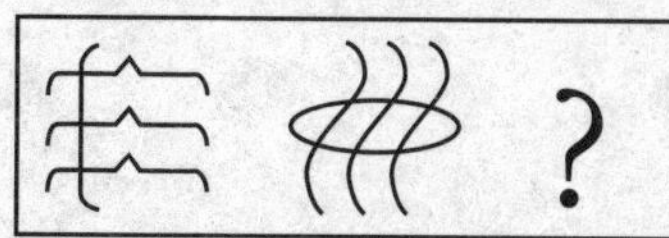

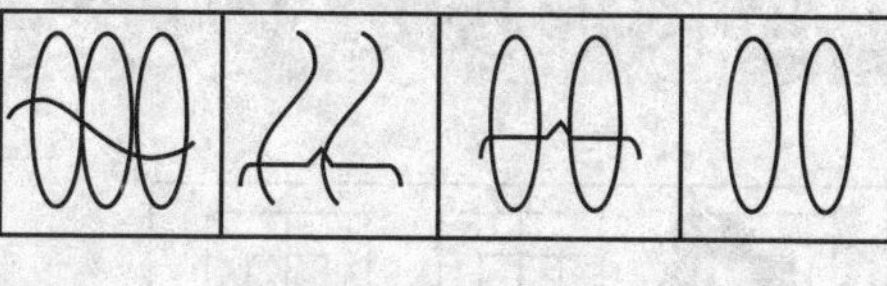

A　B　C　D

150 图形接龙（7）

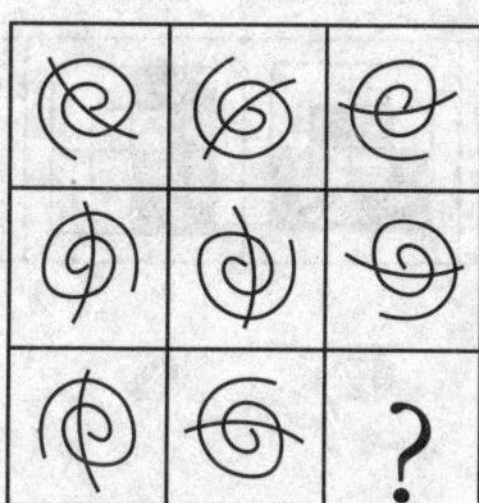

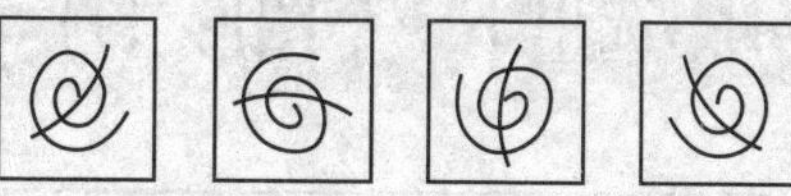

A　B　C　D

151 图形接龙（8）

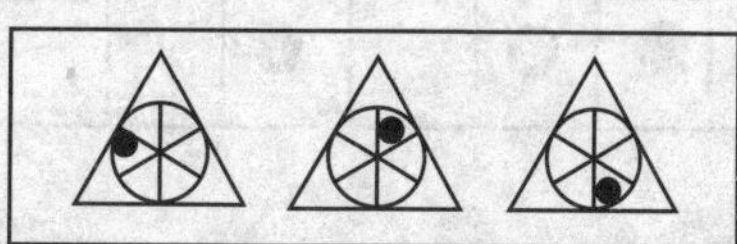

A B C D

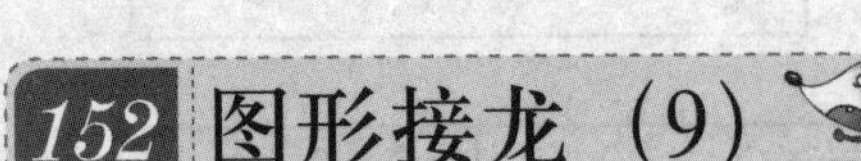

152 图形接龙（9）

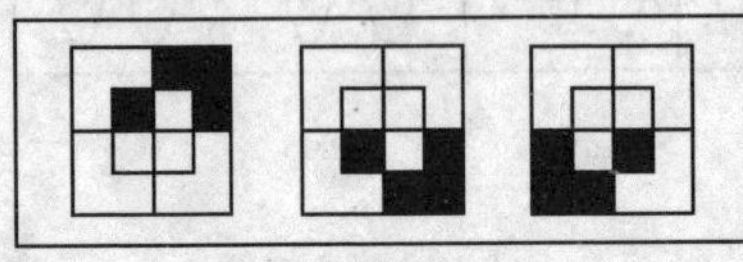

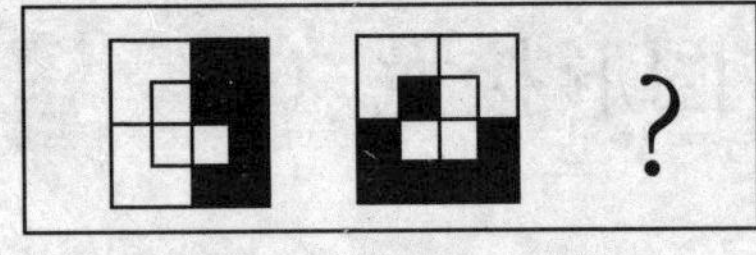

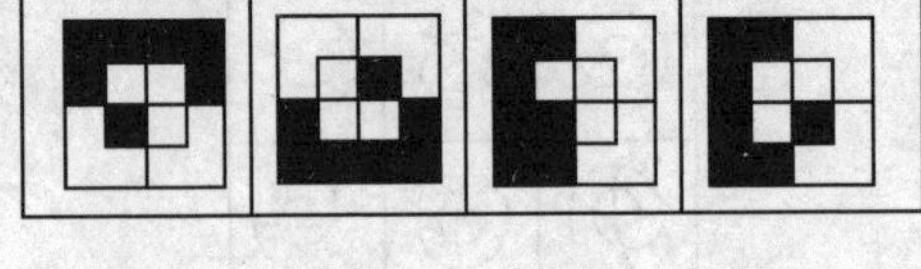

A B C D

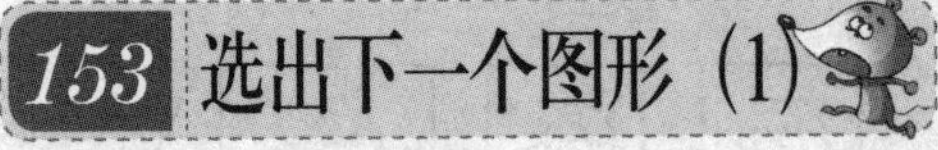

153 选出下一个图形（1）

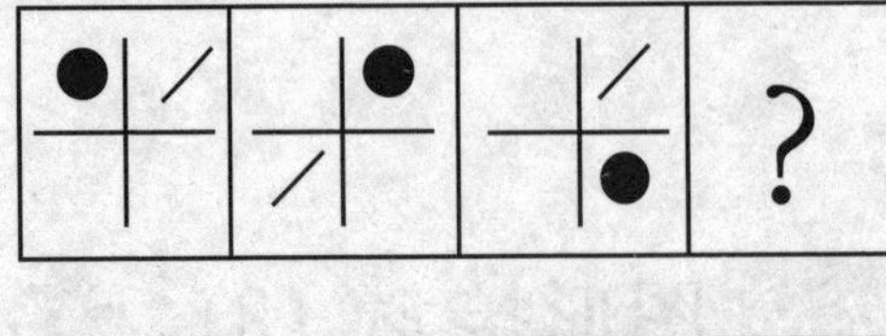

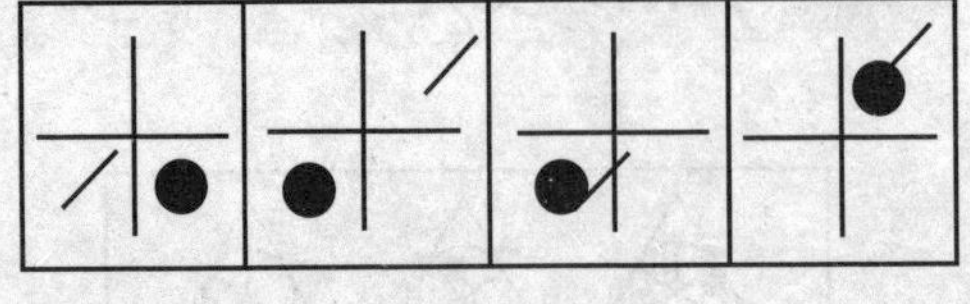

A B C D

154 选出下一个图形（2）

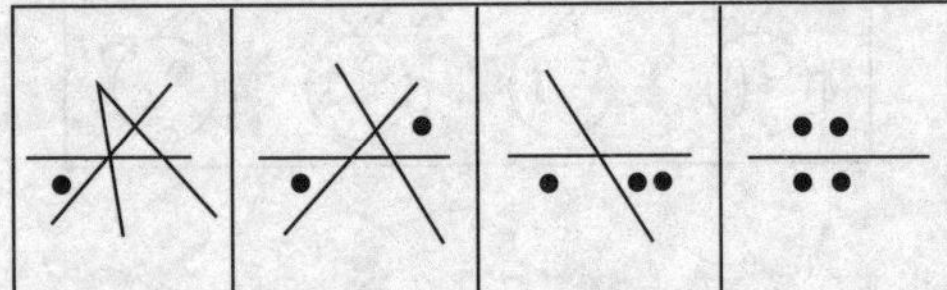

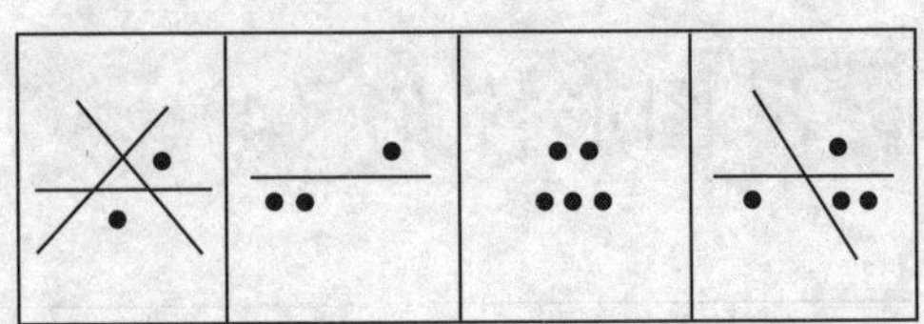

A B C D

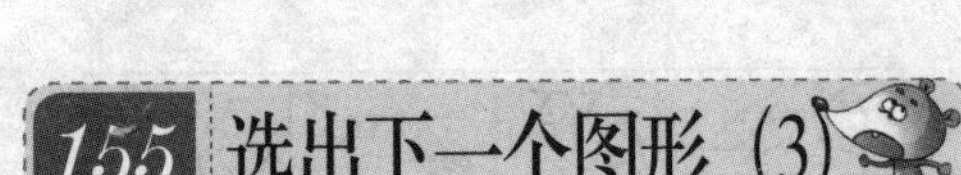

155 选出下一个图形（3）

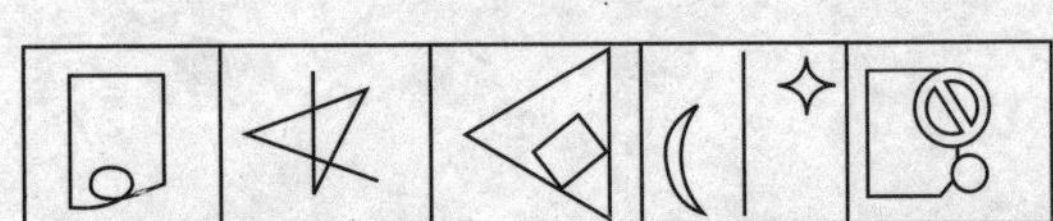

A B C D

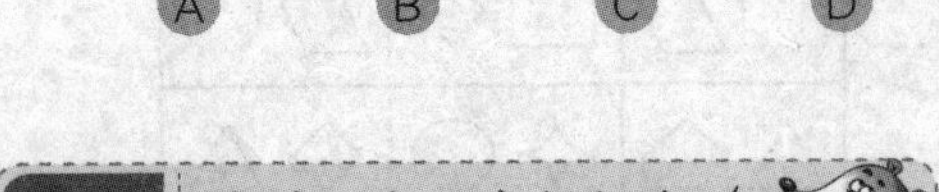

156 选出下一个图形（4）

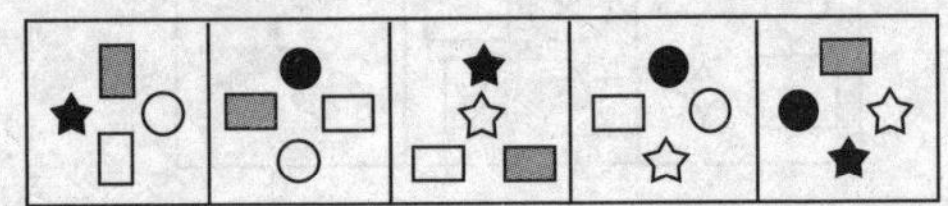

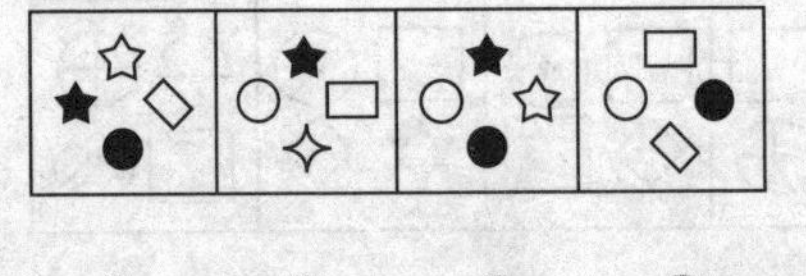

A B C D

157 选出下一个图形（5）

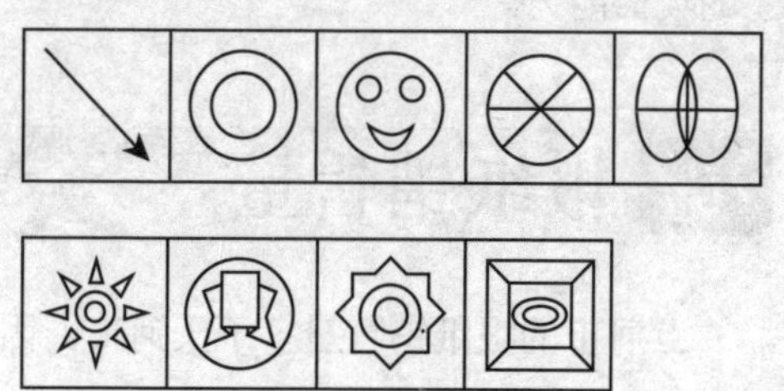

A　B　C　D

158 选出下一个图形（6）

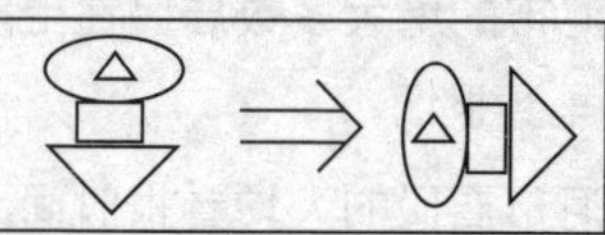

159 选出下一个图形（7）

160 现行的法律法规

我国现行的法律法规共有一千二百多个，每年中共中央和国务院还要下发一百多个新的政策文件。这些法律法规和文件，已经覆盖了中国社会经济发展的各个方面，如果它们都真正得到了切实地贯彻执行，就会有力地推动中国社会经济健康地发展。对上文理解最合理的是：

A 继续制定更多的法律政策

B 努力去实施和执行现有的法律法规和政策

C 减少新法律的制定

D 加强法律工作

161 是否纳税

在某次税务检查后，四个税务人员有如下结论：

甲：所有个体户都没纳税；

乙：服装个体户陈老板纳了税；

丙：个体户并非都没有纳税；

丁：有的个体户没纳税。

如果四个人中只有一人断定属实，那么以下哪项是真的？

A 丁断定属实，陈老板未纳税

B 丁断定属实，但陈老板纳了税

C 丙断定属实，陈老板纳了税

D 甲断定属实，陈老板没有纳税

E 丙断定属实，但陈老板没纳税

162 彻底的无私

有人说，彻底的无私包含两个含义：第一，无条件地实行为他人服务；第二，拒绝任何他人的服务。

下述哪项是上述观点的逻辑推论？

A 没有人是彻底无私的

B 不可能所有的人都是彻底无私的

C 如果有人接受了他人的服务，那么一定存在彻底无私的人

D 如果有人拒绝了他人的服务，那么一定存在彻底无私的人

E 彻底无私的人要靠教育来造就

163 托福考试

任何方法都是有缺陷的。在母语非英语的外国学生中，如何公正合理地选拔合格的考生，对于美国这样一个每年要吸收大量外国留学生的国家来说，目前实行的托福考试恐怕是所有带缺陷的方法中最好的方法了。以下各项关于托福考试及其考生的断定哪一项都符合上述议论的含义：

A 大多数考生的实际水平与他们的考分是基本相符的。

B 存在低考分的考生，他们有较高的实际水平。

C 高分低能或低分高能现象的产生，是实施考试中操作失误所致。

D 存在高分的考生，他们并无相应的实际水平。

E 对美国来说，目前恐怕没有比托福考试更能使人满意的方法来测试外国考生的英语能力。

164 报纸销售量

上河市的报纸销售量多于天河市。因此，上河市的居民比天河市的居民更多地知道世界上发生的大事。

下列选项中除了哪个选项都能削弱上述论断？

A 上河市的居民比天河市多

B 天河市的绝大多数居民在上河市工作并在那里买报纸

C 上河市居民的人均看报时间比天河市居民的人均看报时间少

D 一种上河市报纸报道的内容局限于上河市内的新闻

E 上河市报亭的平均报纸售价低于天河市的平均报纸售价

165 谁是肇事者

已知：（1）如果甲和乙是肇事者，丙就不是肇事者；（2）如果丁是肇事者，那么乙就是肇事者；（3）甲和丙都是肇事者。

由此推出以下哪一项是正确结论？

A 乙和丁都是肇事者

B 乙和丁都不是肇事者

C 乙是肇事者，丁不是肇事者

D 乙不是肇事者，丁是肇事者

逆推法

Inversion

逆推法就是从命题的结论入手，并把命题结论作为推理的切入条件，进行正确的逻辑推理，使之得到与已知条件、法则或者已经证明为正确的命题等相对应，从而使命题获得了证明。

1 承诺书

针对作弊屡禁不止的现象，某学院某班承诺，只要全班同学都在承诺书上签字，那么，如果全班有一人作弊，全班同学的考试成绩都以不及格计。校方接受并实施了该班的这一承诺。结果班上还是有人作弊，但班长的考试成绩是优秀。

从上述判断逻辑得出的结论是：

A 班长采取不正当的手段使校方没有严格实施承诺

B 全班多数人没有作弊

C 全班没有人在承诺书上签字

D 全班有人没在承诺书上签字

2 谁的话肯定是错的

甲、乙、丙三人各说了一句话，每句话不是对的就是错的。甲说："乙、丙都说假话。"乙说："我从不说假话。"丙说："乙说的是假话。"你能判断谁的话肯定是错的吗？

3 预测名次

甲、乙、丙三位老师对参加数学竞赛的四位学生A、B、C、D的名次进行预测。

甲：A第一，C第二；

乙：A第二，C第三；

丙：D第一，B第二。

结果公布后，每位老师各猜中一人。你知道最后的名次吗？

4 优秀奖学金获得者

文学院有学生为优秀奖学金获得者。除非各学院有学生为优秀奖学金获得者，否则任何学院都不能从学校领取奖学金。电脑学院可以从学校领取奖学金。

由此可以推出：

A 文学院可以从学校领取奖学金

B 文学院有的学生不是优秀奖学金获得者

C 电脑学院有的学生是优秀奖学金获得者

D 电脑学院有的学生不是优秀奖学金获得者

5 谁回来最晚

张、王、李、赵四位同学住在一个宿舍里。一天晚上，他们中间最晚回来的那位同学忘了关灯，第二天宿舍管理员查问谁回来的最晚，

（1）张说："我回来时，小李还没回来。"

（2）王说："我回来时，小赵已经睡了，我也就睡了。"

（3）李说："我进门时，小王正在床上。"

（4）赵说："我回来就睡了，别的没注意。"

他们说的都是实话，谁回来最晚？

6 到底谁胖

黄某说张某胖，张某说范某胖，范某和覃某都说自己不胖。如果四人陈述只有一个错，那么谁一定胖？

A 仅黄某

B 仅张某

C 仅范某

D 仅张某和范某

7 运动衫上的号码

甲、乙、丙、丁四位同学的运动衫上印有不同的号码。

赵说：“甲是2号，乙是3号。”

钱说：“丙是4号，乙是2号。”

孙说：“丁是2号，丙是3号。”

李说：“丁是4号，甲是1号。”

又知道赵、钱、孙、李每人都只说对了一半。那么你知道丙的号码是几号吗？

8 上的是什么课

今天上午有语文、数学、美术、音乐、体育、自然中的三门课，A、B、C、D、E五人争论是哪三门。

A说：“肯定没有音乐课。”

B说：“有语文课和体育课。”

C说：“音乐课和数学课只有一门。”

D说：“没有自然课和美术课。”

E说：“C、D中有一人说错了。”

实际上只有一人说错了，你知道是谁吗？今天上午上的是什么课？

9 籍贯和年龄

甲、乙和丙，一位是山东人，一位是河南人，一位是湖北人。现在只知道：丙比湖北人年龄大，甲和河南人不同岁，河南人比乙年龄小。由此可以推知以下哪一项是正确的。

A 甲不是湖北人

B 河南人比甲年龄小

C 河南人比山东人年龄大

D 湖北人年龄最小

10 花裙子和红裙子

某次舞会有87个姑娘参加。参加舞会的每个姑娘可能穿花裙子，也可能穿红裙子。此外，还知道下面两个事实：

（1）这87个姑娘中，有人是穿花裙子的；

（2）任何两个姑娘中，至少有一个姑娘是穿红裙子的。

从上可知：有几个姑娘穿花裙子，几个姑娘穿红裙子？

11 谁是科学家

少先队员采访一位科学家，但不知道科学家姓什么。宾馆看门的老爷爷告诉

说：“二楼住着姓李、姓王、姓张三位科技会议代表，其中有一位是科学家，一位是技术员，一位是编辑，同时还有三位来自不同地方的旅客，也是姓王、姓李、姓张各一位。”已知：

（1）姓李旅客来自北京；

（2）技术员在广州一家工厂工作；

（3）姓王的旅客说话有口吃毛病，不做教师；

（4）与技术员同姓的旅客来自上海；

（5）技术员和一位教师来自同一个城市；

（6）姓张的代表乒乓球赛总输给编辑。

科学家姓什么？

12 没有获奖的同学

“迎春杯”数学竞赛后，甲、乙、丙、丁四名同学，猜测他们之中谁能获奖。甲说：“如果我能获奖，那么乙也能获奖。”乙说：“如果我能获奖，那么丙也能获奖。”丙说：“如果丁没有获奖，那么我也不能获奖。”实际上，他们之中只有一个人没有获奖。并且甲、乙、丙说的话都是正确的。那么没有获奖的同学是谁？

13 李生的未来

如果李生喜欢表演，则他报考戏剧学院；如果他不喜欢表演，则他可以成为戏剧理论家；如果他不报考戏剧学院，则不能成为戏剧理论家。由此可推出李生将：

A 不喜欢表演

B 成为戏剧理论家

C 不报考戏剧学院

D 报考戏剧学院

E 不成为戏剧理论家

14 猜奖牌

数学竞赛后，小明、小华、小强各获得一枚奖牌，其中一人得金牌，一人得银牌，一人得铜牌。王老师猜测：“小明得金牌，小华不得金牌，小强不得铜牌。”结果王老师只猜对了一个。那么他们各自获得了什么奖牌？

15 迎春杯数学竞赛

小明、小强、小华三人中一人来自金城，一人来自沙市，一人来自水乡，在迎春杯数学竞赛中一人获一等奖，一人获二等奖，一人获三等奖，已知：

（1）小明不是金城选手；

（2）小强不是沙市选手；

（3）金城的选手获的不是一等奖；

（4）沙市选手获得二等奖；

（5）小强获的不是三等奖。

这三位选手来自何处？各获得了什么奖项？

16 谁和谁是夫妻

A、B、C、D、E、F、G、H共八人为四对夫妻。已知：

（1）E曾作为客人参加了D的结婚典礼；

（2）A的爱人是H的表兄；

（3）E和F性别相同；

（4）A、B、E三人在结婚前，同住一间宿舍；

（5）H夫妇出国旅行时，B、C、E代表各自的爱人到机场送行。

请你说出八人中谁和谁是夫妻。

17 猜舞伴

赵、钱、孙、李、周五家都有兄妹两个年轻人。哥哥都称作大赵、大钱等，妹妹都称作小孙、小李等。有一天他们10人在一起跳舞，每家的哥哥都不和自己的妹妹跳舞，又已知：

（1）大赵和某个女孩子跳舞而这个女孩子的哥哥和小周跳舞。

（2）大钱和小赵跳舞。

（3）而和小李跳舞的小伙子是和大孙跳舞的女孩子的哥哥。

问大李和谁跳舞？

18 县太爷判案

从前，有个姓史的花花公子，村民咒骂他是“史霸王”。一日，这恶少又拦路调戏一位村姑，农夫王大江正挑柴路过，大声斥骂道：“你这小霸王，竟敢在路上为非作歹，欺侮人家的女孩子！”史霸王见是个村野鄙夫，扯出斧头向王大江劈去，农夫顿时倒在血泊中。王大江的父母闻讯赶来，请村上一位老学究代写一张状纸，告到八字衙门。不料那县太爷受贿，收到史老财主的厚礼。升堂之后，他见状纸开头写的是“史霸王依仗父势，用斧子伤人……”便将其中一字改了笔画，使那杀人凶犯罪行大减，免于死刑。你能猜出贪官改了哪个字吗？

19 律师事务所

某律师事务所共有12名工作人员。

（1）有人会使用电脑；

（2）有人不会使用电脑；

（3）所长不会使用电脑。

这三个命题中只有一个是真的，以下哪项正确地表示了该律师事务所会使用电脑的人数？

A 12 人都会使用

B 12人没人会使用

C 仅有一人会使用

D 不能确定

20 天下着雨

毛毛与小明是邻居。小明问：“明天你去哪里？”毛毛说：“要是不下雨，准备乘明天89次列车出去旅游。”第二天，天下着雨。毛毛在车厢门口却碰到了小明。小明奇怪地问道：“你怎么也上车了？你不是说下雨不出门了吗？”毛毛说：“没有呀，我没说过下雨不出门啊！”小明气愤地说：“强词夺理！”车上，月哥听了各自的陈述后，笑着说：“毛毛没有强词夺理！”请问，你的意见如何？

21 高效杀蚁灵

林园小区有住户家中发现了白蚁。除非小区中有住户家中发现白蚁，否则任何小区都不能免费领取高效杀蚁灵。静园小区可以免费领取高效杀蚁灵。

如果上述断定都真，则以下哪项据此不能断定真假？

（1）林园小区有的住户家中没有发现白蚁；

（2）林园小区能免费领取高效杀蚁灵；

（3）静园小区的住户家中都发现了白蚁。

A 只有（1）

B 只有（2）

C 只有（3）

D 只有（2）和（3）

E （1）、（2）和（3）

22 五人猜帽

五个人站成一列纵队，从五顶黄帽子和四顶红帽子中，取出五顶分别给每个人戴上。他们不能扭头，所以只能看见前面的人头上的帽子的颜色。

开始的时候，站在最后的第五个人说：“我虽然看到你们头上的帽子的颜色，但我还是不能判断自己头上的帽子的颜色。”这时，第四个人说：“我也不知道。”第三个人接着说：“我也不知道。”第二个人也说不知道自己的帽子颜色。这时，第一个人说：“我戴的是黄帽子。”

你知道他是怎么判断的吗？

23 考古学家的推测

在几十位考古人员历经半年的挖掘下，规模宏大、内涵丰富的泉州古城门遗址——德济门重现于世。考古人员在此发现了一些古代寺院建筑构件。考古学家据此推测：元明时期该地附近曾有寺院存在。

下列哪项如果为真，最能质疑上述推测？

A 考古人员未发现任何寺院遗址

B 民居也常使用同样的建筑构件

C 发掘出的寺庙建筑构件较少

D 关于德济门的古代典籍未提到附近有寺院

24 大学寝室

某大学一寝室中住着若干个学生。其中，一个是哈尔滨人，两个是北方人，一个是广东人，两个在法律系，三个是进修生。该寝室中恰好住了8个人。如果题干中关于身份的介绍涉及了寝室中所有的

人，则以下各项关于该寝室的断定都不与题干矛盾，除了

A 该校法律系每年都招收进修生。

B 该校法律系从未招收过进修生。

C 来自广东的室友在法律系就读。

D 来自哈尔滨的室友在财政金融系就读。

E 该室的三个进修生都是南方人。

25 握手的人数

每一个人一生中握手的次数可能是奇数，也可能是偶数。但是，全世界握手次数为奇数的人数，总是偶数，为什么？

26 六人猜帽

6个学生围坐着。中间一人眼睛被蒙住。各自头上戴一顶帽子，4个白的，3个黑的。因为中间一个挡住了视线，6个人都看不见自己对面的人戴的是什么颜色的帽子。现在让他们猜自己头上戴的是什么颜色的帽子。6个人在沉思着，一时猜不出来，中间被蒙住眼睛的人反而说话了："我头上戴的帽子是白的。"

他是怎么知道的呢？

27 十人猜帽

10个人站成一列纵队，从10顶黄帽子和9顶蓝帽子中，取出10顶分别给每个人戴上。

站在最后的第十个人说："我虽然看见了你们每个人头上的帽子，但仍然不知道自己头上的帽子的颜色。你们呢？"第九个人说："我也不知道。"第八个人说："我也不知道。"第七个、第六个……直到第二个人，依次都说不知道自己头上帽子的颜色。

出乎意料的是，第一个人却说："我知道自己头上帽子的颜色了。"他为什么知道呢？

28 衣柜里的手套

衣柜里放着一些红手套和黑手套，两种颜色的手套的数目一样多。

为了保证取出一双同样颜色的手套，你闭着眼睛至少要从衣柜里摸出多少只手套？

为了保证取出两只不同颜色的手套，你闭着眼睛至少要从衣柜里摸出多少只手套？

让人感到惊奇的是，这两个数目是一样的。假设这个计算是完全正确的，想想看，衣柜里有多少只手套？

29 称职的教师

所有称职的教师都是关心学生成绩的教师，所有关心学生成绩的教师都工作很忙碌，工作不忙碌的教师都不是优秀教师。

根据以上论述，一定可以推出：

A 有些优秀教师不是工作忙碌的教师

B 有些工作忙碌的教师不是优秀教师

C 所有称职的教师工作都很忙碌

D 所有忙碌的教师都很关心学生成绩

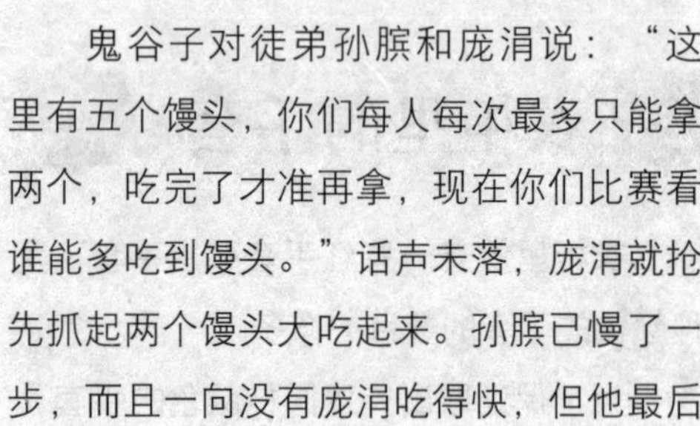

30 孙膑吃馒头

鬼谷子对徒弟孙膑和庞涓说："这里有五个馒头，你们每人每次最多只能拿两个，吃完了才准再拿，现在你们比赛看谁能多吃到馒头。"话声未落，庞涓就抢先抓起两个馒头大吃起来。孙膑已慢了一步，而且一向没有庞涓吃得快，但他最后却赢了。你能想出孙膑是怎么赢的吗?

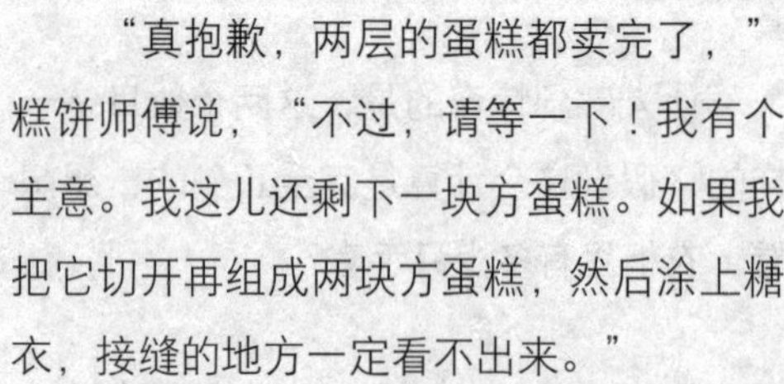

31 结婚蛋糕

"真抱歉，两层的蛋糕都卖完了，"糕饼师傅说，"不过，请等一下！我有个主意。我这儿还剩下一块方蛋糕。如果我把它切开再组成两块方蛋糕，然后涂上糖衣，接缝的地方一定看不出来。"

"能行吗?"新娘的母亲问道。

"我看行。那我们就决定做两层的好吗?下层的边长正好是上层边长的两倍。当然这是个需要动脑筋的活，为了避免蛋糕破碎，我尽可能少切几刀。"

为了实现糕饼师傅的计划，最少要在方蛋糕上切几刀?

32 颜色相同的筷子

不透光的盒子里有黄、白、红三种颜色的筷子各10双，在不看的情况下任意摸，最少要拿出多少支筷子才能保证有1双颜色相同的?

33 鸡汤和菜汤

有同样大小的两只碗，一只盛有90%的鸡汤，一只盛有90%的菜汤。

某人用汤匙从鸡汤中舀一勺放入菜汤中，搅和后再从菜汤的那只碗中舀一勺鸡汤和菜汤的混合汤放入鸡汤碗中。

请你算算，究竟是鸡汤中的菜汤多，还是菜汤中的鸡汤多呢?

34 不讲卫生的人

刚达成心愿买了新房子的父亲对不讲卫生的儿子大柱斥责道："你再这么脏下去，我们家会变成细菌的窝喔！因为细菌会以尘埃、垃圾或头皮为食物呢！"但是大柱却表示："照爸爸这样说，根本不必打扫嘛！"究竟大柱的想法是什么?

35 诚实的阿凡提

国王把阿凡提叫来说："阿凡提，听说你从来没有撒过谎，是真的吗?""是真的，"阿凡提说，"将来我也不会撒谎！”几天后，国王召集了很多人准备去打猎，上马前对阿凡提说：“你去王宫告诉王后，就说我中午到她那里去，叫她准备好饭。”阿凡提鞠躬答应后就去告诉王后。国王哈哈大笑，对大臣说：“我不去吃饭了，这一来，阿凡提就要对王后撒谎了，明天就可以讥笑他。”虽然国王中午没有去王宫吃饭，但是阿凡提又没有说谎。请你说一说，阿凡提应当怎样说才能做一个不撒谎的人？

36 机智猜硬币

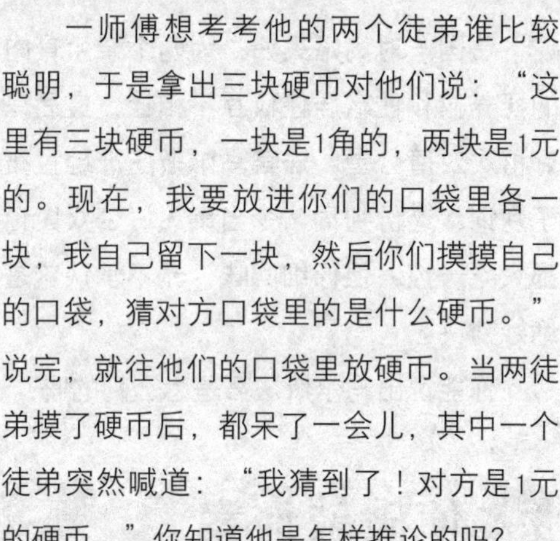

一师傅想考考他的两个徒弟谁比较聪明，于是拿出三块硬币对他们说：“这里有三块硬币，一块是1角的，两块是1元的。现在，我要放进你们的口袋里各一块，我自己留下一块，然后你们摸摸自己的口袋，猜对方口袋里的是什么硬币。”说完，就往他们的口袋里放硬币。当两徒弟摸了硬币后，都呆了一会儿，其中一个徒弟突然喊道：“我猜到了！对方是1元的硬币。”你知道他是怎样推论的吗？

37 如何救孩子

鳄鱼从妈妈手中抢走了她的孩子，它要吃掉这个孩子，又想找个理由名正言顺，于是对孩子妈妈说：“我问你一个问题，如果你回答对了，我就将孩子还你。如果回答错了，我就吃了你的孩子。”妈妈无可奈何，答应了。鳄鱼问：“我会不会吃掉你的孩子？”

作为一名聪明的妈妈，应该怎样回答，来保住自己的孩子？

38 暗中取袜

抽屉里有黑白袜子各10只，如果你在黑暗中伸手到抽屉里，最少要取出几只，才一定会有一双颜色相同的？

39 鲁迅的著作

鲁迅的著作不是一天能读完的，《狂人日记》是鲁迅的著作，因此，《狂人日记》不是一天能读完的。

下列哪项最为恰当地指出了上述推理的逻辑错误？

A 偷换概念

B 自相矛盾

C 以偏概全

D 倒置因果

E 循环论证

40 爸爸的职业

小云、小量、小华三个好朋友的爸爸，一位是工人，一位是医生，一位是教师。请根据下面三句话，猜一猜他们的爸爸各是谁？

（1）小云的爸爸不是工人；

（2）小量的爸爸不是医生；

（3）小云的爸爸和小量的爸爸在听一位当教师的爸爸讲故事。

41 遗产

遗产是指公民死亡时遗留的个人合法财产，其范围包括：公民的收入；房屋、储蓄和生活用品；林木、牲畜和家禽；文物、图书资料；法律允许公民所有的生产资料；著作权、专利权中的财产权；其他合法财产和个人承包应得的收益。明确了遗赠财产是遗产的一部分。

下列不是遗产是：

A 死者个人承包应得的收益

B 死者的著作权

C 患了绝症的老人的图书资料

D 遗赠财产

42 圆桌上的冤家

一家中有六个兄弟，他们的排行从上到下分别是老大、老二、老三、老四、老五、老六，每个人都和与他年龄最近的人关系不好。例如，老三与老二和老四关系不好。他们围着一个圆形的桌子吃饭，他们一定不与和自己关系不好的人相邻而坐。现在又出了点事情，老三和老五因为一点小事吵了起来，这回排座位就更难了。你能帮助他们排一下座位吗?

43 国会竞选

国会议员竞选开始时，H曾为参加或不参加竞选的问题发愁了很久。想来想去拿不定主意，最后他想，还是听命于天吧！于是向两位高明的算命先生A、B请教。A讲完他的话之后，说：“我所说的有60%正确。”B讲完他的话之后，说：“我所说的只有30%正确。”结果，他就依照B的占卦去办了。为什么呢?

44 绝妙判决

法国一对离婚夫妇，为两个亲生骨肉的抚养权和住宅居住权互不相让，最后只好再次对簿公堂。法官马尔斯庄严地宣布了判词。这份判词，令当事人、公众舆论都大吃一惊。但仔细回味，无不承认这是绝妙判决。

你能说出马尔斯法官是怎么判的吗?

45 侦破敲诈案

最近，一名女子向一位私人侦探求助。她遭到了住在同一幢公寓里的一个人的敲诈，她收到了一张字迹潦草的纸条，是不久前的一个早晨从门缝下面塞进来的。侦探盯着纸条看了一会儿，然后向女士要了一支铅笔。5分钟后，侦探便拘捕了敲诈者。他是怎么知道谁是敲诈者的?

46 伪装的自杀

有一位癌症患者下决心要死，但如果是自杀，人寿保险金就不可能留给其家属。他为了伪装是他杀，就在桥上对着自己的头开了枪，死后，他把自杀用的枪很巧妙地处理了。开枪击中头部，人就会立即死亡，也就不可能把手枪丢掉，可是这位自杀者办到了。

你知道他使用了什么方法吗？

47 好事是谁做的

张三、李四、王五三位同学中有一个人在别人不在时为集体做好事，事后老师问谁做的好事，张三说是李四，李四说不是他，王五说也不是他。他们三人中只有一个人说了真话，你知道做好事的是谁吗？

48 竞选总经理

某公司一批优秀的中层干部竞选总经理职位。所有的竞选者除了李女士自身外，没有人能同时具备她的所有优点。

从以上断定能合乎逻辑地得出以下哪项结论？

A 在所有竞选者中，李女士最具备条件当选总经理。

B 李女士具有其他竞选者都不具备的某些优点。

C 李女士具有其他竞选者的所有优点。

D 李女士的任一优点都有竞选者不具备。

E 任一其他竞选者都有不及李女士之处。

49 谁是教师

在甲、乙、丙三人中有一位教师，一位工人，一位战士。已知丙比战士年龄大，甲和工人不同岁，工人比乙年龄小，请你判断谁是教师。

50 留大胡子的人

有些导演留大胡子，因此，有些留大胡子的人是大嗓门。

为使上述推理成立，必须补充以下哪项作为前提？

A 有些导演是大嗓门

B 所有大嗓门的人都是导演

C 所有导演都是大嗓门

D 有些大嗓门的不是导演

E 有些导演不是大嗓门

51 他到底是谁

有一种游戏，是让儿童围成一圈，并念诵一段13个字母的童谣来决定“他”是谁。随着歌谣往顺时针方向计数，第十三个儿童就被淘汰出局。现在有8个儿童a、b、……h，玩到最后只剩下c。请问是从谁开始数的？

52 赛车名次

4辆汽车进行四场比赛，每场比赛结果如下：

(1)1号汽车比2号汽车跑得快；

(2)2号汽车比3号汽车跑得快；

(3)3号汽车比4号汽车跑得慢；

(4)4号汽车比1号汽车跑得快。

哪辆汽车跑得最快？

53 左眼被刺

酒店客房之内，发现一具尸体，死者在反锁的房间内被杀，死因是左眼被毒针刺伤致死。

但事后警方经过多方调查，发现门锁并未被破坏，而当案发时，窗门也都是关着的。

现场没有发现毒针之类的凶器，所以可以排除死者是死于自杀的可能。

凶手是怎样杀害死者的呢？

54 惨不忍睹的尸体之谜

被称为“守财奴”的吝啬的高利贷主，在某日被持枪歹徒枪杀，保险柜中的巨款被洗劫一空。死者胸部挨了两枪，但更残忍的是，胃也被用刀扎得乱七八糟。碎尸，是仇杀或情杀常见的案件，但这种情况大都是毁容或砍掉四肢。然而，此案的凶手为何只割破了被害人的胃呢？刑警颇为不解。

如果是你，该如何解此案之谜呢？

55 粉笔的颜色

有三个粉笔盒子，每个盒中装2捆粉笔。一个盒子里装着2捆白粉笔，一个盒子里装着2捆红粉笔，另一个盒子里装着1捆红粉笔和1捆白粉笔。三个盒子都用标签标好，分别是“白白”、“红红”、“红白”的记号。现在弄乱了，每个盒子里所装的粉笔都跟标签不一致了。若允许你任意选一盒，仅拿出一捆来看，不看另一捆粉笔的颜色。你至少拿几次？拿哪一盒？

56 抽屉里有多少只袜子

我的抽屉里放着一些红袜子和黑袜子，两种颜色的袜子的数目一样多。

我的朋友问我，为了保证取出一双同样颜色的袜子，你闭着眼睛至少要从抽屉里摸出多少只袜子？我想了一下，告诉他一个数目。我的朋友又问我，为了保证取出两只不同颜色的袜子，你闭着眼睛至少要从抽屉里摸出多少只袜子？我想了一下，又告诉他一个数目。

我的朋友表示惊奇：这两个数目是一样的？我确认：是的。假设我的计算是完全正确的，想想看，抽屉里有多少只袜子？

57 一句不真不假的话

有一次，一个国王叫大臣们说一句不真不假的话给他。大臣们说来说去，说的不是真话就是假话。国王很不耐烦，于是说："如果你们再说真话或假话，都得受罚，如果说的是真话，就罚20两银子；要是说的是假话，则罚10两银子，你们现在每个人轮着说。"结果很多大臣因为说不出一句不真不假的话，被罚了银子。轮到一位叫王光的大臣时，他不慌不忙地说出了一句不真不假的话。你能想到他说的话吗？

58 袜子和手套

一个抽屉里有十双白袜子、十双花袜子，另一个抽屉里有十副白手套、十副花手套。现在要从中选出一双同色的袜子和一副同色的手套。如果你闭着眼睛拿，至少需要从每个抽屉里取几只袜子和几只手套才一定可以？

59 哪两个人是同班

初一有三个班，每班有正、副班长各一人。平时开班长会议时，各班都只有一人参加。第一次参加的是小张、小刘、小林；第二次参加的是小刘、小朱、小宋；第三次参加的是小张、小宋、小陈。他们中哪两个人是同班的呢？

60 最少拿几次

一盒跳棋有红、绿、蓝色棋子各15个，你闭着眼睛往外拿，每次只能拿1个棋子，至少拿几次才能保证拿出的棋子中有3个是同一颜色的？

61 孤独者的记忆力

科学家发现，生活在大的群体之中的鸟类，比生活在孤岛之中的鸟类大脑中有着更多的新的神经元，也有着更强的记忆力。他们据此向人类发出忠告：如果你是一个孤独者，你最好结交一些朋友，否则就会丧失你宝贵的脑细胞，导致记忆力低下。

下列哪项如果为真，最能反驳上述观点？

A 人类的大脑和鸟类根本不同

B 人脑比鸟类大脑发达得多

C 很多交友多的人记忆力并不好

D 很多孤独者的记忆力非常好

62 脑容量

研究人员报告说，动物脑部具有不同功能的区域占总脑量的比例是物种的一个重要特征。他们发现，在同物种中，不同个体之间的脑容量可能有明显差别，但脑部结构特征基本一致；而不同物种之间的脑容量，机构特征就有较大的差异。研究人员据此认为，脑部结构特征将有助于分辨不同物种之间的亲缘关系。他们还指出，脑部结构的变化，通常标志着由进化产生了新的种群。例如，从较为原始的狐猴进化到现代的猴子；从猿进化到人，脑部的重要变化是新大脑皮层所占比例增加。由此可以推出以下的哪一项？

A 聪明人的大脑皮层比常人发达

B 人的大脑皮层比猴子发达

C 人脑与猿脑的结构相似度大于猴脑和狐猴脑的结构相似度

D 黑猩猩跟大猩猩脑结构的相似度大于黑猩猩和猴子的脑结构相似度

63 地震发生的规律

大地震重复发生的时间很长，对大陆内部的断裂而言往往是上千年到数千年，远远大于人类的寿命和仪器记录地震的时间，这就限制了对地震发生规律的经验总结。地震是在极其复杂的地质结构中孕育发生的。它的过程是高度非线性的、极为复杂的物理过程，人类迄今为止对这一过程的了解很少。这些困难都极大地影响到地震预测预报的准确性。

由本段文字可以推出以下哪一项正确？

A 地震的发生是没有规律的

B 地震规模越大间隔时间越长

C 目前大部分的地震预测都不十分准确

D 目前人类收集的资料对地震研究还远远不够

64 没有署真名的捐款

学校的抗洪赈灾义捐活动收到一大笔没有署真名的捐款，经过多方查找，可以断定是周、吴、郑、王中的某一位捐的。经询问，周说：“不是我捐的”；吴说：“是王捐的”；郑说：“是吴捐的”；王说：“我肯定没有捐”。最后经过详细调查证实四个人中只有一个人说的是真话。

根据已知条件，请你判断下列哪项为真？

A 周说的是真话，是吴捐的

B 周说的是假话，是周捐的

C 吴说的是真话，是王捐的

D 郑说的是假话，是郑捐的

E 王说的是真话，是郑捐的

65 出生前与出生后

如果未来的父母在孩子出生前肯定是想要这个孩子的话，那么，孩子出生后肯定不会受虐待。

以下哪一项如果成立，则以上的结论才会为真？

A 未来的父母一旦有了自己的孩子，会改变原本只是想传宗接代的观念

B 爱孩子的人不会虐待下一代

C 不想要孩子的人通常也会抚养孩子

D 不爱自己孩子的人通常会虐待孩子

E 虐待孩子的人都是不想要孩子的

66 生命出现的条件

地球上之所以有生命出现，至少是因为具备了以下两个条件：第一，与热源有一定的距离而产生的适当温度；第二，适当温度范围恒定保持了最少三十七亿年以上。由于在宇宙中其他地方这两个条件的同时出现几乎是不可能的，因此，其他星球不可能存在与地球一样的生命。

该论证是以以下哪项为前提？

A 一个确定的温度是生命在星球上发展的唯一条件

B 生命除了在地球上发展外不能在其他星球存在

C 在其他星球上的生命形式需要像在地球上的生命形式一样的生存条件

D 对于为什么生命只在地球上出现而不在其他星球上出现尚无满意解释

E 地球上已绝种的某些生命形式很可能在许多有极端温度的星球上发现

67 从树皮中提取的药物

一种对许多传染病非常有效的药物，目前只能从一种叫ibora的树的树皮中提取，而这种树在自然界很稀少，5000棵树的树皮才能提取1千克药物。因此，不断生产这种药物将不可避免地导致该树种的灭绝。

以下哪项为真，则最能削弱上述论断？

A 把从ibora树皮上提取的药物通过一个权威机构发放给医生

B 从ibora树皮上提取药物的生产成本很高

C ibora的叶子在多种医药制品中都被使用

D ibora可以通过插枝繁衍，在人工培育下生长

E ibora主要生长在人迹罕至的地区

68 足球与健康

相比那些不踢足球的大学生，经常踢足球的大学生的身体普遍健康些。由此可见，足球运动能锻炼身体，增进身体健康。

以下哪项为真，最能削弱上述论断？

A 大学生踢足球是出于兴趣爱好，不是为了锻炼身体

B 身体不太好的大学生一般不参加激烈的足球运动

C 足球运动有一定的危险性，容易使人受伤

D 研究表明，长跑比踢足球更能达到锻炼身体的目的

69 是否恪尽职守

关于某公司职员的工作状况进行如下三个描述：“该公司所有职员都恪尽职守”，“该公司职员并不都恪尽职守”，“文茜女士恪尽职守”，其中有两个描述是假的。

根据题干，仍不能确定下面哪个选项的真假？

A 文茜女士未恪尽职守

B 该公司所有职员都不恪尽职守

C 该公司有些职员不恪尽职守

D 该公司所有职员都恪尽职守

70 穿衣戴帽

甲、乙、丙三个学生分别戴着三种不同颜色的帽子，穿着三种不同颜色的衣服去参加一次争办奥运的活动。已知：

（1）帽子和衣服的颜色都只有红、黄、蓝三种；

（2）甲没戴红帽子，乙没戴黄帽子；

（3）戴红帽子的学生没有穿蓝衣服；

（4）戴黄帽子的学生穿着红衣服；

（5）乙没有穿黄色衣服。

试问：甲、乙、丙三人各戴什么颜色的帽子，穿什么颜色的衣服？

填下表：

	帽子	衣服
甲		
乙		
丙		

71 饰演角色

华仔、荣光和陈龙分别饰演或者甲、或者乙、或者丙三个角色：陈龙第一次与荣光的女友在剧中扮演既幽默又滑稽的角色。剧中甲是舰长的下属，乙是甲的助手。饰演舰长的人扮相最沉稳，剧中有恋人，但在生活中没有。由此可见以下哪一项正确？

A 华仔饰演丙

B 荣光饰演丙

C 陈龙饰演丙

D 华仔饰演乙

72 工厂和工种

有张、王、李三名工人，分在甲、乙、丙三个工厂，一人是车工，一人是钳工，一人是电工，已知：

（1）张不在甲厂；

（2）王不在乙厂；

（3）在甲厂的不是钳工；

（4）在乙厂的是车工；

（5）王不是电工。

请判断他们各自的工厂和工种。

73 有害健康的食品

高脂肪、高糖的食物有害人的健康。因此，既然越来越多的国家明令禁止未成年人吸烟和喝含酒精的饮料，那么，为什么不能用同样的方法对待那些有害健康的食品呢？应该明令禁止18岁以下的人食用高脂肪、高糖食品。以下哪一项如果为真，则最能削弱上述建议？

A 许多国家已经把未成年人的标准

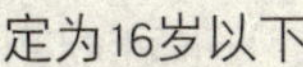

定为16岁以下

B 烟、酒对人体的危害比高脂肪、高糖食物的危害要大

C 并非所有的国家都禁止未成年人吸烟喝酒

D 禁止有害健康食品的生产，要比禁止有害健康食品的食用更有效

E 高脂肪、高糖食品主要危害中年人的健康

74 慢性病

1998年度的统计显示，对中国人的健康威胁最大的三种慢性病，按其在总人口中的发病率排列，依次是乙型肝炎、关节炎和高血压。其中，关节炎和高血压的发病率随着年龄的增长而增加，而乙型肝炎在各个年龄段的发病率没有明显的不同。中国人口的平均年龄，在1998年至2010年之间，将呈明显上升态势而逐步进入老人社会。

依据题干提供的信息，推出以下哪项结论最为恰当?

A 到2010年，发病率最高的将是关节炎

B 到2010年，发病率最高的将仍是乙型肝炎

C 在1998年至2010年之间，乙型肝炎患者的平均年龄将增大

D 到2010年，乙型肝炎患者的数量将少于1998年

E 到2010年，乙型肝炎的老年患者将多于非老年患者

75 磨牙的女孩

容华、富桂、谨依、郁时四个好朋友一起参加野游。第一天晚上四人同房就寝。半夜时，郁时突然惊醒，原来有人在睡梦中磨牙。她被吵得睡不着，就这样失眠到天亮。

隔天，经过郁时的明察暗访，发现:

（1）容华和谨依要么都有磨牙，要么都没有磨牙;

（2）容华和富桂两人不会都有磨牙;

（3）如果谨依没有磨牙，则容华有磨牙。

请问，到底哪个女孩子有磨牙?

76 判断籍贯

方宁、王宜和余涌，一个是江西人，一个是安徽人，一个是上海人，余涌的年龄比上海人大，方宁和安徽人不同岁，安徽人比王宜年龄小。

根据上述断定，除了以下的哪项外其他结论都不可能推出:

A 方宁是江西人，王宜是安徽人，余涌是上海人

B 方宁是安徽人，王宜是江西人，余涌是上海人

C 方宁是安徽人，王宜是上海人，余涌是江西人

D 方宁是上海人，王宜是江西人，余涌是安徽人

E 方宁是江西人，王宜是上海人，余涌是安徽人

77 醋酸的作用

研究人员通过基因操作，使实验鼠体内能够代谢葡萄糖和脂肪酸，但不能代谢醋酸，然后比较这些实验鼠和正常实验鼠在喂给饵料和绝食48小时的状态下，身体状态有何不同。结果发现，在被迫长时间绝食的状态下，不能代谢醋酸的实验鼠体温和耐力明显降低。醋酸是生命体内基本物质，而实验鼠身体构造又与人体非常接近。

由此推出：

A 醋酸在其维持人体能量供应中起着至关重要的作用

B 醋酸可以作为人体一种不会提升血糖值的能量源

C 代谢产生的三磷腺苷是生命活动的能量源泉

D 在持久运动时，脂肪酸和酮体是ATP的主要来源

78 心理健康的人

一个心理健康的人，必须保持自尊；一个人只有受到自己所尊敬的人的尊敬，才能保持自尊；而一个用“追星”方式来表达自己尊敬情感的人，不可能受到自己所尊敬的人的尊敬。以下哪项结论可以从题干的断定中推出？

A 一个心理健康的人，不可能用“追星”的方式来表达自己的尊敬情感。

B 一个心理健康的人，不可能接受用“追星”的方式所表达的尊敬。

C 一个人如果受到了自己所尊敬的人的尊敬，他（她）一定是个心理健康的人。

D 没有一个保持自尊的人，会尊敬一个用“追星”方式表达尊敬情感的人。

E 一个用“追星”方式表达自己尊敬情感的人，完全可以同时保持自尊。

79 牺牲哪一位

英国一家著名的报纸举办智力竞赛，为下面的难题征求答案：三个名人都对人类立过不朽之功，其中一个在医学上有过重大贡献，一个是著名的化学家，一个是举世瞩目的核物理学家。有一天，三人搭乘同一个气球。突然，气球遇到风暴，要把其中一人推下去，才能确保另外两人的安全。这三人中，究竟应该牺牲哪一位？

该报收到了成千上万的应征信，他们都用长篇大论来说明那三个人的丰功伟绩，但评判员都不满意。最后得到头奖的却是一个12岁的小孩。你猜，这个12岁的小孩认为三人中应该牺牲哪一位？

80 挽救大熊猫

为了挽救濒临灭绝的大熊猫，一种有效的方法是把它们都捕获到动物园进行人

工饲养和繁殖。

以下哪项如果为真，最能对上述结论提出质疑？

A 近五年在全世界各动物园中出生的熊猫总数是9只，而在野生自然环境中出生的熊猫的数字，不可能准确地获得

B 只有在熊猫生活的自然环境中，才有足够它们吃的嫩竹，而嫩竹几乎是熊猫的唯一食物

C 动物学家警告，对野生动物的人工饲养将会改变它们的某些遗传特性

D 提出上述观点的是一个动物园主，他的建议带有明显的商业动机

81 白色污染

所谓“白色污染”，是人们对塑料垃圾污染环境的一种形象称谓。它是指用聚苯乙烯、聚丙烯、聚氯乙烯等高分子化合物制成的各类生活塑料制品使用后被弃置成为固体废物，由于随意乱丢乱扔，又难以自然降解，于是形成环境污染的现象。

由此可以推出唯一的结论是以下哪一项：

A 白色环境污染难以消除

B 高分子化合物难以自然降解

C 制止乱丢乱扔就能消除环境污染

D 容易自然降解的固体不会造成环境污染

82 只有一人说真话

在晚会上，赵、钱、孙、李、周五位同学一起为大家表演一个小品，题目是“只有一人说实话”。赵说：“在我们五个人中，只有一个人爱撒谎。”钱说：“我们五个人中有两人说了谎话。”孙说：“不对，有三个人说了谎话。”李说：“五个人中有四个不说实话。”周说：“我们五个人都在说假话。”事实上，他们中间只有一个人说实话。请你猜猜，是谁说了实话？

83 货币贬值与财政赤字

近来美元的贬值是由于对未来经济增长缓慢的悲观预测。但若非由于美国政府的巨额财政赤字，这个预测不会对美元产生不利影响。因此，为了阻止货币贬值必须减少财政赤字。

以下哪项如果为真，则最能削弱上述结论？

A 美国政府几乎没有尝试减少财政赤字

B 财政赤字没有造成经济增长缓慢

C 在经济增长缓慢的预测的前一年，美元已多次贬值

D 在出现巨额赤字以前，有关经济增长缓慢的预测已多次造成美元贬值

E 巨额赤字的出现，除了经济增长缓慢的预测以外还有其他事物造成美元贬值

84 五种颜色的珠子

红、黄、蓝、白、紫五种颜色的珠子各一粒，都用纸包好摆在桌上。A、B、C、D、E五人猜纸包中珠子的颜色，每人只能猜两包。

A.第二包是紫的，第三包是黄的；

B.第二包是蓝的，第四包是红的；

C.第一包是红的，第五包是白的；

D.第三包是蓝的，第四包是白的；

E.第二包是黄的，第五包是紫的。

猜完后拆开纸包一看，每人都猜对了一种，且每包只有一人猜对。判断他们各猜对了哪一种颜色的珠子？

85 安全事故

某矿山发生了一起严重的安全事故。关于事故原因，甲、乙、丙、丁四位负责人有如下断定：甲：如果造成事故的直接原因是设备故障，那么肯定有人违反操作规程。乙：确实有人违反操作规程，但造成事故的直接原因不是设备故障。丙：造成事故的直接原因确实是设备故障，但并没有人违反操作规程。丁：造成事故的直接原因是设备故障。

如果上述断定中只有一个人的断定为真，除了以下哪种情况，则其他断定都不可能为真：

A 甲的断定为真，有人违反了操作规程

B 甲的断定为真，但没有人违反操作规程

C 乙的断定为真

D 丙的断定为真

E 丁的断定为真

86 人类基因组

人类基因组测试完成后，生物学家便一直在绘制碱基因上的小差异，即单核苷酸多态性，这些小差异成为2007年十余个研究项目的关键内容。在这些被称为广泛关联基因组研究中，研究人员对数千名患病或无病个体的DNA进行了对比，以确定哪些小的基因差异会给人类带来疾病风险。

由此推断不出以下的哪一项结论？

A 今后更多的人将会拥有自己部分或全部的基因组

B 今后更多的人将更准确地了解自己存在患何种疾病的风险

C 发现人类基因组个体差异

D 发现人类基因组集合体差异

87 审美意识

“东胡林人”遗址是新石器时代早期的人类文化遗址，在遗址中发现的人骨化石经鉴定属两个成年男性个体和一个少年女性个体。在少女遗骸的颈部位置有用小螺壳串制的项链，腕部佩戴有牛肋骨制成的骨镯。这说明在新石器时代早期，人类的审美意识已开始萌动。

以下哪项如果为真，最能削弱上述判断?

A 新石器时代的饰品通常是石器

B 出土的项链和骨镯都十分粗糙

C 项链和骨镯的作用主要是表示社会地位

D 两个成年男性遗骸的颈部有更大的项链

88 正版和盗版

在当前的音像市场上，正版的激光唱盘和影视盘销售不佳，而盗版的激光唱盘和影视盘却屡禁不绝，销售异常火爆。有的分析人员认为这主要是因为在价格上盗版盘更有优势，所以在市场上更有活力。

以下哪项是这位分析人员在分析中隐含的假定?

A 正版的激光唱盘和影视盘往往内容呆板，不适应市场的需要

B 与价格的差别相比，正版与盗版盘在质量方面的差别不大

C 盗版的激光唱盘和影视盘比正版的盘进货渠道畅通

D 正版的激光唱盘和影视盘不如盗版的盘销售网络完善

E 加强对知识产权的保护和对盗版行为的打击使得盗版盘的价格上涨

89 喜欢哪一科

A、B、C三名学生，一个是北京人，一个是上海人，一个是长沙人；他们之中有的喜欢语文，有的喜欢数学，有的喜欢外语，且（1）A不喜语文，B不喜欢外语；（2）喜欢语文的不是上海人；（3）喜欢外语的是北京人；（4）B不是长沙人。请填下表。

	爱好	籍贯
A		
B		
C		

90 高浓度脂肪蛋白的含量

血液中的高浓度脂肪蛋白含量的增多，会增加人体阻止吸收过多的胆固醇的能力，从而降低血液中的胆固醇。有些人通过有规律的体育锻炼和减肥，能明显地增加血液中高浓度脂肪蛋白的含量。

以下哪项，作为结论从上述题干中推出最为恰当?

A 有些人通过有规律的体育锻炼降低了血液中的胆固醇，则这些人一定是胖子。

B 不经常参加体育锻炼的人，特别是胖子，随着年龄的增大，血液中出现高胆固醇的风险越来越大。

C 体育锻炼和减肥是降低血液中高胆固醇的最有效的方法。

D 有些人可以通过有规律的体育锻

炼和减肥来降低血液中的胆固醇。

E 标准体重的人只需要通过有规律的体育锻炼就能降低血液中的胆固醇。

91 计划生育指标

某县领导参加全县的乡计划生育干部会，临时被邀请上台讲话。由于事先没有做调查研究，也不熟悉县里计划生育的具体情况，只能说些模棱两可、无关痛痒的话。他讲道："在我们县14个乡中，有的乡完成了计划生育指标；有的乡没有完成计划生育指标；李家集乡就没有完成嘛！"在领导讲话时，县计划生育委员会主任手里捏了一把汗，因为领导讲的三句话中有两句不符合实际，真后悔临时拉领导来讲话。

以下哪项正确表示了该县计划生育工作的实际情况？

A 在14个乡中至少有一个乡没有完成计划生育指标

B 在14个乡中除李家集乡外还有别的乡没有完成计划生育指标

C 在14个乡中没有一个乡没有完成计划生育指标

D 在14个乡中只有一个乡没有完成计划生育指标

E 在14个乡中只有李家集乡完成了计划生育指标

92 销售承诺

某电脑销售部向顾客承诺："本部销售的电脑在一个月内包换、一年内免费保修、三年内上门服务免收劳务费，因使用不当造成的故障除外。"

以下哪项所讲的是该销售部应该提供的服务？

A 某人购买了一台电脑，三个月后软驱出现问题，要求销售部修理，销售部给免费更换了软驱。

B 电脑实验室从该销售部购买了30台电脑，50天后才拆箱安装。在安装时发现有一台显示器不能显示彩色，要求更换。

C 某学校购买了10台电脑。没到一个月，电脑的鼠标丢失了三个，要求销售部无偿补齐。

D 李明买了一台电脑，不小心感染了电脑病毒，造成存储的文件丢失，要求销售部赔偿损失。

E 某人购买了一台电脑，一年后键盘出现故障，要求销售部按半价更换一个新键盘。

93 女性购车量

近期的一项调查显示：日本产"星愿"、德国产"心动"和美国产的"EXAP"三种轿车最受女性买主的青睐。调查指出，在中国汽车市场上，按照女性买主所占的百分比计算，这三种轿车

名列前三名。星愿、心动和EXAP三种车的买主，分别有58%、55%和54%是妇女。但是，最近连续6个月的女性购车量排行榜，却都是国产的富康轿车排在首位。

以下哪项如果为真，最有助于解释上述矛盾?

A 每种轿车的女性买主占各种轿车买主总数的百分比，与某种轿车的买主之中女性所占的百分比是不同的。

B 排行榜的设立，目的之一就是引导消费者的购车方向。而发展国产汽车业，排行榜的作用不可忽视。

C 国产的富康轿车也曾经在女性买主所占的百分比的排列中名列前茅，只是最近才落到了第四名的位置。

D 最受女性买主的青睐和女性买主真正花钱去购买是两回事，一个是购买欲望，一个是购买行为，不可混为一谈。

E 女性买主并不意味着就是女性来驾驶，轿车登记的主人与轿车实际的使用者经常是不同的。而且，单位购车在国内占到了很重要的比例，不能忽略不计。

94 长尾猴与狂犬病

经A省的防疫部门检测，在该省境内接受检疫的长尾猴中，有1%感染上了狂犬病。但是只有与人及其宠物有接触的长尾猴才接受检疫。防疫部门的专家因此推测，该省长尾猴中感染狂犬病的比例，将大大小于1%。

以下哪项如果为真，将最有力地支持专家的推测?

A 在A省境内，与人及其宠物有接触的长尾猴，只占长尾猴总数的不到10%。

B 在A省，感染狂犬病的宠物，约占宠物总数的0.1%。

C 在与A省毗邻的B省境内，至今没有关于长尾猴感染狂犬病的疫情报告。

D 与和人的接触相比，健康的长尾猴更愿意与人的宠物接触。

E 与健康的长尾猴相比，感染狂犬病的长尾猴更愿意与人及其宠物接触。

95 销路与盈亏

如果新产品打开了销路，则本企业今年就能实现转亏为盈。

只有引进新的生产线或者对现有设备实行有效的改造，新产品才能打开销路。

本企业今年没能实现转亏为盈。

如果上述断定是真的，则以下哪项也一定是真的?

（1）新产品没能打开销路；

（2）没引进新的生产线；

（3）对现有设备没实行有效的改造。

A 只有（1）

B 只有（2）

C 只有（3）

D （1）、（2）和（3）

E （1）、（2）和（3）都不必定是真的

96 调制解调器

如果你的笔记本电脑是1999年以后制造的，那么它就带有调制解调器。

上述断定可由以下哪个选项得出?

A 只有1999年以后制造的笔记本电脑才带有调制解调器

B 所有1999年以后制造的笔记本电脑都带有调制解调器

C 有些1999年以前制造的笔记本电脑也带有调制解调器

D 所有1999年以前制造的笔记本电脑都不带有调制解调器

E 笔记本的调制解调器技术是在1999年以后才发展起来的

97 减震系统

长天汽车制造公司的研究人员发现，轿车的减震系统越“硬”，驾驶人员越是在驾驶中感到刺激。因此，他们建议长天汽车制造公司把所有的新产品的减震系统都设计得更“硬”一些，以提高产品的销量。

下面哪一项如果为真，最能削弱该研究人员的建议?

A 长天公司原来生产的轿车的减震系统都比较“软”。

B 驾驶汽车的刺激性越大，车就越容易开得快，越容易出交通事故。

C 大多数人买车是为了便利和舒适，而“硬”的减震系统让人颠得实在难受。

D 目前“硬”减震系统逐步流行起来，尤其是在青年开车族中。

E 买车的人中有些年长者不是为了追求驾驶中的刺激。

98 失眠症

过度工作和压力不可避免地导致失眠症。森达公司的所有管理人员都有压力。尽管医生已经提出警告，但大多数的管理人员每周工作仍然超过60小时，而其余的管理人员每周仅工作40小时。只有每周工作超过40小时的员工才能得到一定的奖金。

以上的陈述最有力地支持下列哪项结论?

A 大多数得到一定奖金的森达公司管理人员患有失眠症

B 森达公司员工的大部分奖金给了管理人员

C 森达公司管理人员比任何别的员工组更易患失眠症

D 没有每周仅仅工作40小时的管理人员工作过度

E 森达公司的工作比其他公司的工作压力大

99 管理得法的校长

所有切实关心教员福利的校长，都被证明是管理得法的校长；而切实关心教

员福利的校长，都首先把注意力放在解决中青年教员的住房上。因此，那些不首先把注意力放在解决中青年教员住房上的校长，都不是管理得法的校长。为使上述论证成立，以下哪项必须为真？

A 中青年教员的住房问题，是教员的福利中最为突出的问题

B 所有管理得法的校长，都是关心教员福利的校长

C 中青年教员的比例，近年来普遍有了大的增长

D 所有首先把注意力放在解决中青年教员住房上的校长，都是管理得法的校长

E 老年教员普遍对自己的住房比较满意

100 教育改造的效果

因偷盗、抢劫或流氓罪入狱的刑满释放人员的重新犯罪率，要远远高于因索贿、受贿等职务犯罪入狱的刑满释放人员。这说明，在狱中对上述前一类罪犯教育改造的效果，远不如对后一类罪犯。以下哪项如果为真，最能削弱上述论证？

A 与其他类型的罪犯相比，职务犯罪者往往有较高的文化水平。

B 对贪污、受贿的刑事打击，并没能有效地扼制腐败，有些地方的腐败反而愈演愈烈。

C 刑满释放人员很难再得到官职。

D 职务犯罪的罪犯在整个服刑犯中只占很小的比例。

E 统计显示，职务犯罪者很少有前科。

101 两卷胶卷

在一次选举中，一家报纸的摄影师交给报社两卷胶卷——一卷彩色胶卷，一卷黑白胶卷。这两卷胶卷拍的是关于某一个候选人的情况。

1.如果这个候选人在选举中获胜，那么这家报社的编辑们将用X卷；

2.如果这个候选人落选，编辑们将采用Y卷；

3.Y卷中的底片只有X卷的一半；

4.X卷是彩色片；

5.X卷中大部分的底片都已报废无用。

[问题]

（1）如果这家报社没有刊登候选人的彩色照片，那么下列哪个判断必定正确？

A 编辑们用了X胶卷。B 这个候选人在选举中没有获胜。C Y卷中没有一张有用的底片。D 这个候选人在选举中获胜。E Y卷中大部分底片没有用。

（2）如果Y卷中所有的底片都有用，那么下列哪一陈述肯定正确？

A Y卷中有用的底片比X卷中有用的底片多。B Y卷中有用的底片只是X卷中有用的底片的一半。C Y卷中有用的底片比X卷中有用的底片少。D Y卷中的底片

与X卷中的底片一样多。E Y卷中有用的底片是X卷中有用的底片的两倍。

（3）如果这个候选人在选举中获胜，那么下列哪一陈述为真？

1.彩色胶卷将被采用；

2.如果这个候选人落选，那么这家报社所用的彩色照片与黑白照片一样多；

3.不采用黑白片。

A 只有1是对的。B 只有3是对的。C 只有1和2是对的。D 只有1和3是对的。E 只有2和3是对的。

102 游泳比赛

7个人P、Q、R、S、T、U和V自始至终参加一系列的游泳比赛，游到终点时，没有任何两人游的速度一样。

1.V总是游在P之前；

2.P总是游在Q之前；

3.或R第一名，T最后一名；或S第一名，U或Q最后一名。

[问题]

（1）在一次比赛中，如果V是第五名，下列哪一条一定是对的？

A S第一名。B R第二名。C T第三名。D Q第四名。E U最后一名。

（2）在一次比赛中，如果R是第一名，V最差是第几名？

A 第二名。B 第三名。C 第四名。D 第五名。E 第六名。

（3）在一次比赛中，如果S是第二名，下列哪一条有可能是对的？

A P在R之前。B V在S之前。C P在V之前。D T在Q之前。E U在V之前。

（4）在一次比赛中，如果S是第六名，Q是第五名，下列哪一条有可能是对的？

A V第一名或第四名。B R第二名或第三名。C P第二名或第五名。D U第三名或第四名。E T第四名或第五名。

（5）在一次比赛中，如果R是第二名，Q是第五名，下列哪一条必定是对的？

A S是第三名。B P是第三名。C V是第四名。D T是第六名。E U是第六名。

103 昨天火腿，今天猪排

甲、乙和丙三人去餐馆吃饭，他们每人要的不是火腿就是猪排。

（1）如果甲要的是火腿，那么乙要的就是猪排。

（2）甲或丙要的是火腿，但是不会两人都要火腿。

（3）乙和丙不会两人都要猪排。

谁昨天要的是火腿，今天要的是猪排？

（提示：判定哪些人要的菜不会变化。）

104 第一名是谁

某校数学竞赛，A、B、C、D、E、F、

G、H八位同学获前八名，老师让他们猜一下谁是第一名。

A：“或者F是第一名，或者H是第一名。”

B：“我是第一名。”

C：“G是第一名。”

D：“B不是第一名”

E：“A说的不对。”

F：“我不是第一名，H也不是第一名。”

G：“C不是第一名。”

H：“我同意A的意见。”

老师指出，八人中有三人猜对了。你知道第一名是谁吗？

105 没有署名的捐款

学校抗洪抢险献爱心捐助小组突然收到一大笔没有署名的捐款，经过多方查找，可以断定是赵、钱、孙、李中的某一个人捐的。经询问，赵说：“不是我捐的。”钱说：“是李捐的。”孙说：“是钱捐的。”李说：“我肯定没有捐。”最后经过详细调查证实四个人中只有一个人说的是真话。

根据以上已知条件，请判断下列哪项为真？

A 赵说的是真话，是孙捐的

B 李说的是真话，是赵捐的

C 钱说的是真话，是李捐的

D 孙说的是真话，是钱捐的

E 李说的是假话，是李捐的

106 结婚对象

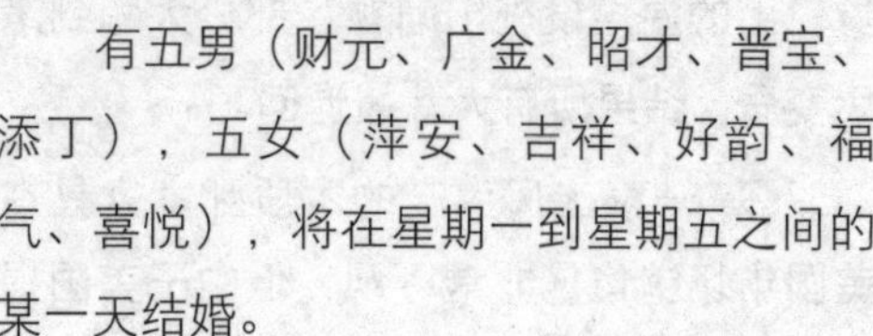

有五男（财元、广金、昭才、晋宝、添丁），五女（萍安、吉祥、好韵、福气、喜悦），将在星期一到星期五之间的某一天结婚。

已知：

（1）每对新人结婚的日期都不一样。

（2）萍安将于星期一结婚，但添丁不是。

（3）昭才和广金分别于星期三及星期五结婚，但喜悦不是。

（4）晋宝即将迎娶好韵，并且比福气晚一天结婚。

请问，到底谁要和谁结婚？并各在星期几结婚？

107 绿色壁垒

绿色壁垒是指一部分国家和国际组织通过制定环境标准和法规，为保护生态环境、人类以及动植物生命安全与健康而直接或间接采取的各种限制或者禁止贸易的措施，它是能对进出口贸易产生影响的一种非关税贸易壁垒。

根据上述定义，下列属于绿色壁垒行为的是：

A 某大型连锁超市只销售通过绿色食品检验的进口农产品。

B 一家纺织品进出口公司销往欧洲的十余吨棉纱因检测出含有德国禁用的偶

氮染料而停止出口。

C 某公司向国外出口大蒜，因途中货轮上的温控设施出问题，部分大蒜到港后变质，结果所有大蒜被退回。

D 一家工厂生产的木质卧室家具在美国市场销售量非常可观，但由于美国提高了木质卧室家具的关税，其出口量大受影响。

108 职业社会化

职业社会化是指个体按社会需要选择职业，掌握从事某种职业的知识和技能，以及从事某种职业后进行知识、技能更新再训练的过程。

根据上述定义，下列属于职业社会化的是：

A 食堂管理员张某看到很多领域急需翻译人才，利用业余时间学习并取得翻译资格证后到某公司任职。

B 青年张某参军后被分配至汽车班，学得精湛的修车技艺，退役后自己开了一间修理部。

C 某公司会计李某热爱厨艺，业余时间参加了一个培训班，学习营养知识，提高烹饪技艺。

D 下岗女工陈某在抚育孩子期间，积累了丰富的知识和经验，后在朋友建议下开办了一所幼儿园。

109 比赛的实际结果

五个学生A、B、C、D、E参加一场比赛，某人预测比赛结果的名次顺序是：A、B、C、D、E，结果没有猜中任何一个名次，也没有猜中任何一对名次相邻的学生（即两个名次紧挨着的学生）的名次顺序；另一个人预测比赛结果的名次顺序是：D、A、E、C、B，结果猜中了两个名次，同时还猜中两对名次相邻的名次顺序，问这次比赛实际结果如何？

110 村民维权

在一些地方，村民委员会组织法的相关规定没有得到真正落实，尤其是该法的一项重要精神——管理过程中采用监督和评议等手段制约村官滥用权力，远远没有落实到位。在这一背景下，一些村官疯狂贪污，村民维权困难，仅靠行政渠道的调查组或司法渠道的“两院”，可能不能解决问题。

下面哪句话最能削弱上述相关内容？

A 有的地方的村民委员会组织法的相关规定得到了真正落实。

B 依靠行政渠道的调查组或司法渠道的“两院”必然不能解决村官贪污问题。

C 我国村民委员会组织法的相关规定得到了真正落实。

D 依靠行政渠道的调查组或司法渠道的“两院”有可能解决村官贪污问题。

111 通货膨胀的影响

只有在广江市的人才能够不理睬通货膨胀的影响；住在广江市的每一个人都要付税；每一个付税的人都发牢骚。根据上面的这些句子，判断下列各项哪项一定是真的？

（1）每一个不理睬通货膨胀影响的人都要付税；

（2）不发牢骚的人中没有一个能够不理睬通货膨胀的影响；

（3）每一个发牢骚的人都能够不理睬通货膨胀的影响。

A 仅（1）

B 仅（1）和（2）

C 仅（2）

D 仅（2）和（3）

E （1）、（2）和（3）

112 左撇子

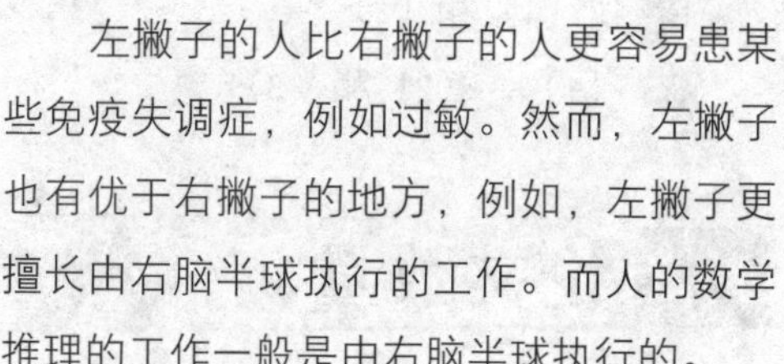

左撇子的人比右撇子的人更容易患某些免疫失调症，例如过敏。然而，左撇子也有优于右撇子的地方，例如，左撇子更擅长由右脑半球执行的工作。而人的数学推理的工作一般是由右脑半球执行的。

从上述断定能推出以下哪个结论？

（1）患有过敏或其他免疫失调症的人中，左撇子比右撇子多；

（2）在所有数学推理能力强的人当中左撇子的比例，高于在所有推理能力弱的人中左撇子的比例；

（3）在所有左撇子中，数学推理能力强的比例，高于数学推理能力弱的比例。

A 仅（1）

B 仅（2）

C 仅（3）

D 仅（1）和（3）

E （1）、（2）和（3）

113 寄生蜂

有一种通过寄生方式来繁衍后代的黄蜂，它能够在适合自己后代寄生的各种昆虫的大小不同的虫卵中，注入恰好数量的自己的卵。如果它在宿主的卵中注入的卵过多，它的幼虫就会在互相竞争中因为得不到足够的空间和营养而死亡；如果它在宿主的卵中注入的卵过少，宿主卵中的多余营养部分就会腐烂，这又会导致它的幼虫的死亡。

如果上述断定是真的，则以下哪项有关断定也一定是真的？

（1）上述黄蜂的寄生繁衍机制中，包括它准确区分宿主虫卵大小的能力；

（2）在虫卵较大的昆虫聚集区出现的上述黄蜂比在虫卵较小的昆虫聚集区多；

（3）黄蜂注入过多的虫卵比注入过少的虫卵更易引起寄生幼虫的死亡。

A 仅（1）

B 仅（2）

C 仅（3）

D 仅（1）和（2）

E （1）、（2）和（3）

114 广告之争

尽管是航空业萧条的时期，各家航空公司也没有节省广告宣传的开支。翻开许多城市的晚报，最近一直都在连续刊登如下广告：飞机远比汽车安全！你不要被空难的夸张报道吓破了胆，根据航空业协会的统计，飞机每飞行1亿千米死1人，而汽车每走5000万千米死1人。

汽车工业协会对这个广告大为恼火，他们通过电视公布了另外一个数字：飞机每飞行20万小时死1人，而汽车每行驶200万小时死1人。

如果以上资料均为真，则以下哪项最能解释上述这种看起来矛盾的结论？

A 安全性只是人们在进行交通工具选择时所考虑问题的一个方面，便利性、舒适感以及某种特殊的体验都会影响消费者的选择。

B 尽管飞机的驾驶员所受的专业训练远远超过汽车司机，但是，因为飞行高速的原因，飞机失事的生还率低于车祸。

C 飞机的确比汽车安全，但是，空难事故所造成的新闻轰动要远远超过车祸，所以，给人们留下的印象也格外深刻。

D 两种速度完全不同的交通工具，用运行的距离作单位来比较安全性是不全面的，用运行的时间来比较也会出偏差。

E 媒体只关心能否提高收视率和发行量，根本不尊重事情的本来面目。

115 清洁剂的类型

在微波炉清洁剂中加入漂白剂，就会释放出氯气；在浴盆清洁剂中加入漂白剂，也会释放出氯气；在排烟机清洁剂中加入漂白剂，没有释放出任何气体。现有一种未知类型的清洁剂，加入漂白剂后，没有释放出氯气。根据上述实验，以下哪项关于这种未知类型的清洁剂的断定一定为真？

（1）它是排烟机清洁剂；

（2）它既不是微波炉清洁剂，也不是浴盆清洁剂；

（3）它要么是排烟机清洁剂，要么是微波炉清洁剂或浴盆清洁剂。

A 仅（1）

B 仅（2）

C 仅（3）

D 仅（1）和（2）

E （1）、（2）和（3）

116 论文数量

某研究所对该所上年度研究成果的统计显示：在该所所有的研究人员中，没有两个人发表的论文的数量完全相同；没有人恰好发表了10篇论文；没有人发表的论文的数量等于或超过全所研究人员的数量。

如果上述统计是真实的，则以下哪项断定也一定是真实的?

（1）该所研究人员中，有人上年度没有发表1篇论文；

（2）该所研究人员的数量，不少于3人；

（3）该所研究人员的数量，不多于10人。

A 只有（1）和（2）

B 只有（1）和（3）

C 只有（1）

D （1）、（2）和（3）

E （1）、（2）和（3）都不一定是真实的

117 纸浆

在2000年，世界范围的造纸业所用的鲜纸浆（即直接从植物纤维制成的纸浆）是回收纸浆（从废纸制成的纸浆）的2倍。造纸业的分析人员指出，到2010年，世界造纸业所用的回收纸浆将不少于鲜纸浆，而鲜纸浆的使用量也将比2000年有持续上升。

如果上面提供的信息均为真，并且分析人员的预测也是正确的，那么可以得出以下哪个结论?

（1）在2010年，造纸业所用的回收纸浆至少是2000年的2倍；

（2）在2010年，造纸业所用的总的纸浆至少是2000年的2倍；

（3）造纸业在2010年造的只含鲜纸浆的纸将会比2000年少。

A 仅（1）

B 仅（2）

C 仅（3）

D 仅（1）和（2）

E （1）、（2）和（3）

118 用电超标单位

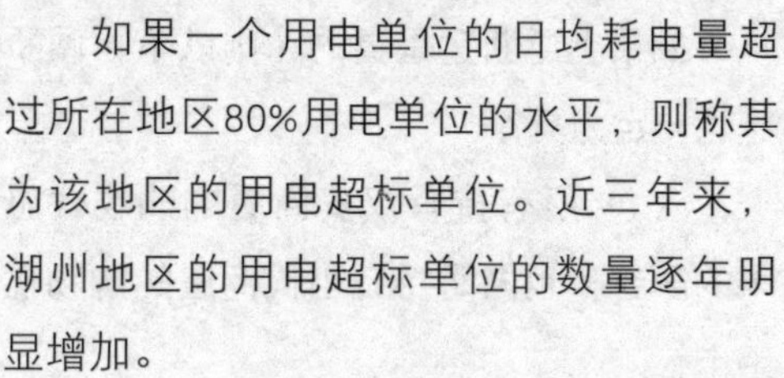

如果一个用电单位的日均耗电量超过所在地区80%用电单位的水平，则称其为该地区的用电超标单位。近三年来，湖州地区的用电超标单位的数量逐年明显增加。

如果以上断定为真，并且湖州地区的非单位用电忽略不计，则以下哪项断定也必定为真?

（1）近三年来，湖州地区不超标的用电单位的数量逐年明显增加；

（2）近三年来，湖州地区日均耗电量逐年明显增加；

（3）今年湖州地区任一用电超标单位的日均耗电量都高于全地区的日均耗电量。

A 只有（1）

B 只有（2）

C 只有（3）

D 只有（2）和（3）

E （1）、（2）和（3）

119 购物优惠卡

所有持有当代商厦购物优惠卡的顾客，同时持有双安商厦的购物优惠卡。今年国庆，当代商厦和双安商厦同时给持有本商厦的购物优惠卡的顾客的半数，赠送了价值100元的购物奖券。结果，上述同时持有两个商厦的购物优惠卡的顾客，都收到了这样的购物奖券。

如果上述断定是真的，则以下哪项断定也一定为真？

（1）所有持有双安商厦的购物优惠卡的顾客，也同时持有当代商厦的购物优惠卡；

（2）今年国庆，没有一个持有上述购物优惠卡的顾客分别收到两个商厦的购物奖券；

（3）持有双安商厦的购物优惠卡的顾客中，至多有一半收到当代商厦的购物奖券。

A 只有（1）

B 只有（2）

C 只有（3）

D 只有（1）和（2）

E （1）、（2）和（3）

120 电视广告

第一个事实：电视广告的效果越来越差。一项跟踪调查显示，在电视广告所推出的各种商品中，观众能够记住其品牌名称的商品的百分比逐年降低。

第二个事实：在一段连续插播的电视广告中，观众印象较深的是第一个和最后一个，而中间播出的广告留给观众的印象，一般地说要浅得多。以下哪项，如果为真，最能使得第二个事实成为对第一个事实的一个合理解释？

A 在从电视广告里见过的商品中，一般电视观众能记住其品牌名称的大约还不到一半。

B 近年来，被允许在电视节目中连续插播广告的平均时间逐渐缩短。

C 近年来，人们花在看电视上的平均时间逐渐缩短。

D 近年来，一段连续播出的电视广告所占用的平均时间逐渐增加。

E 近年来，一段连续播出的电视广告中所出现的广告的平均数量逐渐增加。

121 引进的大片

前年引进美国大片《廊桥遗梦》，仅仅在滨州市放映了一周时间，各影剧院的总票房收入就达到800万元。这一次滨州市又引进了《泰坦尼克号》，准备连续放映10天，1000万元的票房收入应该能够突破。

根据上文包括的信息，分析以上推断最可能隐含了以下哪项假设？

A 滨州市很多人因为放映期时间短都没有看上《廊桥遗梦》，这一次可以得到补偿。

B 这一次各影剧院普遍更新了设

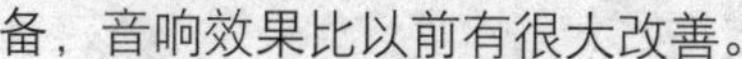

备，音响效果比以前有很大改善。

C 这两部片子都是艺术精品，预计每天的上座率、票价等非常类似。

D 连续放映10天是以往比较少见的映期安排，可以吸引更多的观众。

E 灾难片加上爱情片，《泰坦尼克号》的影响力和票房号召力是巨大的。

122 烟草公司的广告费用

政府应该不允许烟草公司在其营业收入中扣除广告费用。这样的话，烟草公司将会缴纳更多的税金。他们只好提高自己的产品价格，而产品价格的提高正好可以起到减少烟草购买的作用。

以下哪个选项是上述论点的前提？

A 烟草公司不可能降低其他方面的成本来抵消多缴的税金。

B 如果他们需要付高额的税金，烟草公司将不再继续做广告。

C 如果烟草公司不做广告，香烟的销售量将受到很大影响。

D 政府从烟草公司的应税收入增加所得的收入将用于宣传吸烟的害处。

E 烟草公司由此所增加的税金应该等于价格上涨所增加的盈利。

123 交换舞伴

四对夫妇——巴斯克夫妇、杰弗逊夫妇、帕尔德夫妇和罗伯特夫妇，正在学习一种新式的交谊舞。这种舞蹈必须结伴跳。舞蹈一开始，每对夫妇结为舞伴，但是在听到X、Y、Z三声口令时，需交换舞伴，交换的条件如下：

1.当口令X发出时，巴斯克先生和帕尔德先生交换舞伴；

2.当口令Y发出时，罗伯特夫人和杰弗逊夫人交换舞伴；

3.当口令Z发出时，杰弗逊先生和帕尔德先生交换舞伴；

4.以后每次口令发出后，舞伴的交换，都在前次口令后所形成舞伴的基础上交换。

[问题]

（1）舞蹈开始后，如果只在口令X发出时交换过一次舞伴，那么，下一次哪两个人必定结成舞伴？

A 巴斯克先生和帕尔德夫人。B 巴斯克先生和罗伯特夫人。C 杰弗逊先生和帕尔德夫人。D 杰弗逊先生和巴斯克夫人。E 罗伯特先生和杰弗逊夫人。

（2）如果在两次口令之后，每个跳舞者又与自己的配偶结成舞伴；那么，这两次口令可能是在以下哪种情况发出的？

A 口令Y接在口令X之后。B 口令Z接在口令X之后。C 口令X接在口令X之后，或口令Y接在口令Y之后，或口令Z接在口令Z之后。D 口令X接在口令X之后，或口令Y接在口令Y之后，但不可能口令Z接在口令Z之后。E 口令X接在口令X之后，或口令Z接在口令Z之后，但不可能口令Y接在口令Y之后。

（3）如果舞蹈开始后，舞伴交换过

两次，第一次是口令X之后，第二次是口令Y之后，那么，下列哪种情况必定是真的?

A 巴斯克夫人与罗伯特先生结为舞伴。B 杰弗逊夫人与杰弗逊先生结为舞伴。C 帕尔德先生与罗伯特夫人结为舞伴。D 只有两位妇女与自己的丈夫结为舞伴。E 没有一个男人与自己的妻子结为舞伴。

（4）如果舞伴交换两次之后，巴斯克先生与巴斯克夫人结为舞伴，并且第二次交换是在口令Y之后进行的，那么，第一次交换肯定是在:

A 口令X之后。B 口令Y之后。C 口令Z之后。D 除了口令X之外的其他任何一个口令之后。E 除了口令Z之外的其他任何一个口令之后。

（5）如果两次舞伴交换之后，杰弗逊先生与巴斯克夫人结为舞伴，并且第二次口令是Z，那么，第一次口令应该是:

A X。B Y。C Z。D 除了Y之外的其他任何口令；E 除了Z之外的其他任何口令。

（6）如果舞蹈开始后，按照Z、X、Y的口令顺序交换了三次舞伴，那么，在第三次口令后，下列哪种情况肯定存在?

A 帕尔德先生与杰弗逊夫人结为舞伴。B 帕尔德先生与罗伯特夫人结为舞伴。C 巴斯克先生与巴斯克夫人结为舞伴。D 巴斯克先生与杰弗逊夫人结为舞伴。E 巴斯克先生与罗伯特夫人结为舞伴。

124 话中有话

维特打开了电视机，播音员正在播报一条消息：“今天19点左右，在贝姆霍德花园街，一名79岁的老人在遭抢劫后被枪杀。据目击者说，凶手穿绿色西装。请知情者速与警察局联系。”

花园街正好是维特住的这条街，她感到害怕。正在这时，阳台上的门口突然出现了一个三十五岁左右的男子，身穿绿色西装，而且衣服上有血。维特吓得脸都白了。

那人让维特把手表和金戒指给他。这时，突然有人敲门。那人用枪顶着维特的背，命令道：“到门口去，就说你已经睡下了，不能让他进来。”

“谁呀?”维特问道。

“韦尔曼警官。维特小姐，你这儿没事吧？”听到这熟悉的声音，她内心平静了许多。

“是的，”她答道。停了一会儿，她用稍大的声音说:

“我哥也在问你好，警官！”

“谢谢，晚安。”

不一会儿，巡逻车开走了。

“干得不错，太妙了。”

那人高兴地大口喝起酒来。突然，从阳台上的门里一下子冲进来许多警察。没等那人反应过来，就给他戴上了手铐。

“好主意，维特小姐。你没事吧?”韦尔曼警官关切地问道。

请问，维特的好主意是什么?

整合法

Integration

整合法就是把庞杂、零散、缺乏体系的信息点进行分类整理与聚合，从而建构出逻辑框架体系的方法，是头脑中同时处理两种或多种相互联系或对立的观点，并从中得出汇集多方优势的解决方案的逻辑思维能力。

1 杯子里的东西

桌子上有四个杯子，每个杯子上写着一句话。第一个杯子上写着“所有的杯子中都有水果糖”；第二个杯子上写着“本杯中有苹果”；第三个杯子上写着“本杯中没有巧克力”；第四个杯子上写着“有些杯子中没有水果糖”。

如果其中只有一句真话，那么

所有的杯子中都有水果糖

B 所有的杯子中都没有水果糖

有些杯子中没有水果糖

D 第三个杯子中有巧克力

第二个杯子中有苹果

2 空间探索

空间探索自开始以来一直受到指责，但我们已经成功地通过卫星进行远程通信、预报天气、开采石油。空间探索项目还会有助于我们发现新能源和新化学元素，而那些化学元素也许会帮助我们治愈现在的不治之症。

这段文字主要告诉我们，空间探索：

A 利弊并存

B 可治绝症

C 很有争议

D 意义重大

3 “黑马”

“黑马”一词其实是从英语舶来的，原指体育界一鸣惊人的后起之秀，后指实力难测的竞争者或在某一领域独树一帜的人，无贬义或政治含义。首先在英文中使用“黑马”的人，是英国前首相狄斯累利，他在一本小说中这样描写赛马的场面：“两匹公认拔尖的赛马竟然落后了，一匹‘黑马’，以压倒性优势飞奔。看台上的观众惊呼：‘黑马！黑马！’”从此，“黑马”便成了一个有特殊意义的名词。

这段文字的主要意思是：

A 论证“黑马”词义的起源

B 阐释“黑马”一词的内涵

C 分析“黑马”词义的演变

D 介绍“黑马”的感情色彩

4 发圈的颜色

李老师在一个不透明的箱子里放进三红两蓝共5个发圈，并叫秒力、关秒、百合三个人面向墙壁站成一行纵队。随后，李老师把手伸进箱子里随机抽出其中3个发圈，分别用它们给站成一直线的三个人绑马尾。这时，排队的人都只能看到前面的人（如果有的话）发圈的颜色，而看不到自己的发圈的颜色。

李老师问站在队伍最后面的秒力知不知道自己所绑发圈的颜色？秒力看了看前面两个人头上的发圈后说：“不知道！”

李老师再问站在中间的关秒知不知道自己所绑发圈的颜色？关秒看了看前面的人头上的发圈后说：“不知道！”

想不到这时站在最前面的百合，竟然非常有把握地说：“老师，我知道我头上发圈的颜色！”

请问，百合头上绑什么颜色的发圈？她又是如何知道的？

5 概括预测结果

肆意滥伐——无计划——暴雨——秃岭——山岳地带——山崩——人口稀少地区——浅河——砂砾——采集。如果上述的现象同时存在，将会产生的必然结果是：

A 住宅需求量增加

B 交通阻塞

C 房屋破坏

D 洪水暴发

6 最佳选手

王先生、他的妹妹、他的儿子，还有他的女儿，都是网球选手。关于这四人，有以下的情况：

（1）最佳选手的孪生同胞与最差选手性别不同。

（2）最佳选手与最差选手年龄相同。

请你概括分析一下，这四人中谁是最佳选手？

7 行为科学

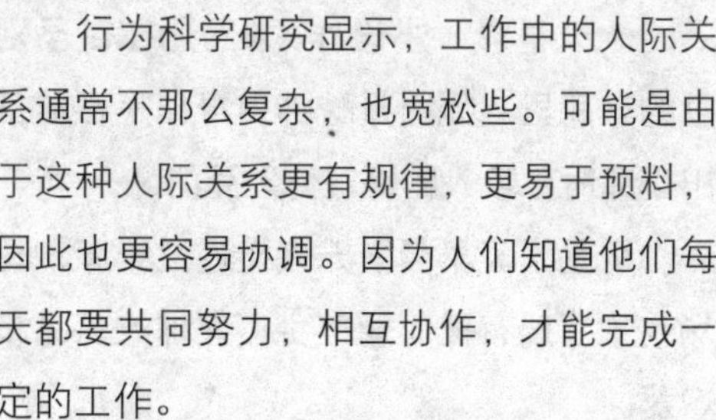

行为科学研究显示，工作中的人际关系通常不那么复杂，也宽松些。可能是由于这种人际关系更有规律，更易于预料，因此也更容易协调。因为人们知道他们每天都要共同努力，相互协作，才能完成一定的工作。

这段文字主要是在强调：

A 普通的人际关系缺乏规律

B 工作人员之间的关系比较简单

C 共同的目标使工作人员很团结

D 维系良好的人际关系要靠共同努力

8 谁赢了

甲、乙和丙三人玩了一轮牌，其中每盘只有一个赢家。

（1）谁首先赢了三盘谁就是这一轮的赢家。

（2）没有人连续赢两盘。

（3）甲是第一盘的发牌者，但不是最后一盘的发牌者。

（4）乙是第二盘的发牌者。

（5）他们三人围着桌子坐在固定的座位上，按顺时针方向轮流发牌。

（6）无论谁发牌，他发牌的那一盘都没赢。

谁赢了这一轮牌？（提示：判定总共玩了多少盘和谁赢了最后一盘。）

9 奇怪的煤气中毒

一天早晨，小说作家B氏死在自己别墅的车库里。死因氰酸钾中毒。是在准备出车库时，吸入剧毒气体致死的。

可是那天早晨既无人接近过车库，现场也未发现有任何能产生氰酸钾的药品和容器。

那么，罪犯究竟用了什么手段将B氏毒死了呢？调查这一奇怪案件的侦探，发现汽车的一个轮胎气已跑光，被压得扁扁的，马上就识破了作案手段。

10 毁灭证据

尤利拉了拉风衣的衣领，悄悄地潜入了一个住宅中，翻箱倒柜地搜寻，因为他知道勒索他的商业犯罪文件放在这里。

不过，搜遍了每一个角落，他都无法找到这些文件。于是，尤利决定毁灭这些证据文件，不让它们落入警方之手。

他先把所有的门窗都小心关好，然后把冲凉房的煤气开着。之后，悄悄离开了大屋，又轻轻关上大门。

5分钟后，尤利来到街头的电话亭，打了个电话给住在该屋隔壁的邻居，大致说他家附近发生了严重的大火，请尽快逃命之类的提示。尤利放下了电话，阴险地一笑，因为他知道目的达到了。

尤利究竟用什么手段去毁灭所遍寻不获的证据呢？

11 合成金属块

哪两块标有号码的金属块可以拼合成立方体A？

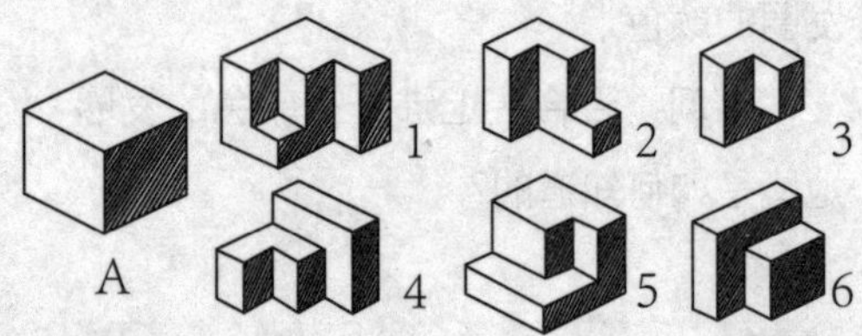

12 快速分裂的细菌

有一个细菌，过1分钟就会分裂成两个，再过1分钟又各自分裂，共变成4个。就这样假如1小时后细菌装满了整个瓶子，那么同样的细菌，从最初的两个开始到装满一个瓶子，需要花多长时间？

13 多少支蜡烛

阿聪小时候就学会了节俭，常把剩下的蜡烛头拼接起来再用。假设3支蜡烛头可以拼接为一支蜡烛来点，现在他有7支蜡烛头，他最终能拼接几支蜡烛来点？

14 海员之约

甲、乙、丙、丁四人都是海员，今年1月1日同时乘不同的轮船出海。分别的时候，他们约好下一次四个人都回港的那一天相见。甲隔16个星期回港一次，乙隔12

个星期回港一次，丙隔8个星期，丁隔4个星期。这四个海员哪一天能见面呢？

15 三色球

一个袋子里有4个球，一个黑色，一个白色，其余两个为红色。一个人打开口袋，取出了两个球。他看了看这两个球，并说其中一个是红色的。另一个球是红色的可能性是多少？

16 运动员的项目

鲍勃、卡洛尔（女）、怀特和艾丽斯（女）都是运动员。有一次，他们围坐在桌旁聊天。

A 鲍勃与体操运动员坐在正对面

B 卡洛尔坐在羽毛球运动员的右边

C 艾丽斯坐在怀特的正对面

C 坐在怀特右边的是一个男子

E 乒乓球运动员坐在网球运动员的左边

这四个人分别是哪一个项目的运动员？

17 兄弟姐妹

对某班同学进行了调查，知道如下情况：

（1）有哥哥的人没有姐姐。

（2）没有哥哥的人有弟弟。

（3）有弟弟的人有妹妹。

请问：

① 有姐姐的人没有哥哥，对吗？

② 有弟弟的人没有哥哥，对吗？

③ 没有哥哥的人有妹妹，对吗？

18 快速煎牛排

煤气炉上有两个炉头，现在准备用两个煎锅煎三块牛排，但是一个煎锅上只允许煎一块牛排。如果煎一面要5分钟，两面都煎要花10分钟，最短需要多长时间，能把两块牛排的两面都煎好？

19 五色木块比大小

有五个木块，颜色分别是红、白、黑、绿和紫，大小各不相同。已知其中绿木块比红木块小，黑木块比紫木块大但比绿木块小，紫木块比白木块大，红木块比白木块大。请按照从小到大的顺序，把这几块木块排成一行。

20 调饮料

有两个瓶子，一个瓶子装满了牛奶，一个瓶子装满了可可。有A、B、C三只杯子，每只杯子的容积为瓶子容积的1/3，希望能将牛奶和可可均匀调配好，应该如何办？

21 分油问题

有12千克油，现在只有盛2.5千克、5.5千克和6.5千克的容器各一个，如何才能将油分成三等份？

22 杯垫游戏

按照图中的样子在桌上放6个圆形的饮料杯垫。这几个杯垫必须相互紧挨。现在，你必须把它们重新排列，形成一个“完整的”圆，但是你只能移动其中的3个杯垫，并且每个杯垫只能移动1次。

23 如何平分苹果酒

一位农夫和他的朋友合买了一桶8升装的苹果酒。他们想平分这些苹果酒，但却只有一个5升和一个3升的容器。他们该如何平分？

24 停业的酒店

保罗·劳伦斯和辛格三位老板，共同出资经营一家酒店，但后来因故必须停业。此时，资金、利润及器皿类等，均可等分为3份，只剩21瓶酒其中7瓶还未开封，7瓶只剩一半的威士忌酒，另7瓶则是空瓶子。所以，三人便想把瓶子数和威士忌酒的量等分为3，却怎么也想不出分配法。若一人不得取4瓶以上相同的酒瓶，应如何分配？

25 如何分酒

某人拿着一个250克的空瓶去买酒，可店铺只有一个350克的，一个150克的容器。用这两个容器来测量，此人如何买回250克酒？

26 平分一杯酒

A和B是两个斤斤计较的小人。他们要平分一杯酒。应该怎么分才能使A、B两人都觉得公平而没有意见？简单的办法是：由A倒酒，由B挑选。即由A往杯里慢慢倒酒，直到认为自己无论分到哪一杯都不吃亏为止；然后，让B从这两杯酒当中任选一杯。余下来的一杯归A，谁也不会有意见。现在，有一杯酒要平分给A、B、C、D等四人，怎么分，才能使大家都觉得公平？

27 平分杯中水

有一个盛有900毫升水的水壶和两个空杯子，一个能盛500毫升，另一个能盛300毫升。请问：应该怎样倒水，能使得每个杯子都恰好有100毫升？

注：不允许使用别的容器，也不允许在杯子上作记号。

28 三人过河

一个大人带两个孩子过河。大人体重60千克，小孩体重30千克。河边只有一只船，船载重为60千克，他们怎样过河？

29 虎牛渡河

三头牛和三只虎要渡河过去，只有一条小船，每次都运装两头过河，但不能空船回来，为了防止虎吃牛，在一边岸上的牛数不能少于虎数。应该怎样渡？至少需要渡几次？

30 如何摆渡

一条河的东岸有6个人等着摆渡，其中4个是大人，2个是小孩。河中只有一条空的小摆渡船。小船最多只能载1个大人或者2个小孩。这6个摆渡客，如何只凭借自身的努力用这只小船，全部摆渡到西岸？（假设小孩和大人一样具有划船能力）

31 如何称重

大米、小米和玉米分别装在3只袋子里，它们的重量都在17.5～20千克之间。用一台最少25千克的磅秤，最多称几次就能称出小米、大米和玉米各重多少千克？

32 称橘子

100只橘子分装10袋，每袋装10个。其中，9只袋子里装的橘子都是每只50克重的，另一袋装的每只都是450克重的。

这10袋橘子混在一起，只准用秤称一次，找出哪一袋是装每只450克重的橘子，你能做到吗？

33 找出小苹果

有10筐苹果，每筐各50个，且每个筐中的所有苹果均一样的重，现在已知其中有9个筐子里苹果的总重量是25千克（即每个苹果0.5千克重），另一个筐子里的苹果总重量是22.5千克（即每个苹果0.45千克重）。现在只允许称一次，如何找出哪筐苹果是每个0.45千克的？

34 被污染的药丸

有4个装药丸的罐子，每个药丸的重量都是相同的，但后来被污染了一个罐子的药丸，已知被污染的药丸是没被污染的

重量＋1，让你只称量一次，如何判断哪个罐子的药丸被污染了？

35 找坏球

在4个球中有1个坏球的重量与其他的球不一样，也不知是比其他球轻还是重，如果你有一架天平（没有刻度，只能比较两边的轻重），能在2次测量中找出这个坏球吗？

36 找次品

零件13箱，每箱100只，其中1箱是次品，重量偏大，比正品超重5克。外观上无法鉴别，请用天平找出次品。使用天平的次数越少越好。

37 判断房间号

少年宫1～4楼的8个房间分别是音乐、舞蹈、美术、书法、棋类、电工、航模、生物8个活动室。

已知：（1）1楼是舞蹈室和电工室；（2）航模室上面是棋类室，下面是书法室；（3）美术室和书法室在同一层楼上，美术室的上面是音乐室；（4）音乐室和舞蹈室都设在单号房间。请指出8个活动室的号码。

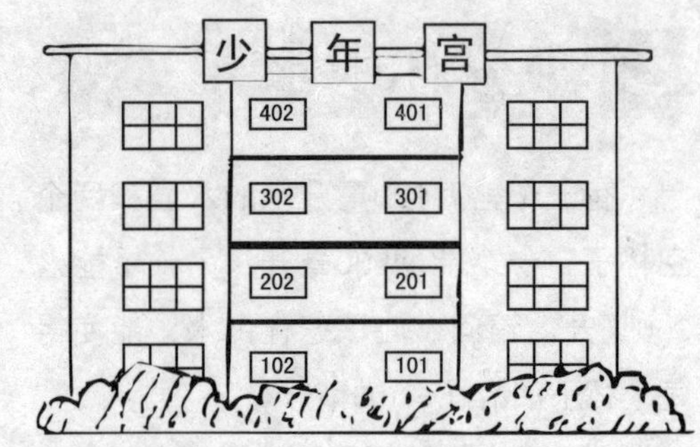

38 楼层和职业

有甲、乙、丙、丁4人同住在一座4层的楼房里，他们之中有工程师、工人、教师和医生。如果已知：

（1）甲比乙住的楼层高，比丙住的楼层低，丁住第四层。

（2）医生住在教师的楼上，在工人楼下，工程师住最低层。

问：甲、乙、丙、丁各住在这座楼的几层？各自的职业是什么？

39 握手的学问

我时常情绪波动，每逢激动的时候，和什么人都握手。然而也只能右手与右手、左手与左手才能握得那么好。如果是右手与左手的话就无法协调，独自一个人也无法做到左、右手的相握。只要有两个人就会搭配得很好，现有5个人，请问能否很协调地搭配起来？

40 石头·剪子·布

三个室友喜欢用石头、剪子、布的猜拳游戏来决定谁来打扫卫生。三人一起出拳，负者打扫卫生，可是往往出现平局，分不出胜负。于是，一个室友提议把游戏规则变成两两对决，轮番淘汰，这样就不会总出现平局了。真是这样吗?

41 四个孩子赛跑

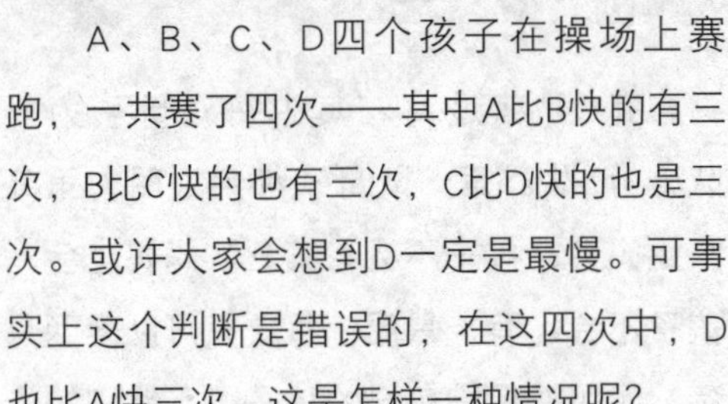

A、B、C、D四个孩子在操场上赛跑，一共赛了四次——其中A比B快的有三次，B比C快的也有三次，C比D快的也是三次。或许大家会想到D一定是最慢。可事实上这个判断是错误的，在这四次中，D也比A快三次。这是怎样一种情况呢?

42 混乱的骨牌

把下图这些骨牌组成一个正方形，使水平方向和垂直方向的数字排列顺序完全相同，你能做到吗?

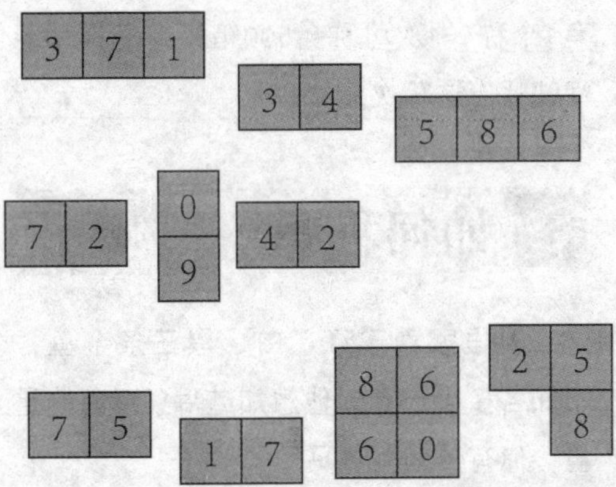

43 钥匙和锁

一把钥匙只能开一把锁。现在有4把钥匙4把锁，但不知哪把钥匙开哪把锁，最多要试多少次就能配好全部的钥匙和锁?

44 开会之前

五位老朋友A、B、C、D、E在会场上见面，互相握手问候。由于会前时间有限，他们之间，A和4个人握了手，B和3个人握了手，C和2个人握了手，D和1个人握了手，会议就开始了。

在会前的这段时间里，E和几位朋友握过手呢?

45 最短路线

下图是一张道路示意图，每段路上的数字表示小明走这段路所需要的时间（单位：分）。小明从A到B最快要几分钟?

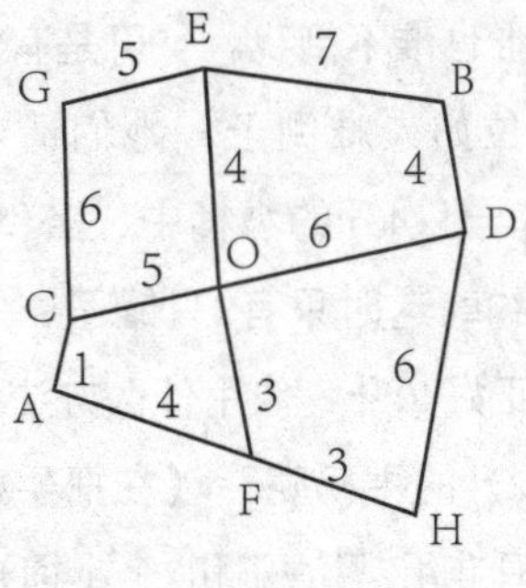

46 三人分油

一天，一位农夫准备了21个同样的油壶去油坊装油。他把其中的7个壶装满了，还有7个壶分别装了1/2壶油，最后还剩下7个空壶。他把油和壶平分给三个儿子，每人分得的油要一样多，壶也要一样多。农夫没有倒来倒去，就分出来了。你知道怎样分吗？

47 分牛奶

在你面前的是装有4升牛奶的一个奶罐，你需要把这4升牛奶平分给两位同伴，可是你只有两个空奶罐：一个能容1.5升，另一个能容2.5升。有什么办法能用这三个奶罐把4升牛奶分成两半？看来只好把牛奶在三个罐子里翻倒几次了。可是怎样翻倒法呢？

48 卖牛奶

诚实的约翰说道："牛奶方面的事情，再难也难不倒我。"可是有一天，他却被两位妇人难倒了。她们请求他在一只5升和一只4升的小桶中，各倒入2升牛奶。而约翰这时只有2只罐子，每只装满牛奶后正好40升。他用什么方法让两个妇人各得2升的牛奶呢？（在把牛奶倒进倒出时，只准用2只罐子和2个小桶）

49 巧妙渡河

有一班同学都不会划船，他们来到河边，要过河去野游。桥没建成，河水又很深，怎么办？同学们忽然看见有两个会划船的孩子坐在一只小船上玩。这只小船只能同乘一个同学或两个孩子，不能再多了。但全班同学却利用这只小船都顺利地渡过了河。他们是怎样过的河？

50 母子过河

有6只猪过河。其中每对母子为一队，分3队。第一队母子都会划船；第二队妈妈会，孩子不会；第三队妈妈也会，孩子不会。有一只船，每次只可以坐两只猪，妈妈要保护自己的孩子，不然别的母猪就会吃她的孩子，怎么做？

51 找出次品

有1000箱外形完全相同的产品，其中999箱重量相同，有1箱次品重量较轻。现有1个称（1次可称量500箱），怎样才能尽快找出这箱次品？

52 如何称鱼

阿里家养了红、白、黑三条金鱼，不知各多少千克。他想知道每条活鱼的重量，你有什么办法吗？

53 真假银元

一位商人有9枚银元，其中有一枚是较轻的假银元。你能用天平只称两次（不用砝码），将假银元找出来吗？

54 挑出假珍珠

现有80粒重量、外形完全相同的珍珠和1粒外形相同、但重量较轻的假珍珠，怎样才能用一台天平尽快地将这粒假珍珠挑出来？

55 找出假金币

有10个袋子，每袋有10枚金币，每个金币重10克，但有1袋是假金币，假金币每枚重11克，现在有1个磅秤，但只能称1次，现在完全不知道哪袋是假的！怎样找出那袋假金币？

56 三位老师

有三位老师，一位姓张、一位姓王、一位姓李。不知道他们各教什么课程，只知道三个人中，一位教语文、一位教数学、一位教外语。另外还知道，张老师讲课只说中国话，外语老师是一位同学的叔叔，李老师是女的，她不教数学课。他们各人究竟教什么课呢？

57 多少人能获救

一艘载有25人的轮船在一个小岛附近触礁了，20分钟后即将沉没。这时，船上只有一条救生艇可用。已知救生艇最多只能装载5人，到达小岛的时间是4分钟，请你计算一下，如果只用这条救生艇，最多只能营救多少人？是否还要采取其他营救措施？

58 巧分食盐水

有30毫升、70毫升、100毫升的量杯各1个，请你用这3个量杯把水槽中的100毫升食盐水平均分成2份，但分的时候不准看量杯的刻度。大家动手试一试，至少要分几次才成？

59 分盐

有7千克、2千克的砝码和1架天平，只准使用3次天平，把140千克的盐分成90千克和50千克。

60 怎样量出4升水

有一个人到河边去打水。他只带有两个没有任何测量刻度的容器，但是知道这两个容器的容量分别为3升和5升。如何只使用这两个容器，使他能打回恰好4升的水？

61 五口过桥

一家五口过桥，只有一盏灯，每次最多只能过两个人，并且走得快的要等走得慢的。已知他们过桥的时间依次是1秒、3秒、6秒、8秒、12秒，则一家全过去最少要几秒？

62 渡河难题

有三个人捕获了三只熊，送往动物园。路遇一条河，河中又只有一只摆渡的小船。这条小船每次只能乘两个人或两只熊或一人一熊。三个人和一只老熊会划船，两只小熊不会划船。三人商定，为了安全，不能让一个人与两只熊同时在河的一边。如何利用这一条船安全地渡过河呢？

63 应该怎样称

有9个外观完全相同的小球，其中只有1个重量轻一点儿。现在要求你用1架天平去称，问你至少称几次，才能找出较轻的球？

如果是27个球、81个球中只有1个较轻的球，你知道至少称几次才能找出那个较轻的球吗？这里有规律吗？

64 如何统筹安排

星期天妈妈要做好多事情。擦玻璃要20分钟，收拾厨房要15分钟，洗脏衣服的领子、袖口要10分钟，打开全自动洗衣机洗衣服要40分钟，晾衣服要10分钟。妈妈干完所有这些事情最少用多长时间？

65 环球飞行

每架飞机只有一个油箱，飞机之间可以相互加油（注意是相互，没有加油机），一箱油可供一架飞机绕地球飞半圈。问：为使至少一架飞机绕地球一圈回到起飞时的飞机场，至少需要出动几架飞机？（所有飞机从同一机场起飞，而且必须安全返回机场，不允许中途降落，中间没有飞机场。）

66 狼和狐狸

在一星期的七天中，狼在星期一、星期二、星期三讲假话，其余各天都讲真话；狐狸在星期四、星期五、星期六讲假话，其余各天都讲真话。

（1）狼说：“昨天是我说谎日子。”狐狸说：“昨天也是我说谎的日子。”那么今天星期几？

（2）一天狼和狐狸都化了装，使人不容易辨认它们。

一个说：“我是狼。”另一个说：“我是狐狸。”

先说的是谁？这一天是星期几？

67 第四名是谁

赵、钱、孙、李、王参加学校象棋比赛，都进入了前五名，发奖前，老师让他们猜一猜各人名次：

赵说：钱第三，孙第五；

钱说：王第四，李第五；

孙说：赵第一，王第四；

李说：孙第一，钱第二；

王说：赵第三，李第四。

老师说：每个名次都有人猜对。

你知道第四名是谁吗？

68 放硬币游戏

参加人：2人，也可以有裁判1人。

用具：一张纸（方形、圆形都可以），1分硬币若干枚。

游戏规则：①2人轮流把硬币放在纸上，每人每次只放一枚；②放在桌上的硬币不能重叠；③最后在纸上无处可放者为负。

要想在这个小游戏中取胜，只需应用几何中一个很简单的原理。你知道怎样放才能保证在游戏中稳操胜券吗？

69 老实人和骗子

有甲、乙、丙三人，每人或者是老实人，或者是骗子。

甲说：“我们都是骗子。”

乙说：“我们中间恰好有一个人是老实人。”

谁老实人？谁是骗子？

70 智斗霸主

有一个霸主，霸占着一条河和河上的桥。他派全副武装的士兵守卫着大桥，并规定：过桥的人都要说出做什么去。若说的是假话，守卫的人就将过桥的人绞死；如果说的是真话，守卫的人就立刻将他推到河里去淹死。”这种残酷的规定，使得人们不敢过这座桥。可是有位聪明的人，竟大摇大摆地走到桥边。守卫的人问他：“做什么去？”问完就准备将他处死。这位聪明的人回答了守卫人的问话。守卫人听了竟束手无策。请你说，这位聪明人是怎样回答的？

71 另类数字等式

问号处应为什么数字？

一 = 31

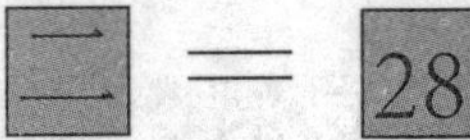

二 = 28

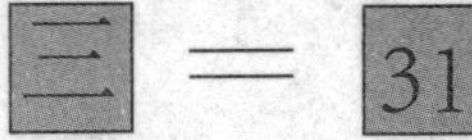

三 = 31

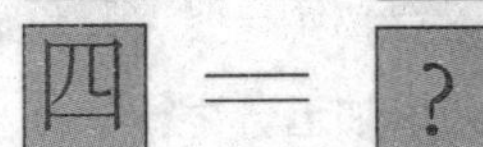

四 = ?

五 = 31

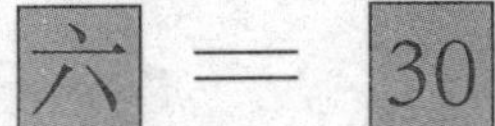

六 = 30

72 10元去哪里了

三位客人急着想住宿，找到一家酒店住下了，条件：单间，三张单人床。一晚共计300元人民币。第二天，三位客人每人交100元后退了房。那天正好是酒店店庆。老板决定收他们250元。于是把50元钱叫秘书还给他们三人。秘书觉得50元平均给三人不好分。于是只还给他们30元（即每人10元），另外剩的20元放进自己的腰包了。问题：三位客人每人拿出90元，一共是3×90＝270（元），加上服务员的20元。共290元。那么还有10元去哪里了？

73 付清欠款

有四个人借钱的数目分别是这样的：阿伊库向贝尔借了10美元；贝尔向查理借了20美元；查理向迪克借了30美元；迪克又向阿伊库借了40美元。碰巧四个人都在场，决定结个账，请问最少只需要动用多少美金就可以将所有欠款一次付清？

74 降价多少

足球赛门票15元一张，降价后观众增加一倍，收入增加五分之一。问：一张门票降价多少元？

75 定价问题

我们大家一起来试营一家有80间套房的旅馆，看看知识如何转化为财富。

经调查得知，若我们把每日租金定价为160元，则可客满；而租金每涨20元，就会失去3位客人。每间住了人的客房每日所需服务、维修等项支出共计40元。

问题是，我们该如何定价才能赚最多的钱？

76 怎么买票最合适

某单位45名员工在经理的带领下到一个景点春游。他们准备买票时，看见一块牌子上写着：“请游客购票：每张票票价2元；50人或50人以上可以购买团体票，票价按8折优惠。”该怎样买票比较合算？

77 魔方的颜色

魔方共有26个小块。现在问：有几个小立方块一面涂了色？有几个小立方块两面涂了色？有几个小立方块三面涂了色？有几个小立方块三面以上涂了色？

78 跳跃的年龄

有个人说：“我后天22周岁，可去年元旦时我还不到20周岁。”这样的事可能吗？

79 活了多少岁

有一次，一位学者查阅古代文献时，发现一个人生于公元前十年，死于公元十年，死的那一天正好是他的生日的前一天。你说此人活了多少岁？

80 扶梯共有多少级

自动扶梯以均匀速度由下往上行驶着，两位性急的孩子要从扶梯上楼。已知男孩每分钟走20级梯级，女孩每分钟走15级梯级，结果男孩用了5分钟到达楼上，女孩用了6分钟到达楼上。问：该扶梯共有多少级？

81 红香蕉

“这是怎么回事呀？”奥尼尔太太对很有数学头脑的警察克兰西说，“我用每串30美分的价钱买了几串黄香蕉，又用每串40美分的价钱买了同样数量的红香蕉。但是，如果我把钱平均分配，分别购买香蕉时，前者却比后者少了2串，真是一桩怪事呢！”

“你一共花了多少钱？”克兰西问道。

“我正要问你啊！”奥尼尔太太回答。

82 牌色概率

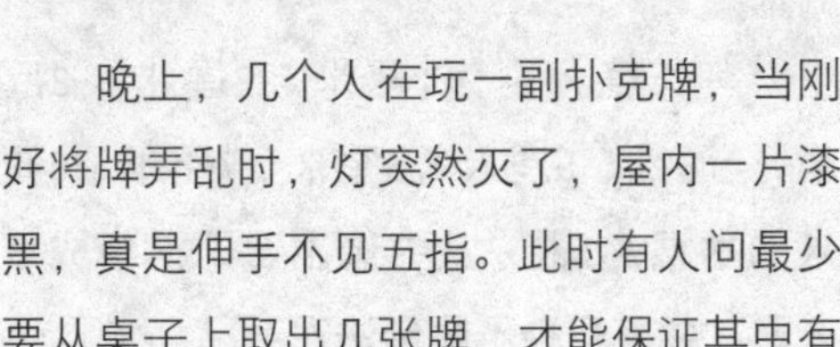

晚上，几个人在玩一副扑克牌，当刚好将牌弄乱时，灯突然灭了，屋内一片漆黑，真是伸手不见五指。此时有人问最少要从桌子上取出几张牌，才能保证其中有两张颜色相同的牌？

83 米铺被盗

有一米铺，里面有每个可装200升米的三个箩筐，所藏大米相等，具体数量不详。

某晚左、中、右三筐米被盗，筐内分别余1升、2升、1升米。事后三小偷被捕，甲小偷承认是用5升的工具盗左箩筐米，乙小偷是用6升工具盗中箩筐米，丙小偷是用7升工具盗右箩筐米。

问，三小偷所盗米分别是多少？

84 找故障

从A地到B地共有电缆线100米。现在我们只知道，电缆线因故障在某一处发生断路，而电力公司要求检修人员在故障处只能截去不超过10米的电缆线。

问：检修人员最多测几次就一定可以开始维修呢？

85 选木棍

有长度分别为1厘米、2厘米、3厘米、4厘米、5厘米、6厘米、7厘米、8厘米的木棍各1根，从中选出若干根组成正方形，共有几种不同选法呢？

86 上学脚步慢不得

小玲从家去学校，如果每分钟走80米，结果比上课时间提前6分钟到校。如果每分钟走50米，则要迟到3分钟。小玲的家离学校的路程有多远？

87 俱乐部难题

羽毛球俱乐部共有189名成员：其中男性成员140名。另外统计得到有8人加入时间不到3年；11人的年龄小于20；70人戴眼镜。

现在请你估计，加入时间不小于3年，年龄不小于20的戴眼镜的男性成员，最少有几人？

88 剪乱绳

常言道，“快刀斩乱麻”。这是形容办事果断。

下图，告诉了我们怎样用一把锋利的剪刀去剪断一根绕来绕去的乱绳子。剪下来以后，这根乱绳子将会变成几截呢？

89 折叠问题巧解决

一名纸盒制造商要求设计师设计一种适当的纸板，使得该纸板折叠以后可隔成两个立方体，且这两个正方体上方各有一个盖子。

有很多种设计可符合此要求，但是最后制造商决定采用如上图所示的“十”字形纸板。

根据设计师的说法，只要将纸板裁两刀，就可折叠出所需要的盒子，到底该从何着手？

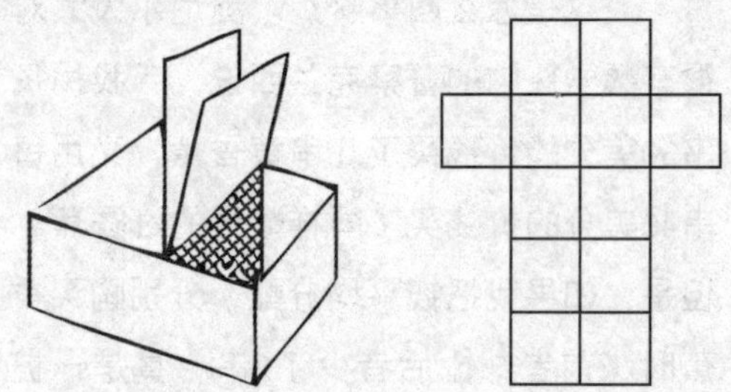

90 只爱穷骑士的姑娘

在一个岛上住着以下几种人：穷骑士、富骑士和无赖。骑士只讲真话，无赖只讲假话。有位姑娘只爱穷骑士，要求这三种人每人只能说一句话来表明自己的身份，姑娘根据他们所说的话判定谁是穷骑士。这位姑娘该怎样找到意中人呢？

91 嘉宾人数

在一个庆典晚会上，男女嘉宾共有69人，这时出现了一个非常有趣的情况：每位女士认识的男士人数各不相同，而且组成连续的自然数。最少的认识16位男士，最多的只有两位男士不认识。

这次晚会上，共有女嘉宾几人？

92 当时的年龄多大

小军爷爷出生的年份数是他逝世时年龄的29倍，小军爷爷在1955年主持过一次学术会议，问小军爷爷当时的年龄多大？

93 检票时间

某车站在检票前若干分钟就开始排队，每分钟来的旅客人数一样多。从开始检票到等候检票的队伍消失，同时开4个检票口需30分钟，同时开5个检票口需20分钟。如果同时打开7个检票口，那么需多少分钟？

94 谁先掉进陷阱

狐狸和黄鼠狼进行跳跃比赛。狐狸每次跳4.5米，黄鼠狼每次跳2.75米。它们每秒钟都只跳一次。比赛途中，从起点开始，每隔12又3/8米设有一个陷阱。它们同时起跳，当它们之中有一个掉进陷阱时，另一个跳了多少米？

95 恐怖游戏

这是一个恐怖游戏。在这个游戏中用的是真枪实弹。对决双方转轮决斗，首先在可以放6颗子弹的左轮手枪弹匣中，放进1颗子弹，放在哪个位置则不得而知，然后两个人开始轮流朝自己的头开枪。6次射击的其中一次，实弹会被发射出来，而玩家就性命不保了。

请问：在这个游戏中是先开枪的人有利，还是后开枪的人有利？

96 市内购物

鲁本叔叔同辛西亚婶婶到市里买东西。鲁本买了一套衣服、一顶帽子，用去15美元。辛西亚买了顶帽子，她所花的钱同鲁本买衣服的钱一样多。然后她买了一件新衣，把他们的余钱统统用光。

回家途中，辛西亚要鲁本注意，他的帽子比她的衣服贵1美元。然后她说，“如果我们把买帽子的钱另作安排，去买另外的帽子，使我的帽子是你买帽子钱的1.5倍，那么我们俩所花的钱就一样多了。”鲁本叔叔说，“在那种情况下，我的帽子值多少钱呢？”

你能回答鲁本叔叔的问题吗？还要告诉我，这对夫妻一共花了多少钱？

97 显示器上错误的数字

某个计算器显示屏的电路出了毛病，所以每次应该显示x数字，出现的却是y数字。除此之外，这个计算器的功能都还正常。使用这个计算器做运算，结果如下：

5672＋7747＝12975，

279×767＝87717。

这些数字都是在显示屏上看到的。

请问哪一个数字是错误的？它应该是哪一个数字？

98 狡诈的黄金出口商

有一名黄金出口商打算将一批纯金块熔掉再重新铸模，使每一块的重量减少一克以从中谋利。海关官员得到消息后，决定对金块进行检测，以找出重量较轻的金块。他们在仓库中找到几批准备寄送的货物，每批含有100条金块，分成10堆，每堆有10条金块。从得到的消息中知道，在每一批金块里面都有一堆金块来自前述不诚实的出口商。官员们希望能发现一种有效的方法，在每批金块中找出重量较轻的一堆金块。经过一番讨论之后，一位官员想出一种很好的方法，只要测量一次就能在10堆金块中找出重量较轻的一堆。他到底想到了什么方法呢？

99 切西瓜

某班召开夏夜乘凉晚会，买来了许多西瓜。班主任李老师说：“今天买来了许多西瓜请大家吃。在吃以前我先要以切西瓜为名请大家做一道数学题。我规定，西瓜只能竖切，不能横剖。大家知道，切一刀最多分成2块，切2刀最多分成4块，那么切3刀最多能分成几块？切4刀、切5刀、切6刀呢？这中间有没有规律？如果有规律，请同学们找出来。”李老师刚说完，同学们就七嘴八舌地讨论起来。请你也参加他们的讨论吧！

100 兄弟姐妹

男女合计11个兄弟姐妹，其中有哥哥（或姐姐）的人，以及有弟弟（或妹妹）的人，哪一方比较多呢？

101 看似不可能的旋转

凯蒂向她的朋友挑战，看她能否将一本书旋转180°，然后再旋转180°，使书本最后的位置与原来成90°。这要如何做到？

102 做窗子

小明家正在装修，爸爸遇到一个难题，想做一个有一条横挡的矩形窗子，如图所示，而现在，爸爸手头只有12米长的

木条。

为使窗子透进的光线最多，那么窗子的长、宽应该定为多少米呢？小明很快就算出来了，你可以吗？

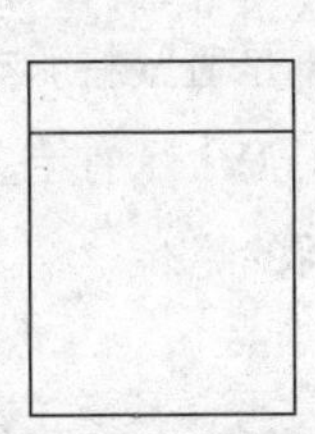

103 不同的四位数

在算盘上，用两颗珠子可以表示多少个不同的四位数？

104 河宽多少

两艘渡轮在同一时刻驶离哈德逊河的两岸，一艘从纽约驶往泽西，另一艘从泽西开往纽约，其中一艘开得比另一艘快些，因此它们在距较近的岸720米处相遇。

到达预定地点后，每艘船要停留10分钟，以便让乘客上下船，然后它们又返航。这两艘渡轮在距另一岸400米处重新相遇。试问：哈德逊河有多宽？

105 立方米

某一天，在学校的一堂数学课上，老师问道："如果把一立方米中含有的所有立方毫米小方块一个一个地叠放成一个细长的柱子，这个柱子将有多高？"

"要比巴黎埃菲尔铁塔（高300米）还高！"一位小学生回答说。

"比甘孜州处女峰（高5千米）还高！"另一个回答。

请问，他们二人谁错得更多些？

106 第十次投掷

一只普通的骰子有6个面，因此任何一面朝上的概率是1/6。假设你将某一个骰子投掷了9次，每次的结果都是1点朝上。

第十次投掷，1点还是朝上的概率是多少呢？它是大于1/6，还是小于，或者等于1/6？

107 九片竹篱笆

有9片竹篱笆，长度分别是1米、2米、3米、4米、5米、6米、7米、8米和9米。从中取出若干片，顺次连接，围出一块正方形场地，共有多少种不同取法？

108 酒肆老板娘的难题

据说有人给一家酒肆的老板娘出了一个难题：

此人明明知道店里只有两个舀酒的勺子，分别能舀350克和550克酒，却硬要老板娘卖给他100克酒。聪明的老板娘毫不含糊，用这两个勺子在酒缸里舀酒，并倒来倒去，居然量出了100克酒。

聪明的你能做到吗？

109 有趣的回文日期

1982年9月28日，一位广播评论员在节目中提到，如果把当天的日期缩写成28.9.82，就成了有趣的数字回文。遇事喜欢追根究底的苏珊听过节目之后，也想去研究这一类回文日期的分布情形。她很快就得出结论，某些年份会比其他年份有更多的回文日期，她还找出本世纪中最接近的两个回文日期。你知道苏珊的研究结果是什么吗？

110 如何最快

A、B、C共3人，从P地到Q地的距离为3千米，每个人可以每小时3千米的速度步行。在P地有两辆自行车。如果骑自行车则速度可以达到每小时15千米。但每辆自行车只能一个人骑。问怎样才能使3个人各自在最短的时间内到达Q地？

111 海盗分金币

有100个金币，5个海盗分，其中一个海盗分的金币最多，而没分到金币的会被扔下海，而且分到最多的金币还要通过一半人同意，请问分到最多的是多少个金币？

112 竹竿掉下河

某人上午8点钟乘船逆流而上。10点半钟忽然发现，一根大竹竿不知什么时候掉进河里了。于是赶紧将船掉头，顺水去追。半小时后，追上了竹竿。这根竹竿是什么时候掉下河的呢？

113 奇怪的东西

什么东西从这边看由远变近，从那边看由近变远？

114 游客人数

去年某旅游胜地游客人数与前年游客人数相比，减少约一半。当地旅游管理部门调查发现，去年与前年的最大不同是入场门票从120元涨到190元。

以下哪项措施，最可能有效解决上述游客锐减问题？

A 利用多种媒体加强广告宣传

B 旅游地增加更多的游玩项目

C 根据实际情况，入场门票实行季节浮动价

D 对游客提供更周到的服务

E 加强该旅游地与旅游公司的联系

115 药物不良反应

湖北省药物不良反应监测中心公布的数据显示，今年1～6月份1310起药物不良

反应案例中，八成以上与静脉滴注有关。绝大多数病人并不清楚静脉滴注可能带来的药物不良反应隐患，而部分深知此理的医生却未尽到告知的义务。

由本段文字可以推理出：

A 单纯由服用药物引起的不良反应只占一小部分

B 只有一小部分静脉滴注会产生不良反应

C 静脉滴注会产生不良反应主要责任在医生

D 大部分医生不会告诉静脉滴注的不良反应

116 智力缺陷者

人类中的智力缺陷者，无论经过怎样的培训和教育，也无法达到智力正常者所能达到的智力水平；同时，新生婴儿如果没有外界的刺激，尤其是人类社会的环境刺激，也同样达不到人类的正常智力水平，甚至还会退化为智力缺陷者。哪项作为这段叙述的结论最为恰当？

A 人的素质是由遗传决定的。

B 在环境刺激接近的条件下，人的素质直接取决于遗传的质量。

C 人的素质主要受环境因素的制约。

D 遗传和环境共同作用决定了人的素质状况的优劣。

E 社会环境和自然地理环境都会对人的智力产生长远的影响。

117 食堂的伙食

某大学的同学们普遍抱怨各个食堂的伙食太差。然而唯独一年前反映最差的风味食堂，这一次同学抱怨的人数比较少。学校后勤部门号召其他各个食堂向风味食堂学习，共同改善学校学生关心的伙食问题。下列哪项如果为真，则表明学校后勤部门的这个决定是错误的？

A 各个食堂的问题不同，不能一刀切，要因地制宜，采取不同的措施。

B 风味食堂的进步是与其他各个食堂的支持分不开的。

C 粮食价格一天天上涨，食堂再努力，也“难为无米之炊”啊！

D 因为差，风味食堂就餐的人数比起其他食堂要少得多。

E 风味食堂的花样多，但是价格高，困难同学可吃不起。

118 调整性格特征

越来越多的有说服力的统计数据表明，具有某种性格特征的人易患高血压，而另一种性格特征的人易患心脏病，如此等等。因此，随着对性格特征的进一步分类研究，通过主动修正行为和调整性格特征以达到防治疾病的可能性将大大提高。

以下哪项，最能反驳上述观点？

A 一个人可能会患有与各种不同性格特征均有关系的多种疾病。

B 某种性格与其相关的疾病可能由

相同的生理因素导致。

C 某一种性格特征与某一种疾病的联系可能只是数据上的巧合，并不具有一般性意义。

D 人们往往是在病情已难以扭转的情况下，才愿意修正自己的行为，但已为时太晚。

E 用心理手段医治与性格特征相关的疾病的研究，导致心理疗法遭到淘汰。

119 借口和辩解

借口就是承认活动本身是错的，但是当事人否认他应当承担责任。辩解则是承认应当对活动承担责任，但是当事人否认这项活动是错的。面对失败的事件时，人们使用借口以尽可能地减轻自己应当承担的责任；而人们使用辩解的目的是试图重新界定有争议的行动，使之看起来不至于太差。

根据上述定义，下列属于辩解的是：

A 小李失去了一笔业务，给公司造成了一定损失。他说，这是由于他腿伤发作迟到了半个小时造成的。

B 某部门工作出现失误，其负责人说：“他们做决定时根本就没有征求我的意见，我对此一无所知。”

C 某国消费者对在包装中加入一氧化碳使肉类看起来红润新鲜的做法表示质疑，但该国食品管理局称这种做法“总体上”是安全的。

D 某公司产品出现质量问题，声明说这是由于他们使用了其他公司生产的不合格部件造成的。

120 甘蔗和玉米

用甘蔗提炼乙醇比用玉米提炼乙醇需要更多的能量，但奇怪的是，多数酿酒者却偏爱用甘蔗做原料。以下哪项最能解释上述矛盾现象？

A 任何提炼乙醇的原料的价格都随季节波动，而提炼的费用则相对稳定。

B 用玉米提炼乙醇比用甘蔗节省时间。

C 玉米质量对乙醇产出品的影响较甘蔗小。

D 用甘蔗制糖或其他食品的生产时间比提炼乙醇的时间长。

E 燃烧甘蔗废料可提供向乙醇转化所需的能量，用玉米提炼乙醇完全需额外提供能源。

121 文化和语言

法国语言学家梅耶说：“有什么样的文化，就有什么样的语言。”所以，语言的工具性本身就有文化性。如果只重视听、说、读、写的训练或语言、词汇和语法规则的传授，以为这样就能理解英语和用英语进行交际，往往会因为不了解语言的文化背景，而频频出现词语歧义、语用失误等令人尴尬的现象。

这段文字主要说明：

A 语言兼具工具性和文化性

B 语言教学中文化教学的特点

C 语言教学中文化教学应受到重视

D 交际中出现各种语用错误的原因

122 广告

在今天的商业世界中，供过于求是普遍现象。为了说服顾客购买自己的产品，大规模竞争就在同类商品的生产企业之间展开了，他们得经常设法向消费者提醒自己产品的名字和优等的质量，这就需要靠广告。

对这段文字概括最恰当的是：

A 广告是商业世界的必然产物

B 各商家之间用广告开展竞争

C 广告就是要说服顾客买东西

D 广告是经济活动中供过于求的产物

123 中国的沙漠

中国的沙漠的确为世界上的科学家提供了与火星环境最为相似的实验室。科学家们已经去过了地球上最为寒冷的南极洲，也去过了地球上最为干燥的智利阿塔卡马沙漠，但他们真正需要的是将这两者结合起来的极端环境。

这段文字的主要意思是：

A 中国沙漠为外星研究提供理想场所

B 中国沙漠比南极洲更适合进行生物研究

C 科学家为何选择中国沙漠作为研究对象

D 具有最极端的环境是中国沙漠的主要特点

124 成功的行销运作

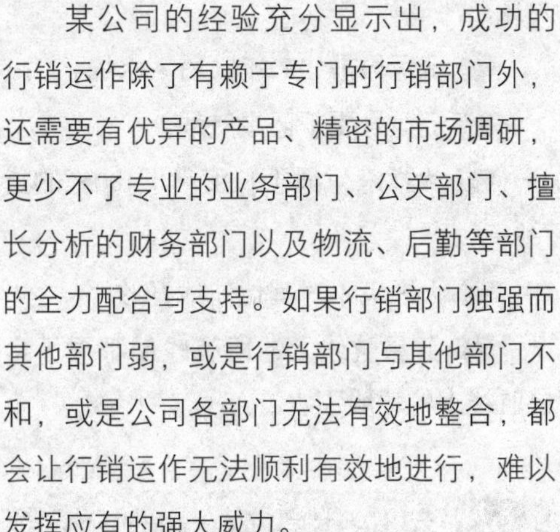

某公司的经验充分显示出，成功的行销运作除了有赖于专门的行销部门外，还需要有优异的产品、精密的市场调研，更少不了专业的业务部门、公关部门、擅长分析的财务部门以及物流、后勤等部门的全力配合与支持。如果行销部门独强而其他部门弱，或是行销部门与其他部门不和，或是公司各部门无法有效地整合，都会让行销运作无法顺利有效地进行，难以发挥应有的强大威力。

这段文字主要强调的是：

A 该公司各个部门的有效整合是其成功的关键。

B 注重团队合作是该公司取得成功的宝贵经验。

C 成功的行销运作可以给企业带来巨大的经济效益。

D 行销部门只有与其他部门紧密配合才能更好地发挥作用。

125 蓝星航线上的货轮

蓝星航线上所有货轮的长度都大于100米，该航线上所有客轮的长度都小于

100米。蓝星航线上的大多数轮船都是1990年以前下水的。金星航线上的所有货轮和客轮都是1990年以后下水的，其长度都小于100米。大通港一号码头只对上述两条航线的轮船开放，该码头设施只适用于长度小于 100米的轮船。捷运号是最近停靠在大通港一号码头的一艘货轮。

如果上述判定为真，则以下哪项一定为真?

A 捷运号是1990年以后下水的。

B 捷运号属于蓝星航线。

C 大通港只适于长度小于100米的货轮。

D 大通港不对其他航线开放。

E 蓝星航线上的所有轮船都早于金星航线上的轮船下水。

126 司机与交警的对话

司机：“有经验的司机完全有能力并习惯以每小时120千米的速度在高速公路上安全行驶。因此，高速公路上的最高时速不应由120千米改为现在的110千米，因为这既会不必要地降低高速公路的使用效率，也会使一些有经验的司机违反交规。”

交警：“每个司机都可以在法律规定的速度内行驶，只要他愿意。因此，把对最高时速的修改说成是某些违规行为的原因，是不能成立的。”

以下哪项最为准确地概括了上述司机和交警争论的焦点?

A 上述对高速公路最高时速的修改是否必要。

B 有经验的司机是否有能力以每小时120千米的速度在高速公路上安全行驶。

C 上述对高速公路最高时速的修改是否一定会使一些有经验的司机违反交规。

D 上述对高速公路最高时速的修改实施后，有经验的司机是否会在合法的时速内行驶。

E 上述对高速公路最高时速的修改，是否会降低高速公路的使用效率。

127 概括预测结果（2）

机器人的普及——内销增大——工作时间缩短——新产业雇佣人员增加——管理科学化——生活福利化的产业增长——金融和服务行业自动化——娱乐设备充足。如果上述情况同时存在，将会产生的必然后果是：

A 娱乐活动增加

B 劳资对立

C 失业者增加

D 专门职业技术人员不足

128 国王的士兵

有一座从上往下看为正方形的城堡。住在城堡里的国王，派了十二个士兵，一面三人，从四面把守城堡。一天，国王想

知道士兵们是否坚守岗位，所以从四面的窗口往外巡视查看了一遍，无论从哪面窗口望过去，士兵们都是三人一组，严守在岗位上。国王看了很高兴，打算犒劳犒劳这些忠诚的士兵，于是下令把他们招来。想不到来的不够十二人。实际上，有几人偷懒溜出去。他们到底施了什么诡计呢？不过，国王转着往外看之时，士兵的位置没变。

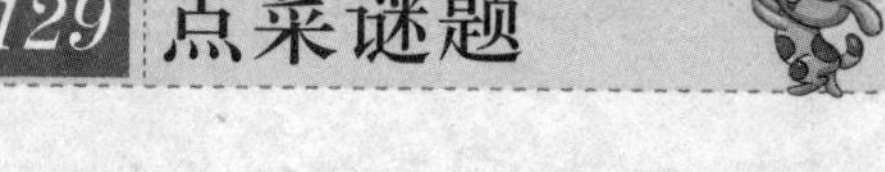

129 点菜谜题

甲、乙、丙三个人晚上经常一起去餐厅吃饭，他们每个人要的菜不是鱼就是鸡。后来他们发现：

（1）如果甲要的是鱼的话，那么乙要的就是鸡。

（2）甲和丙喜欢要的是鱼，但是两个人不会都要鱼。

（3）乙和丙两个人不会都要鸡。

那么，根据这些，你能概括、判断出谁可以今天点鸡，明天点鱼吗？

130 和谐与音乐

在古典传统里，和谐的反面是千篇一律：“君子和而不同，小人同而不和”，所以和谐的一个条件是对于多样性的认同。中国人甚至在孔子之前就有了对于和谐的经典认识与体现。中国古代的音乐艺术很发达，特别是一些中国乐器，像钟、罄、瑟等各种完全不同的乐器按照一定的韵律奏出动听的音乐，但如果只有一种乐器就会非常单调。

对这段文字概括最准确的是：

A 和谐源于中国古典音乐

B 差异是和谐的必要条件

C 中国人很早产生了和谐观念

D 音乐是对和谐的经典认识和体现

131 亚运会

甲：“从举办亚运会的巨额耗费来看，观看各场亚运比赛的票价应该要高得多。但是亚运会主办者的广告收入降低了每张票券的票价。因此，亚运会的现场观众从亚运会拉的广告中获得了经济利益。”

乙：“你的说法不能成立。谁支付那些看来导致亚运会票券降价的广告费用？到头来还不是消费者，包括作为亚运会现场观众的消费者？因为厂家通过提高商品的价格把广告费用摊到了消费者的身上。”

以下哪项如果为真，则能够有力地削弱乙对甲的反驳？

A 亚运会的票价一般要高于普通体育比赛的票价。

B 在各种广告形式中，电视广告的效果要优于其他形式的广告。

C 近年来，利用世界性体育比赛做广告的厂家越来越多，广告费用也越来越高。

D 亚运会的举办带有越来越浓的商

业色彩，引起了普遍的不满。

E 总体上说，各厂家的广告支出是一个常量，有选择地采取广播、电视、报纸、杂志、广告牌、邮递印刷品等各种形式。

132 中国古代历法

中国古人将阴历月的大月定为30天，小月定为29天，一年有12个月，即354天，比阳历年少了11天。怎么办呢？在19个阴历年里加7个闰月，就和19个阳历年的长度几乎相等。这个周期的发明巧妙地解决了阴、阳历调和的难题，比希腊人梅冬的发明早了160年。

这段文字主要阐明的是：

A 古代阴历中闰月设置的规律与作用

B 中国古代历法在当时有先进水平

C 阴、阳历调和问题在古代是个世界性问题

D 中国古代如何解决阴、阳历差异问题

133 湿地

湿地指的是陆地和水体之间的过渡带，和森林、海洋一起并称地球三大生态体系，在维护生物多样性、调节气候、抵御洪水等方面起着重要作用。1998年那次长江大洪水让人们终于意识到湿地（尤其是和长江相通的许许多多湖泊和沼泽地）能够对洪水起到缓冲的作用。可是，许多湖泊因为围湖造田的需要而被人为隔离了，只留下一个很少开启的水闸和长江相通。于是，这些自然形成的水网被拦腰斩断，遇到洪水便无能为力了。

这段文字意在说明：

A 围湖造田是一项弊大于利的错误举措

B 占用湿地是造成长江洪水的重要因素

C 人类应该反省自身行为对环境的破坏

D 应该充分发挥湿地对洪水的缓冲作用

134 人的行为

人的行为，分为私人行为和社会行为，后者直接涉及他人和社会利益。有人提出这样的原则：对于官员来说，除了法规明文允许的以外，其余的社会行为都是禁止的；对于平民来说，除了法规明文禁止的以外，其余的社会行为都是允许的。

如果实施上述原则能对官员和平民的社会行为产生不同的约束力，则以下各项断定均不违反这一原则，除了

A 一个被允许或禁止的行为，不一定法规明文允许或禁止的。

B 有些行为，允许平民实施，但禁止官员实施。

C 有些行为，允许官员实施，但禁止平民实施。

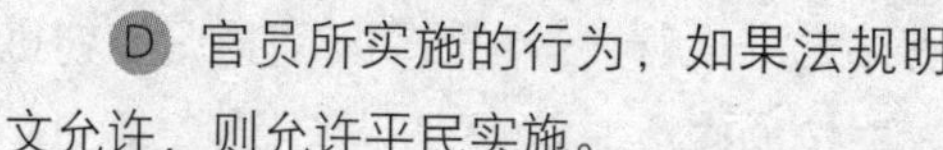

Ⓓ 官员所实施的行为，如果法规明文允许，则允许平民实施。

Ⓔ 官员所实施的行为，如果法规明文禁止，则禁止平民实施。

135 发明家

虽然世界因发明而辉煌，但发明家个体仍常常寂寞地在逆境中奋斗。市场只认同其有直接消费价值的产品，很少有人会为发明家的理想“埋单”。世界上有职业的教师和科学家，因为人们认识到教育和科学对人类的重要性，教师和科学家可以衣食无忧地培育学生，探究宇宙。然而，世界上没有“发明家”这种职业，也没有人付给发明家薪水。

这段文字主要想表达的是：

Ⓐ 世界的发展进步离不开发明

Ⓑ 发明家比科学家等处境艰难

Ⓒ 发明通常不具有直接消费价值

Ⓓ 社会应对发明家提供更多保障

136 可供收养的孩子数量

可供收养的孩子数量比起想要收养孩子的家长数量要少得多。目前有200万对夫妇在排队等待收养孩子，但在2005年（我们最后所能查到的统计资料）只有大约5万个孩子被收养，

以下哪项陈述如果为真，则最能支持上述推论？

Ⓐ 想要收养孩子的夫妇的数目有相当程度的增长。

Ⓑ 寻求收养孩子的人们往往要通过中介机构进行长期地访问和调查。

Ⓒ 今年被领养孩子的数量比以往任何一年都要多。

Ⓓ 在一年中被收养孩子的数量基本上与同期可供被收养的孩子数量相等。

Ⓔ 那些寻求收养孩子的人一般来讲能够成为好父母。

137 发明家

在大型游乐公园里，现场表演是刻意用来引导人群流动的。午餐时间的表演是为了减轻公园餐馆的压力；傍晚时间的表演则有一个完全不同的目的：鼓励参观者留下来吃晚餐。表面上不同时间的表演有不同的目的，但这背后，却有一个统一的潜在目标，即

以下哪一选项作为本段短文的结束语最为恰当？

Ⓐ 尽可能地减少各游览点的排队人数。

Ⓑ 吸引更多的人来看现场表演，以增加利润。

Ⓒ 最大限度地避免由于游客出入公园而引起交通阻塞。

Ⓓ 在尽可能多的时间里最大限度地发挥餐馆的作用。

Ⓔ 尽可能地招徕顾客，希望他们再次来公园游览。

138 晕轮效应

晕轮效应指人们对他人的认知判断首先是根据个人的好恶得出的，然后再从这个判断推论出认知对象的其他品质的现象。我们在观察某个人时，对于他的某种品质或特征有清晰明显的知觉，由于这一特征或品质从观察者的角度来看非常突出，从而掩盖了对这个人其他特征和品质的知觉。

根据上述定义，下列属于晕论效应的是：

A 我们通常认为，世界上任何一位杰出的科学家之所以取得令人瞩目的成就，均来自其百分之一的灵感，及百分之九十九的努力。

B 老师在面对学生时，容易产生这样的心理，即学习成绩好的学生往往会被认为是智商高、聪明、热情、有创造性的学生；成绩不好的学生或调皮捣蛋的学生往往就被认为是什么事都做不好、一无是处的学生。

C 中国有一句老话，叫“情人眼里出西施”，意思是说如果男女双方产生了爱慕之情，即一方的容貌不是那么美丽漂亮，在另一方眼里也会被认为美丽得如同西施一般；或者尽管一方有诸多缺点，也会被另一方看做是无与伦比的优点。

D 王某因涉嫌盗窃机动车辆被公安机关逮捕，但王某的同村人都认为他平时很热心，独自出钱帮助村里修筑公路，并经常出钱带助孤寡老人看病买药，是村里有名的“大善人”，因而不可能是盗窃机动车辆的盗贼。

139 凤眼莲和浮萍

广州市出台了《对城市绿化工程施工的验收规范》，其中对漂浮类水生植物凤眼莲和浮萍的种植适宜水深不设限制，这意味着来自南美洲的外来物种——凤眼莲可全方位用于该城市的水体绿化工程。根据以上信息，现有三个命题：

（1）未来几年，该市水体绿化工程将大量种植凤眼莲和浮萍。

（2）未来几年，该市与南美洲的凤眼莲贸易将急剧增加。

（3）该市对种植凤眼莲和浮萍的水域深度没作具体要求。

以下选项中，哪项一定为真？

A （1）（2）和（3）

B 只有（2）和（3）

C 只有（1）和（2）

D 只有（3）

140 注册会计师考试

如今这几年参加注册会计师考试的人越来越多了，可以这样讲，所有想从事会计工作的人都想要获得注册会计师证书。小王也想获得注册会计师证书，所以，小王一定是想从事会计工作了。

以下哪项，如果为真，最能加强上述论证？

A 目前越来越多的从事会计工作的人具有了注册会计师证书。

B 不想获得注册会计师证书，就不是一个好的会计工作者。

C 只有获得注册会计师证书的人，才有资格从事会计工作。

D 只有想从事会计工作的人，才想获得注册会计师证书。

E 想要获得注册会计师证书，一定要对会计理论非常熟悉。

141 中医的存废

中医是很多中国人的骄傲，但最近有专家发起的一个“取消中医”的签名运动，认为中医“文化上不主动寻求进步，不属于理性而科学的医学；滥用自然资源；整个中医不仁不义，欺骗患者”。从这种现象可以推出：

A 中医功效不容置疑，取消中医只是哗众取宠。

B 人们对中国传统文化和传统医学不理解、没有信心。

C 虽然中医功效无可置疑，但该言论一定程度上也反映出中医目前面临的一些困境。

D 此种言论纯粹是个人偏见，不值得一提。

142 中国消费信贷市场

中国消费信贷市场的现状，使得对中国银行业投入巨资的西方银行在信用卡业务上仍是投资，没有盈利。不过，外资银行对中国信用卡市场并没有失掉信心。虽然中国的消费者没有透支消费的习惯，而这个“硬币”的另一面是中国居民的个人负债率很低，中国内地的个人消费信用市场才刚刚开始发展，这对外资银行是极具吸引力的。

这段文字中的“硬币”指代的是：

A 中国银行业

B 中国消费信贷市场

C 中国消费者的消费习惯

D 中国居民的经济状况

143 概括预测结果（1）

电子电脑大众化——电脑管理社会事物——电脑技术人员道德低下——电脑管理情报泄密——电脑特殊机件普及化——电脑操作人员增加——企业全部管理业务电脑化。如果上述的情况同时存在，将会产生的必然后果是：

A 电脑犯罪率上升

B 侵害个人隐私

C 电脑过敏症增加

D 业务人员失业者增加

144 概括预测结果（2）

专门职业需要量增加——经济萧条——企业促进自动化——低薪金——社会保障完善。如果上述的情况同时存在，将会产生的必然后果是：

A 招工困难

B 公司倒闭

C 普通失业者增加

D 理工科大学生就业难

145 音乐欣赏

音乐欣赏并非仅仅作为音乐的接受环节而存在，它同时还以反馈的方式给音乐创作和表演以影响，它的审美判断和审美选择往往能左右作曲家和表演家的审美选择，每一个严肃的音乐家都不能不注意倾听音乐欣赏者的信息反馈，来调整和改进自己的艺术创造。

根据以上材料，可以推断：

A 音乐欣赏就是音乐欣赏者理解创作者对音乐美感演绎的过程。

B 所有音乐家以及作曲家都注意音乐欣赏者们的反馈。

C 音乐欣赏者的审美观对于音乐家来说也很重要。

D 音乐创造实际上是集体劳动的过程，而不是某个人单独完成。

146 社会成员的幸福感

社会成员的幸福感是可以运用现代手段精确量化的。衡量一项社会改革措施是否成功，要看社会成员的幸福感总量是否增加，S市最近推出的福利改革明显增加了公务员的幸福感总量，因此，这项改革措施是成功的。

以下哪项如果为真，最能削弱上述论证？

A 上述改革措施并没有增加S市所有公务员的幸福感。

B S市公务员只占全市社会成员很小的比例。

C 上述改革措施在增加公务员幸福感总量的同时，减少了S市民营企业人员的幸福感总量。

D 上述改革措施在增加公务员幸福感总量的同时，减少了S市全体社会成员的幸福感总量。

E 上述改革措施已经引起S市市民的广泛争议。

147 非物质文化遗产

作为一个拥有五千年不间断文明史的古国，我国拥有十分丰富的非物质文化遗产。这些活态的文化不仅构成了中华民族深厚的文化底蕴，也承载着中华民族文化渊源的基因。但随着我国现代化建设的加速，文化标准化以及环境条件的变化，尚有不计其数的文化遗产正处于濒危状态，它们犹如一个个影子，随时都可能消亡。

对这段文字概括最准确的是：

A 文化遗产保护工作要有新思路

B 要重视现代化建设带来的新问题

C 新形势下亟须加强文化遗产保护

D 诸多因素威胁着文化遗产的生存状态

148 商业设计

商业设计也许越来越被赋予艺术创作和欣赏的价值，但它根本的出发点和落脚点永远是把产品的特质用艺术的方式展现给顾客。如果一项商业设计不能让人联想到产品并对之产生好感，即使它再精美、再具创意，也不能算是成功的设计。说到底，广告在创意之外最重要的还是关联性，我们不想被一个美轮美奂的作品吸引，结果却看不出它与所代言的商品之间存在任何联系。

对这段文字概括最准确的是：

A 独特的创意并非成就商业设计的绝对要素

B 对于设计来说，吸引顾客应该是第一位的

C 成功的设计必须能够艺术地展现产品特质

D 商业设计应尽量强调广告与产品的关联性

149 能源价格

能源价格高并非全是坏事，因为价格杠杆自会调节石油的流向，确保人类以剩下的石油找到更好的新能源，而不是全用到几十年前根本不存在的使夏天变凉爽的能源需求上。实际上，如果我们遵循价格杠杆，甚至无须教育消费者，人人都会作出理智的选择。那些价格杠杆不起作用的地方，多是机制本身有问题的地方，改进机制，才能使价格杠杆更有效。

这段文字的核心观点是：

A 改革体制是充分发挥价格杠杆作用的前提

B 能源的无谓浪费问题应该受到应有的重视

C 提高能源价格有利于合理利用与节约能源

D 要充分发挥价格杠杆调节能源流向的作用

150 如何减排

近几年，为治理城镇污水，污水处理厂的建设不断升温。大规模上马污水处理厂，的确能在短期内实现城镇生活用水COD的减排。但是，一些地方城镇生活污水经过鱼塘和天然湿地的生态净化，COD浓度也能大幅度降低。

由此推出：

A 单一的集中治理模式不符合环境保护自身的规律。

B 治污就是要付出消耗能量和资金的代价的。

C 减排手段因地制宜，多种方式相结合。

D 为治污而治污，不能将节能与减排结合好。

151 全球的石油需求

有的地质学家认为，如果地球的未

勘探地区中单位面积的平均石油储藏量能和已勘探地区一样的话，那么，目前关于地下未开采的能源含量的正确估计因此要乘上一万倍，由此可得出结论，全球的石油需求，至少可以在未来五个世纪中得到满足，即便此种需求每年呈加速上升的趋势。为使上述论证成立，以下哪项是必须假设的?

A 地球上未勘探地区的总面积是已勘探地区的一万倍。

B 地球上未勘探地区中储藏的石油可以被勘测和开采出来。

C 新技术将使未来对石油的勘探和开采比现在更为可行。

D 在未来至少五个世纪中，石油仍然是全球主要的能源。

E 在未来至少五个世纪中，世界人口的增长率不会超过对石油需求的增长率。

152 经济政策

政府每出台一项经济政策，都会改变某些利益集团的收益预期。出于自利，这些利益集团总会试图通过各种行为选择，来抵消政策对他们造成的损失。此时如果政府果真因此而改变原有的政策，其结果不仅使政府出台的政策失效，更严重的是使政府的经济调控能力因丧失公信力而不断下降。

这段文字主要论述了:

A 政府制定经济政策遇到的阻力。

B 政府要对其制定的政策持续贯彻。

C 制定经济政策时必须考虑到的因素。

D 政府对宏观经济的调控能力。

153 科技进步

在新一轮没有硝烟的经济战场上，经济增长将主要依靠科技进步。而在解剖中国科技创新结构中，我们可以看出，在中国并不缺乏研究型大学、国家实验室，最缺乏的是企业参与的研究基地以及研究型企业。企业资助、共建、独资创立的科研机构，像美国的贝尔实验室，就是这种研究基地。

这段文字的主旨是:

A 要充分发挥企业在科技创新中的重要作用。

B 中国不缺乏研究型大学，缺乏的是研究型企业。

C 加强企业参与的研究基地建设是中国经济腾飞的必经之路。

D 企业资助、共建、独资创立的科研机构是提高企业效益的关键。

第四章

逻辑探案

Logic detect

逻辑思维应用的最广泛领域莫过于刑侦领域。以探案故事为题材的逻辑推理游戏，就是“逻辑探案”类游戏，主要利用逻辑学的知识对供词、案情、人物关系进行分析、对比、判断，排除干扰、识破假象、揭示真相。这种游戏是提高逻辑思维能力的有效途径。

1 珠宝店被盗

某珠宝店被盗，警方已发现如下线索：

（1）A、B、C三人至少有一人是罪犯；

（2）如果A是罪犯，则B一定是同案犯；

（3）盗窃发生时B正在咖啡店喝咖啡。

由此推出谁是罪犯？

2 谁偷了东西

甲、乙、丙三人有一人偷了东西，警长问是谁干的。

甲说：“乙干的。”

乙说：“不是我干的。”

丙说：“也不是我干的。”

如果知道三人中有两人说的是假话，有一人说真话，能判断是谁偷了东西吗？

分析：结论有三种可能，全部列出，进行判断。

3 说真话的是谁

“你们究竟谁在说谎？”警长对囚犯们怒吼道。

张三说：“李四在说谎。”

李四说：“王五在说谎。”

王五说：“张三、李四都在说谎。”

那么说真话的是谁？

4 四位老师的教学工作

甲、乙、丙、丁四位老师分别教数学、物理、化学、英语。甲老师可以教物理、化学；乙老师可以教数学、英语；丙老师可以教数学、物理、化学；丁老师只能教化学。为了使每人都能胜任工作，应如何安排四位老师的教学工作。（每人只教一门课）

5 各上什么课

一所学校里，李教师、王老师、张老师分别上一门课，但不知道他们每人上什么课，只知道这三门课是语文、数学、外语。另外还知道下面一些情况：

（1）李老师上课全部用汉语；

（2）外语教师是一个学生的哥哥；

（3）张老师是女教师，她向数学教师问了一问题。

请问这三位教师各上什么课？

6 竞赛结果

三位老师对四个同学的竞赛结果预测如下：

赵老师说：“小周第一，小吴第三”；

钱老师说：“小郑第一，小王第四”；

孙老师说：“小王第二，小周第三”。

结果四个同学都进入了前四名，而三位老师的预测各对了一半。

你知道结果如何吗？

7 竞赛的名次

某学校四个班举行数学竞赛，小明猜测（3）班第一名，（2）班第二名，（1）班第三名，（4）班第四名；小华猜测名次排列顺序是（2）班、（4）班、（3）班、（1）班。已知（4）班是第二名，其他各班的名次小明和小华都猜错了，这次竞赛的名次是怎样排列的？

8 排球比赛

某校举行排球比赛。下图中二、三、四号位为前排，一、六、五号位为后排，6名排球队员分别穿1、2、3、4、5、6号球衣，每个队员的站位号与他们球衣号都不相同。一、四号站位主攻；二、五号站位二传，三、六号站位副攻。已知：

（1）1号6号不在后排；

（2）2号3号不是二传手；

（3）3号4号不同排；

（4）5号6号不是副攻。

判断每个队员的站位。

四	三	二
五	六	一

9 握了几次手

明明、冬冬、蓝蓝、静静、思思和毛毛六人参加一次会议，见面时每两人都要握1次手，明明已握了5次手，冬冬已握了4次手，蓝蓝已握了3次手，静静已握了2次手，思思握了1次，问毛毛已握了几次手？

10 星期几

某年的6月份有4个星期三，5个星期二，这年的6月1日是星期几？

11 不同的顺序

一次数学课堂练习有3道题，老师先写出1个，然后每隔5分钟又写出1个。规定：（1）每个学生在老师写出1个新题时，如果原有题还没有做完，那么必须立即停下来转做新题；（2）做完1道题时，如果老师没有写出新题，那么就转做前面相邻未解出的题。解完各题的不同顺序共有多少种可能？

12 不同的安排

小明的暑假作业有语文、算术、外语三门，他准备每天做一门，且相邻两天不做同一门。如果小明第一天做语文，第五天也做语文，那么，这五天作业他共有多少种不同的安排？

13 安排座位 

一个圆桌围坐着五个人。甲是中国人，会说英语；乙是法国人，会说日语；丙是英国人，会说法语；丁是日本人，会说汉语；戊是法国人，会说西班牙语。填下图，使相邻两人能互相交谈。

14 比赛中的排名问题

汤姆、狄克及亨利一起参加田径比赛，在每一项比赛中只有前3名才获得点数。所有比赛结束时汤姆共得到22点，狄克及亨利皆得到9点，其他的参赛者没有得到任何点数。已知狄克在标枪项目中得到第一名。请问谁在百米竞赛中得到第二名？

15 找规律填数字（1）

根据规律，填什么数能完成谜题？

16 找规律填数字（2） 

你能计算出下图中缺少的数字吗？每个数字只能用一次，并且数字的顺序不能颠倒。

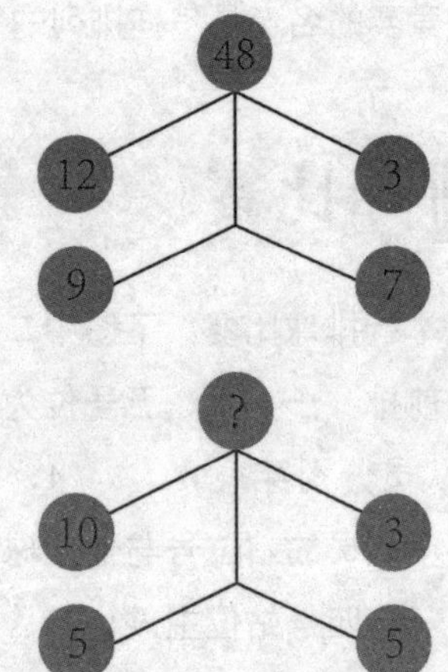

17 找规律填数字（3） 

填充缺少的数字，每一行的规律是一样的。

623	36	?
847	?	16
726	?	?

18 找规律填数字（4）

什么数字可以代替表格中的问号？

6	2	5	7
8	3	17	7
9	2	9	9
7	4	10	?

19 找规律填数字（5）

下图中，哪个数能填在问号处完成谜题？

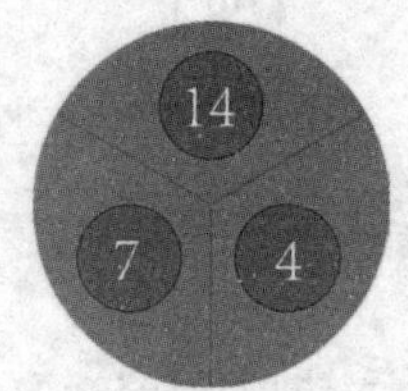

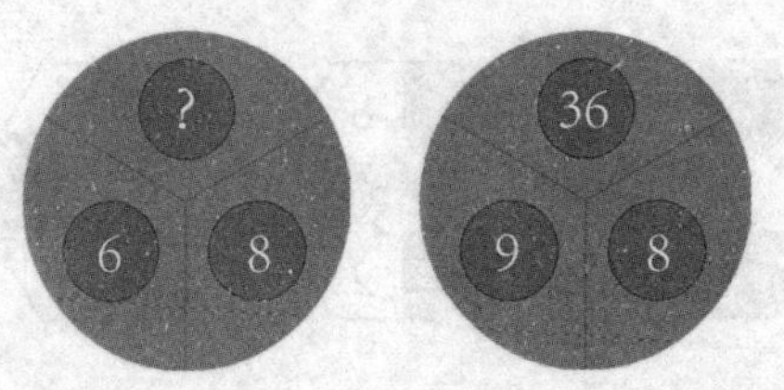

20 找规律填数字（6）

可以代替问号的数字是什么？

8752	4524	1080
6978	5382	4346
7388	6424	?

21 特殊的数字

下面哪个数字是特殊的？

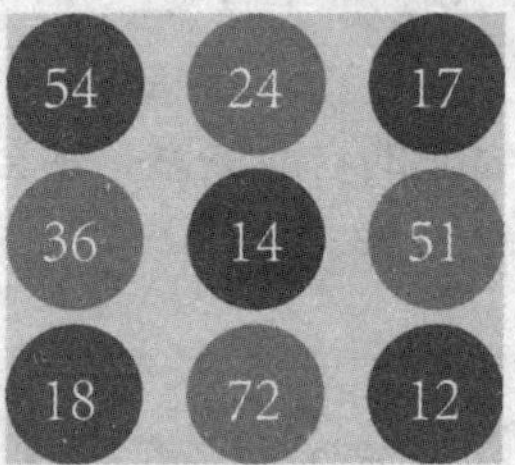

22 找出算式的规律

每道题中右边的数字都是由左边的数字按照同样的算式计算得来的，找出其中的规律，并找到可以代替问号的数字。

10 ⟶ 12

19 ⟶ 30

23 ⟶ 38

14 ⟶ ?

23 找规律，填数字

看数字，找规律，求问号所代表的数字。

31 ⟶ 12

15 ⟶ 4

13 ⟶ 3

41 ⟶ ?

24 看图片找规律

下面三个图中，哪一个是特殊的？

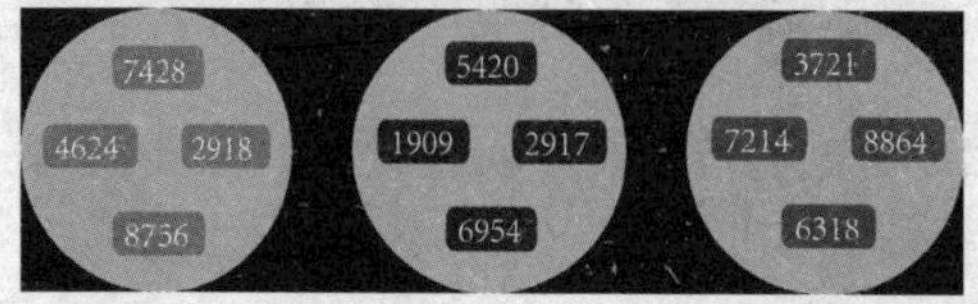

25 有规律的数字

参照A和B的对应关系，那么C应该和哪一项是相对应的呢？

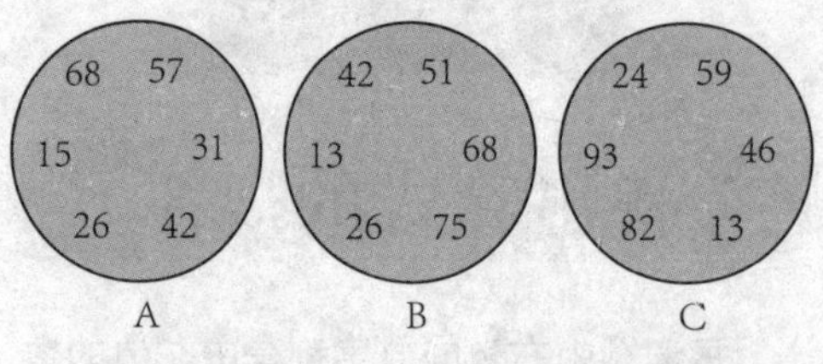

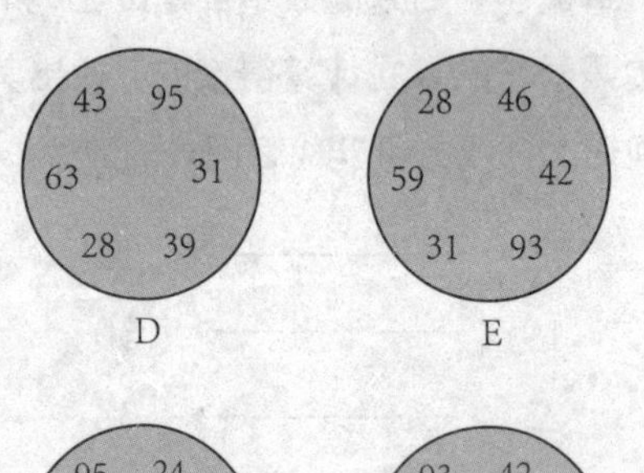

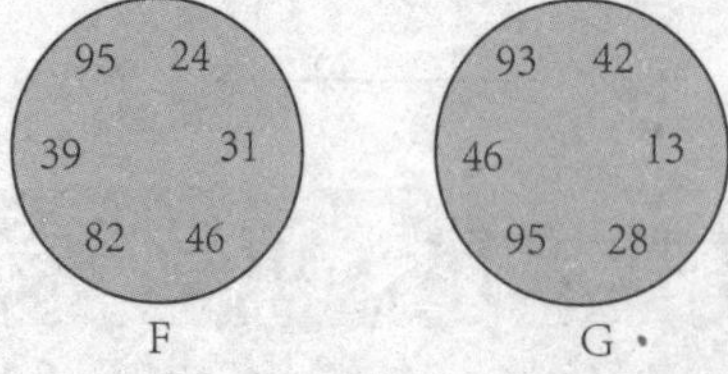

26 数字方块

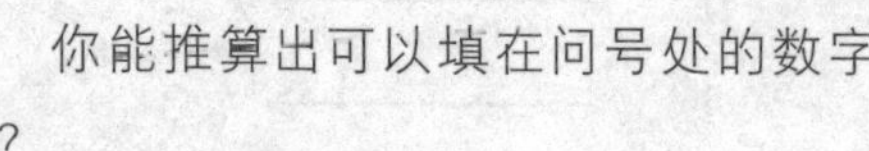

你能推算出可以填在问号处的数字吗？

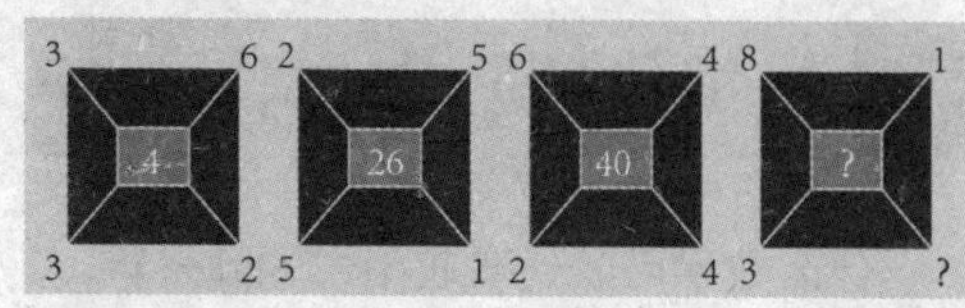

27 数字路口

你知道哪个数字可以替代图中的问号吗？

72
83 7 55
37

19
25 3 13
4

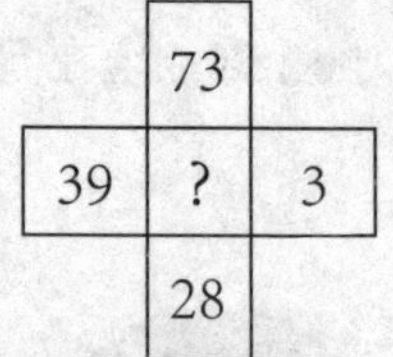

28 数字六边形

最后一个六边形里应该填什么数？

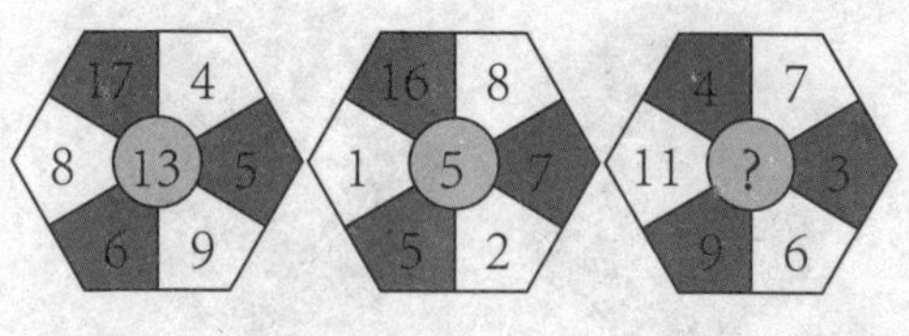

29 数字八卦

按照八角形中已提供的数字之间的逻辑关系，带问号的空格处应填入哪一个数字最合适？

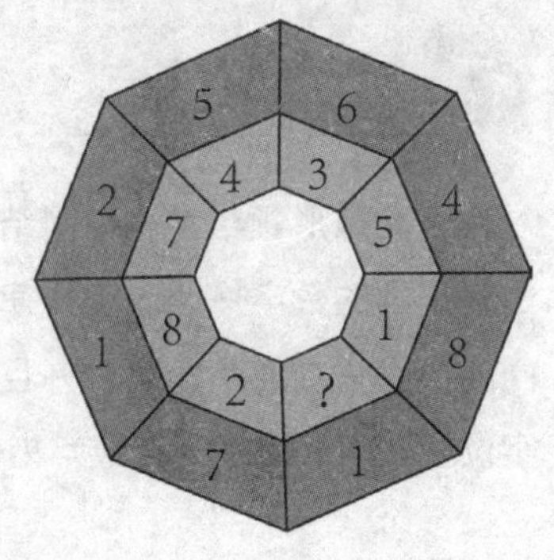

30 数字大厦

你知道应该用什么数字来代替图中的问号吗？

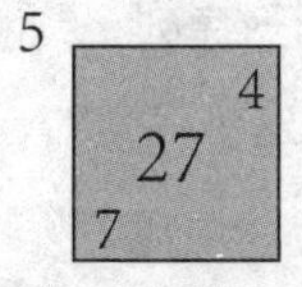

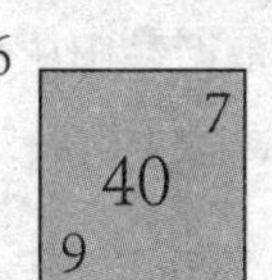

8
4
71
5
9

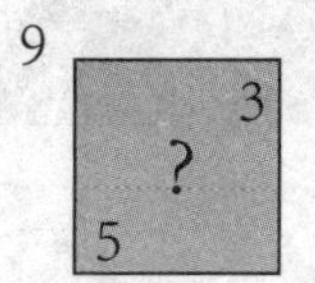

31 数字大厦一角

观察下面的三组数字，问号处应填入哪些数字呢？

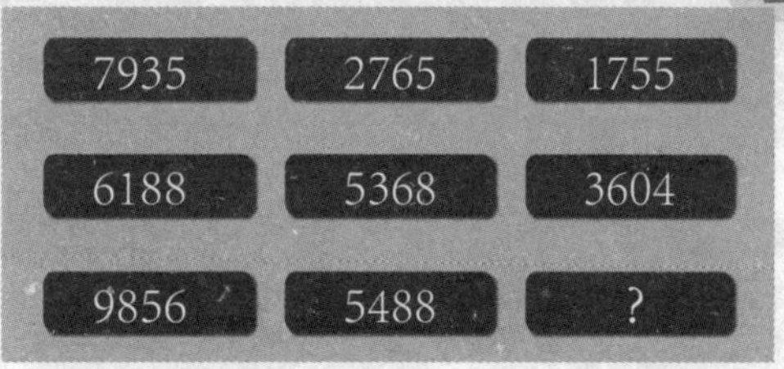

32 数字屋顶

问号处填什么数字？

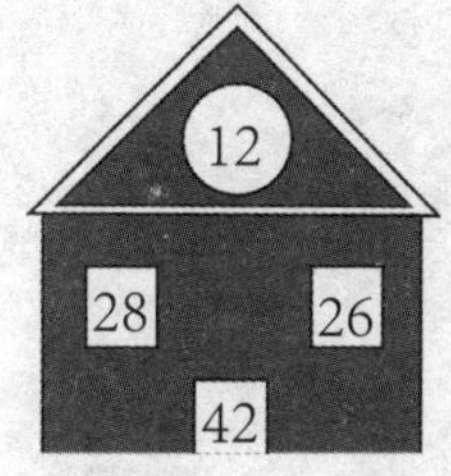

33 数字皮球

问号应用什么数字代替？

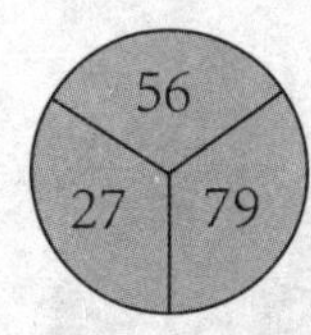

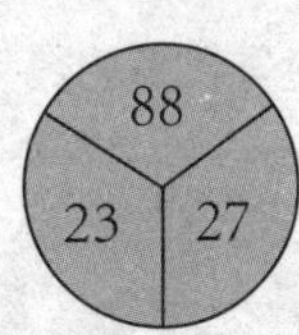

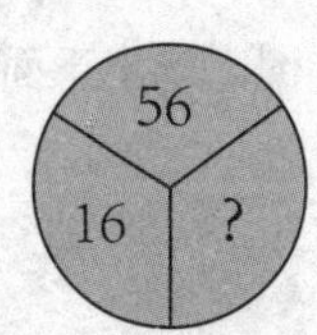

34 数字圆盘

问号应用什么数字代替？

35 数字转盘

在图示最后一个转盘处，缺少一个相应的数字，你能推算出这个数字吗？

36 蝶形领结

下列蝶形领结中，中间结上的数字是由周围的四个数字计算得来的。每个数字只能使用一次，并且数字的位置不能颠倒。求出下面问号代表的数字。

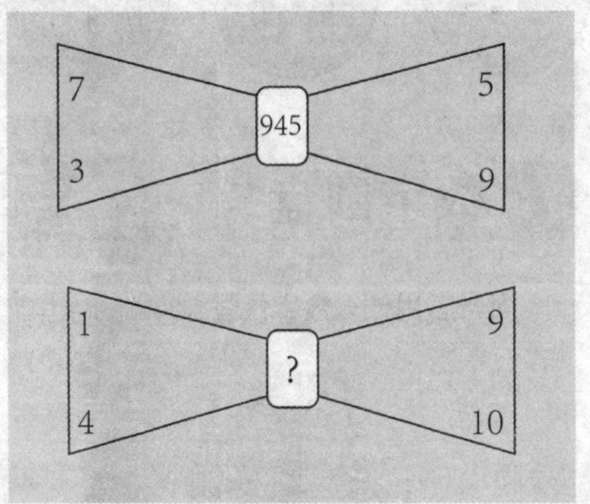

37 数字领结

下列蝶形领结中，中间结上的数字是由其周围的数字按照一定规律得来的。周围的数字只准使用一次，并且不能调换数字位置。问号应用什么数字来代替？

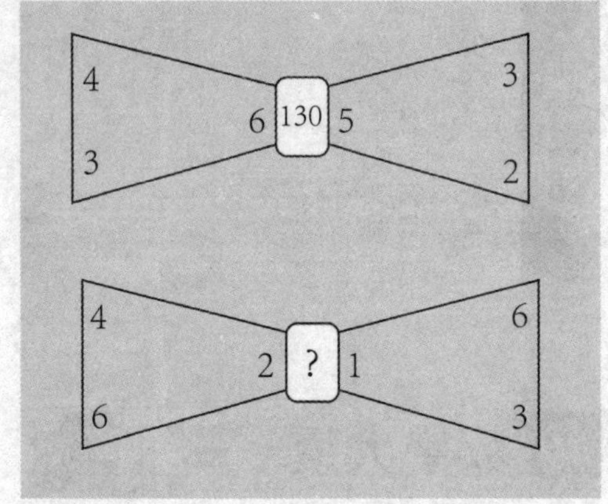

38 找出序列选项

根据题中所给出的三角形序列，判断下列选项中哪一项能够延续这个序列？

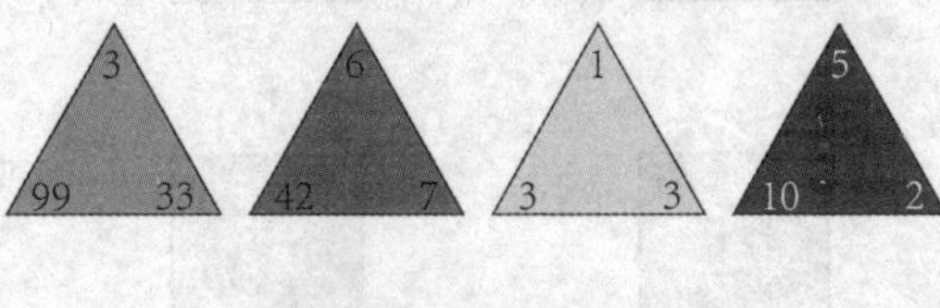

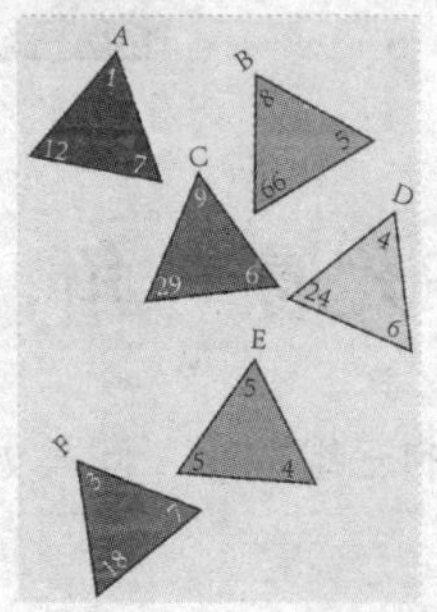

39 图形分割

将格子分成6个相同的部分，每一部分的数字之和为18。

6	2	3	4	4	3
3	5	5	2	6	2
5	3	1	3	5	0
2	4	5	3	0	5
3	3	4	6	6	5

40 找规律，填表格

按照第一个格子的逻辑规律，把第二个格子填充完整。

	A	B	C	D	E	F
a	7	8	3	5	7	9
b	3	7	4	5	2	9
c	2	2	1	2	2	2
d	4	2	7	5	0	8
e	6	5	9	8	6	4
f	8	2	1	7	5	6

9	1	6	8	4	5
8	3	2	8	8	2
3	0	?	3	1	1
0	9	?	4	9	9
6	4	9	9	1	5
7	1	4	9	6	7

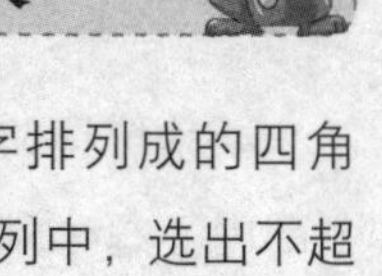

41 最大五个数

下图是用阿拉伯数字排列成的四角形。如果在横、竖的每一列中，选出不超过两个以上的数字，共选五个，那么怎样才能选出合计为最大的五个数字呢？

16	7	13	9	5
12	10	16	13	9
15	6	10	8	4
21	12	17	14	10
11	2	7	3	0

42 哥哥今年几岁

哥哥5年后的年龄和弟弟3年前的年龄和是29岁，弟弟现在的年龄是两人年龄差的4倍。哥哥今年几岁？

A 10。 B 12。 C 15。 D 18。

43 现在的年龄

办公室有甲、乙、丙、丁四位同志，甲比乙大5岁，丙比丁大2岁。丁三年前参加工作，当时22岁。他们四人现在的年龄之和为127岁。那么乙现在的年龄是：

A 25岁。 B 27岁。 C 35岁。 D 40岁。

44 不同的发放方法

某单位订阅了30份学习材料发放给3个部门，每个部门至少发放9份材料。问一共有多少种不同的发放方法？

A 7。 B 9。 C 10。 D 12。

45 钻孔

科考队员在冰面上钻孔获取样本，测量不同空心之间的距离，获得的部分数据分别为1米、3米、6米、12米、24米、48米。问科考队员至少钻了多少个孔？

A 4。 B 5。 C 6。 D 7。

46 多少人能通过考试

共有100个人参加某公司的招聘考试，考试内容共有5道题，1～5题分别有80人，92人，86人，78人和74人答对，答对了3道和3道以上的人员能通过考试，请问至少有多少人能通过考试？

A 30。 B 55。 C 70。 D 74。

47 得到100

（1＋2）＋3－4＋（5＋6）×7＋8＋9＝99。

如上列的算式，在不改变1～9的数字顺序下，在各个数字间插入演算记号，让计算结果为99或100。那么，请思考在何种情况下可以得到100。将1和2连接成12的方式，也可以被允许。

48 填三边

一个三角形，在它的三个顶点和三边的中点各画一个小圆圈。然后把1、2、3、4、5、6分别填写到这6个小圆圈里，使三角形每条边上3个数的和都相等。

49 五种颜色的铅笔

有红、黄、蓝、绿、白五种颜色的铅笔，每两种颜色的铅笔为一组，最多可以搭配成不重复的几组？

50 泥水匠的基本功

如图是一个用砖砌起来的形体，如果这个形体的四面都是很完整的话，那么请问它总共用了多少块砖呢？你花了多长时间数清楚呢？

51 白帽子和红帽子

春游的时候，大家戴的不是红帽子就是白帽子，在戴红帽子的人看来，戴红帽子和白帽子的人一样多。在戴白帽子的人看来，戴红帽子的人是戴白帽子的人的2倍。那么共有多少人参加春游？

52 打擂

甲、乙、丙三人用擂台式训练方式练习，即两人对打另一人当裁判，输者和裁判对换，再由原来的裁判向胜者挑战。已知：甲一共打了12局，乙一共打了21局，丙一共当了8局裁判，那么你知道，整个比赛第十局的输者是哪位吗？

53 获第三名的得几分

A、B、C、D、E五名学生参加乒乓球比赛，每两个人都要赛一盘，并且只赛一盘。规定胜者得2分，负者得0分。现在知道比赛结果是：A和B并列第一名，C是第三名，D和E并列第四名。那么C得几分？

54 要赛多少盘

某大学举行中国象棋比赛，共有12人报名参加比赛。根据比赛规则，每个人都要与其他人各赛一盘，那么这次象棋比赛一共要赛多少盘？

55 表格中的数字

下面格子中的问号应用什么数字代替？

A	B	C	D	E
6	4	6	5	8
2	9	8	2	1
5	0	3	4	7
3	2	1	3	1
4	7	?	4	3

56 消防站的位置

下图表示消防车在城镇之间行驶所需要的时间。你需要确定消防站的位置，使消防车到每个城镇的行驶时间尽量最短。你应该把消防站定位在哪里？

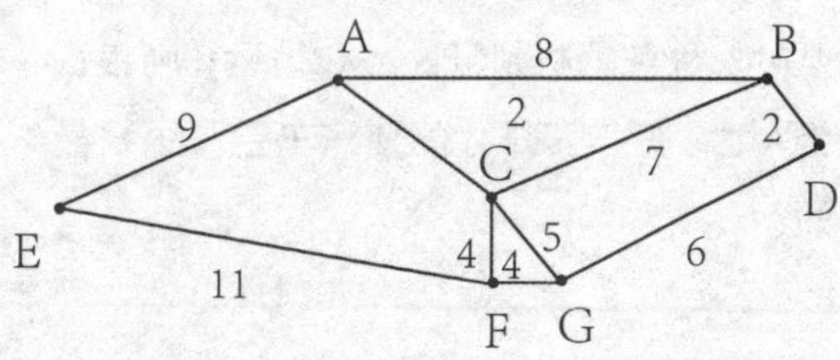

57 最短管路长度的设计

凤凰城由于常常发生火灾而声名狼藉。为了洗刷恶名，市议会通过一项提案，决定在下图中的9个地点设置消防栓。为了确保能提供充分的水压，决定加设一套管路连接这9个消防栓。由于埋设管路所需经费庞大，因此市议会决定向外界公开征求管路总长度最短的设计。受到建筑物的影响，管路必须沿着上图中所示的街道铺设。图中每一条线的长度单位是米。

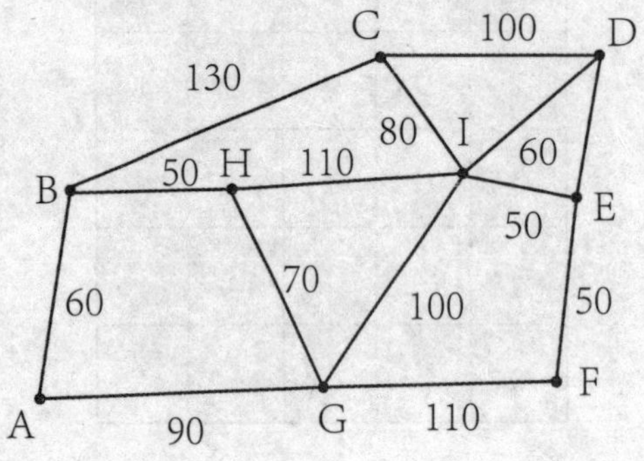

你会如何设计?

58 空驶里程最短

A、B、C三地的距离（单位：千米）如下图所示。现有一辆载重量4吨的汽车要完成下列任务：从A地运12吨煤到B地，从B地运8吨钢材到C地，从C地运16吨粮食到A地。怎样安排才能使汽车空驶里程最短?

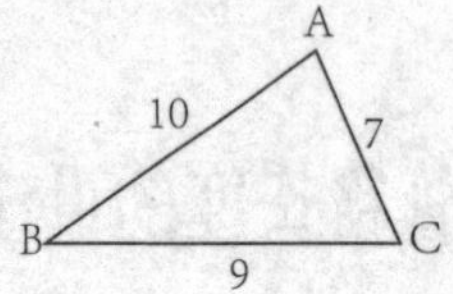

59 准备车票

往返于南京和上海之间的沪宁高速列车沿途要停靠常州、无锡、苏州三站。问：铁路部门要为这趟车准备多少种车票?

60 耗油量最少

有137吨货物要从甲地运往乙地，大卡车的载重量是5吨，小卡车的载重量是2吨，大卡车与小卡车每车次的耗油量分别是10升和5升，问如何选派车辆才能使运输耗油量最少?这时共需耗油多少升?

61 100根火柴

有100根火柴，要分给25个人，要求谁也不许分到偶数个。你能做到吗?

62 偶数迷

蒂莫西是一个偶数迷，在他起居室的墙上挂着4只镜框，每只镜框中都有一个偶数：2468。为了尽善尽美，他希望把镜框的顺序进行调整，使得他们拼成的四位数是一个完全平方数。他的想法能实现吗?

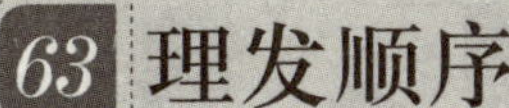

63 理发顺序

理发室里有甲、乙两位理发师，同时来了五位顾客，根据他们所要理的发型，分别需要10、12、15、20和24分钟。怎样安排他们的理发顺序，才能使这五人理发和等候所用时间的总和最短？最少要用多长时间？

64 神童解缙

解缙是明朝洪武年间有名的才子，儿时便有神童之称。有一次，知府巡视吉水县，路遇方六岁的解缙。知府问："你父母是干什么的？"解缙答："慈父肩挑日月，家母手转乾坤。"知府听后愣了一会儿，然后叹道："好聪明的孩子！"你知道解缙的父母是干什么的吗？

65 找规律填数字（1）

问号处应为什么数？

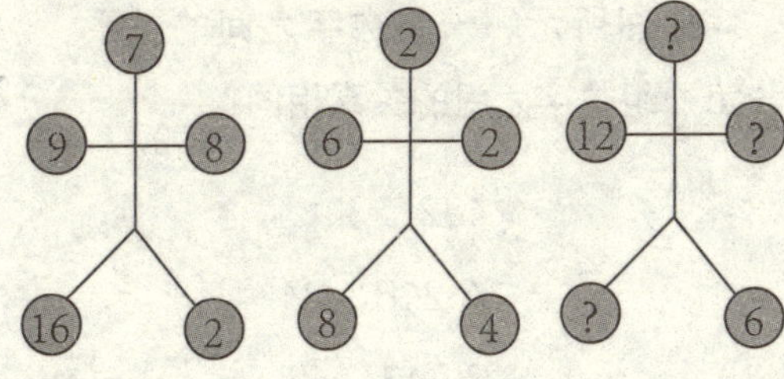

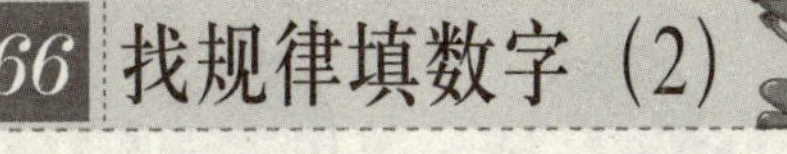

66 找规律填数字（2）

你能计算出下图中缺少的数字吗？每个数字只能用一次，并且数字的顺序不能颠倒。

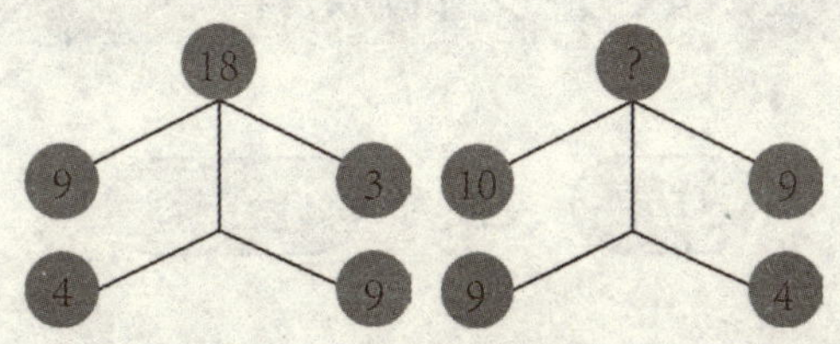

67 找规律填数字（3）

你能找出下面图案的规律，并找出缺少的数字吗？

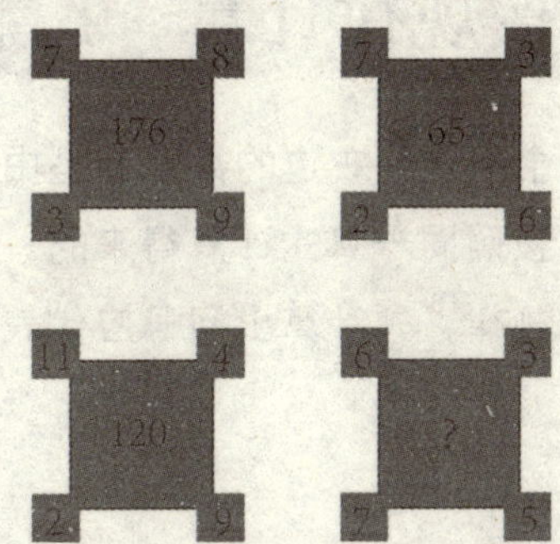

68 找规律填数字（4）

你知道该用什么数字替代图中的问号吗？

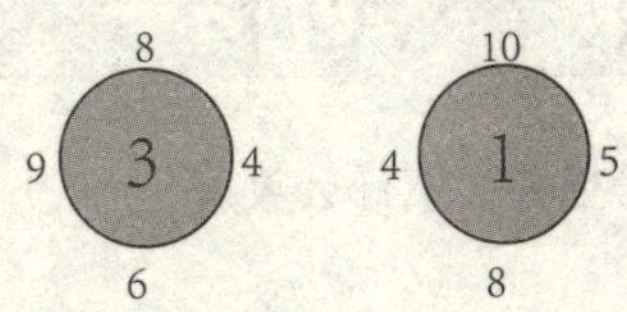

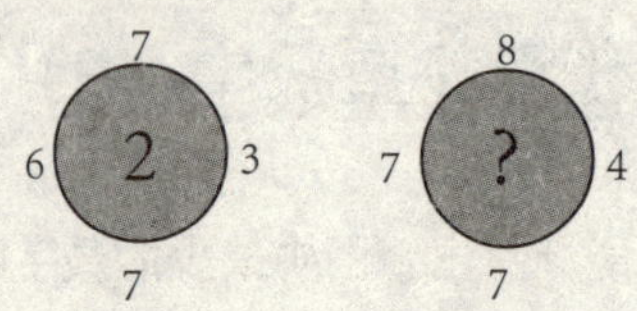

69 数字变化规律

2748 变换为 414816

那么

3295 变换为 641810

因此

6342 应变换为 ?

70 按规律计算

每个问题中右边的数字都是由左边的数字按照同一算式计算得来的。找出其中的规律，并计算出问号应代表什么数字。

5 ⟶ 65

2 ⟶ 50

14 ⟶ 100

8 ⟶ ?

71 数字六边形

问号处应该填什么数?

14 17 31 5 19 22

29 9 11 32 34 14

20 15 16 16 17 ?

72 数字田地

从A到B的变化，类同于从C到哪一项的变化?

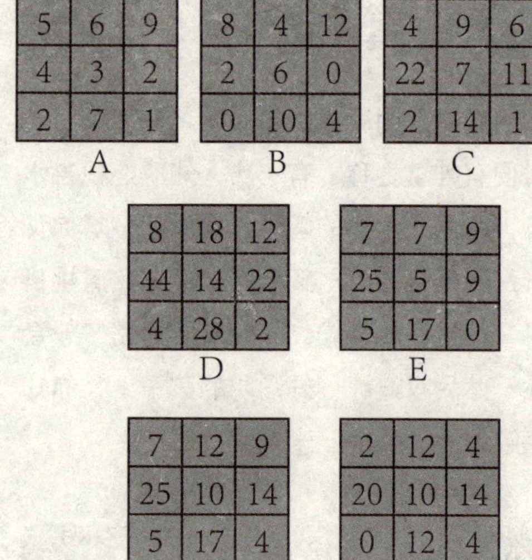

A

5	6	9
4	3	2
2	7	1

B

8	4	12
2	6	0
0	10	4

C

4	9	6
22	7	11
2	14	1

D

8	18	12
44	14	22
4	28	2

E

7	7	9
25	5	9
5	17	0

F

7	12	9
25	10	14
5	17	4

G

2	12	4
20	10	14
0	12	4

73 奇怪的关系

如图所示哪一组数字之间的关系，与第一组数字之间的关系相同?

482：34

A.218：24

B.946：42

C.687：62

D.299：26

E.749：67

74 数字圆盘

填什么数能完成这个数字圆盘？

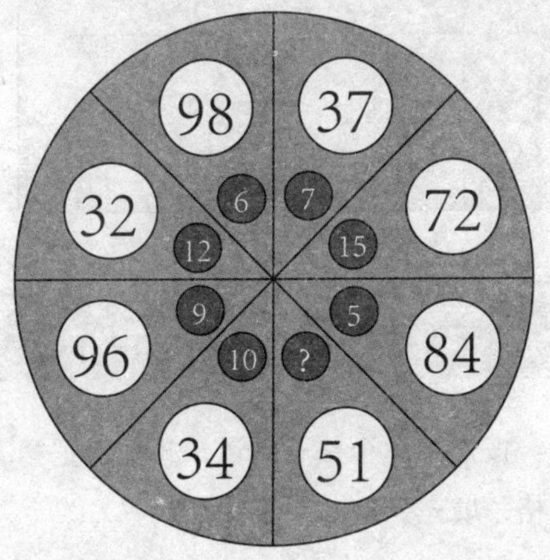

75 数字转盘

下图中缺少的数字是什么？

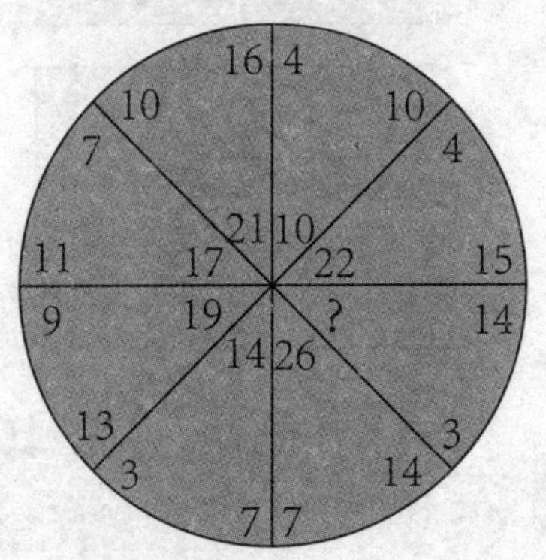

76 数字屋顶

你能计算出第二座房子的房顶上缺少的数字是什么吗？窗子和门上的数字只能使用一次，并且数字的位置不能颠倒。

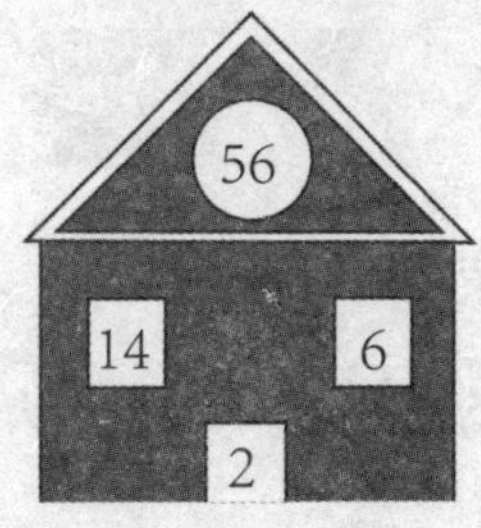

77 数字地砖

在图形中该填什么数字？

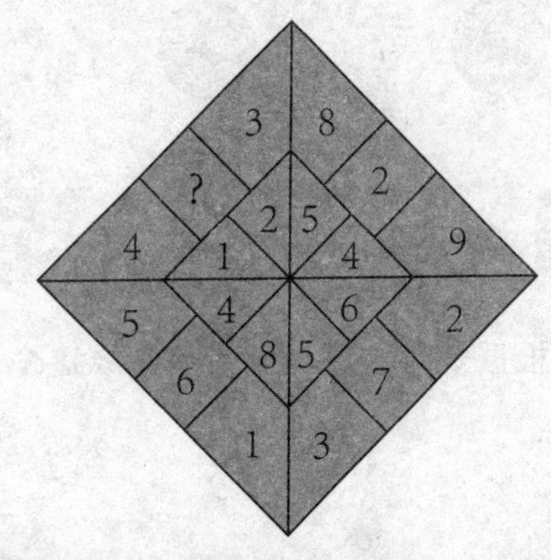

78 蝶形领结

下面蝶形领结中，中间结上的数字是由外围的数字计算得来的，每个数字只能用一次，并且数字的顺序不能颠倒。能够替代问号的数字是什么？

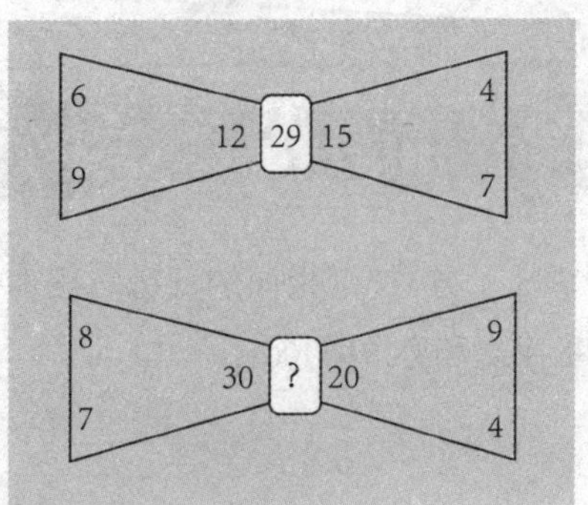

79 数字连环

从左上方的圆开始，按顺时针方向计算，求出问号所代表的数字。

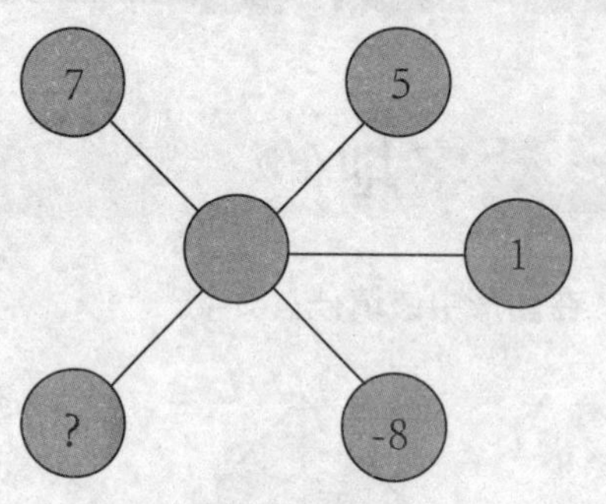

80 小数阶梯

根据规律，填什么数能完成这个序列？

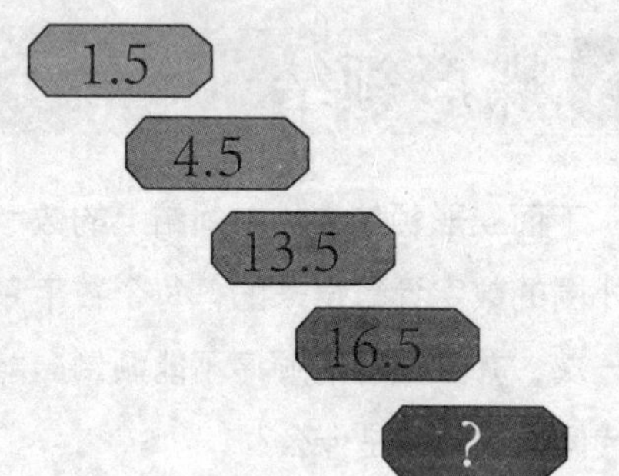

81 杂乱的数字

将格子分成6个相同的部分，使每部分的数字之和必须为100。

18	6	4	30	47	29
45	30	6	18	17	2
1	21	1	42	23	5
3	28	7	17	1	6
44	4	32	43	30	40

82 找规律，填表格

按照第一个格子的逻辑规律，把第二个格子填充完整。

	A	B	C	D	E	F
a	7	9	6	5	3	3
b	4	6	3	7	0	3
c	9	2	4	1	1	4
d	5	8	2	7	2	6

7	7	5	6	1	9
4	9	6	6	0	0
3	5	1	9	0	0
8	9	4	6	?	?

83 表格中的数字

问号处应填入什么数字？

2	2	5	7	0
4	9	5	7	?
7	2	1	4	6

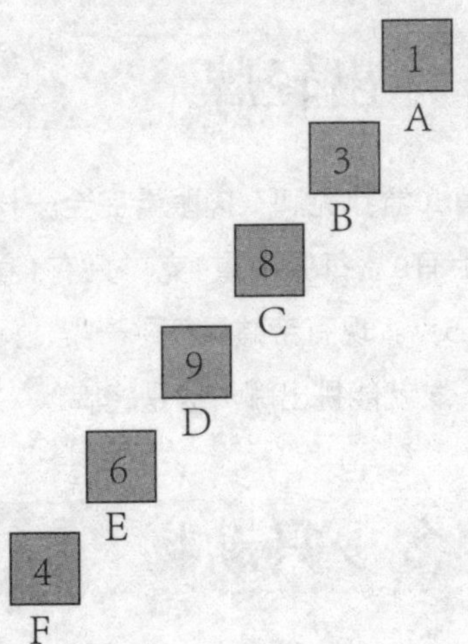

84 数字密码本

找出格子中数字的规律，填恰当的数字替换问号。

A	B	C	D	E
7	8	7	9	7
5	5	8	5	9
6	3	7	3	9
4	4	8	6	?

85 表格长龙

你能确定问号应由哪些数字来代替吗？

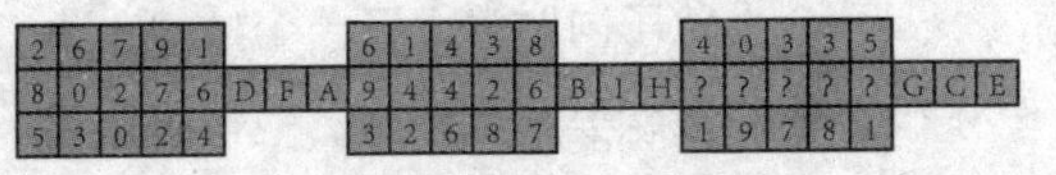

86 圆的推理

最后一组圆的数值是多少？黑色、白色和带阴影的圆各代表不同的数值。

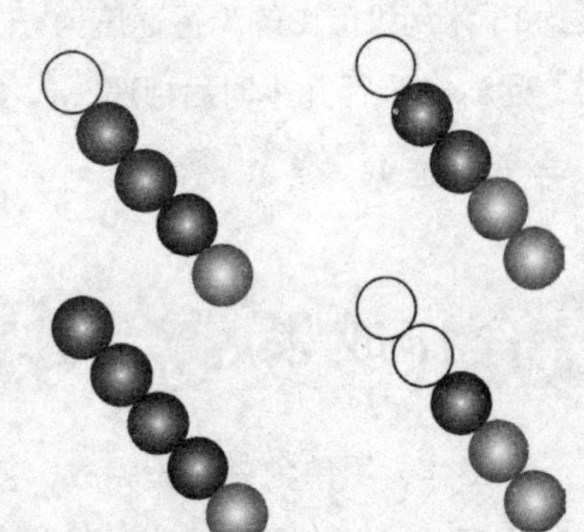

87 哥哥现在多少岁

哥哥现在的年龄是弟弟当年年龄的3倍，哥哥当年的年龄与弟弟现在的年龄相同，哥哥与弟弟现在的年龄和是30岁，问哥哥现在多少岁？

A 15。 B 16。 C 18。 D 9。

88 儿子现在多少岁

在一个家庭里，现在所有成员的年龄加在一起是73岁。家庭成员中有父亲、母亲、一个女儿和一个儿子。父亲比母亲大3岁，女儿比儿子大2岁。四年前家庭里所有的人的年龄总和是58岁，现在儿子多少岁？

A 3。 B 4。 C 5。 D 6。

89 几小时后相遇

甲、乙两地相距42千米，A、B两人分别同时从甲、乙两地步行出发，A的步行速度为3千米/小时，B的步行速度为4千米/小时，问A、B步行几小时后相遇？

A 3。B 4。C 5。D 6。

90 合作成果

一项工作，甲单独做10天完成，乙单独做15天完成，问：两人合作3天完成工作的：

A 1/2。B 1/3。C 1/5。D 1/6。

91 节目的安排方法

一张节目表上原有3个节目，如果保持这3个节目的相对顺序不变，再添进去2个新节目，有多少种安排方法？

A 20。B 12。C 6。D 4。

92 参加活动的人数

100个人参加7个活动，每人只能参加一个活动，并且每个活动的参加人数都不一样，那么参加人数第四多的活动最多有多少人？

A 22。B 21。C 24。D 23。

93 称出轻牌

有10盒扑克牌，肉眼看完全一样，但实际上有9盒每张牌重1克，只有1盒每张牌重0.5克。现有带砝码天平一架，问怎样只称一次就能挑出哪一盒是轻牌？

94 多少只动物

奎贝尔教授给大家出难题了。奎贝尔教授说：“在我饲养的动物中，除了两只以外所有的动物都是狗，除了两只以外，所有的都是猫，除了两只以外所有的都是鹦鹉，我总共养了多少只动物？你想出来了吗？”

95 破解情报密码

M国谍报员截获1份N国情报。

1.N国将兵分东、西两路进攻M国。从东路进攻的部队人数为：“ETWQ”；从西路进攻的部队人数为：“FEFQ”；

2.N国东、西两路总兵力为：“AWQQQ”。

另外得知东路兵力比西路多。

请将以上的密码破解。

96 三人决斗

三个小伙子同时爱上了一个姑娘，为了确定他们谁能娶这个姑娘，他们决定用

手枪进行一次决斗。甲的命中率是30%，乙比他好些，命中率是50%，最出色的枪手是丙，他从不失误，命中率是100%。由于这个显而易见的事实，为公平起见，他们决定按这样的顺序：甲先开枪，乙第二，丙最后。然后这样循环，直到他们只剩下一个人。那么这三个人中谁活下来的机会最大呢？他们都应该采取什么样的策略？

97 找规律填数字（1）

你能求出下列图形中缺少的数字吗？每个数字只准使用一次，并且位置不能调换。

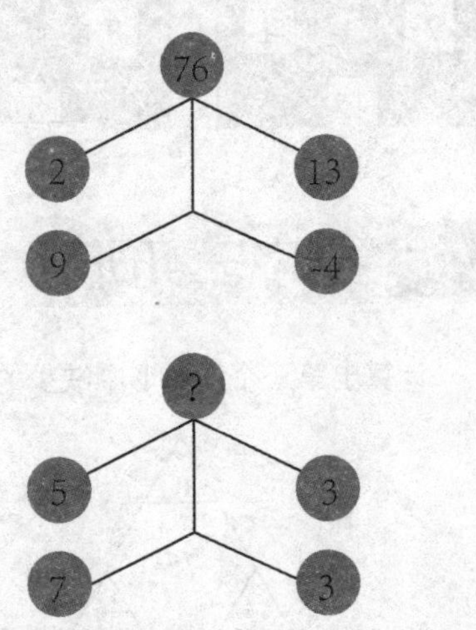

98 找规律填数字（2）

请你算出问号所代表的数字。

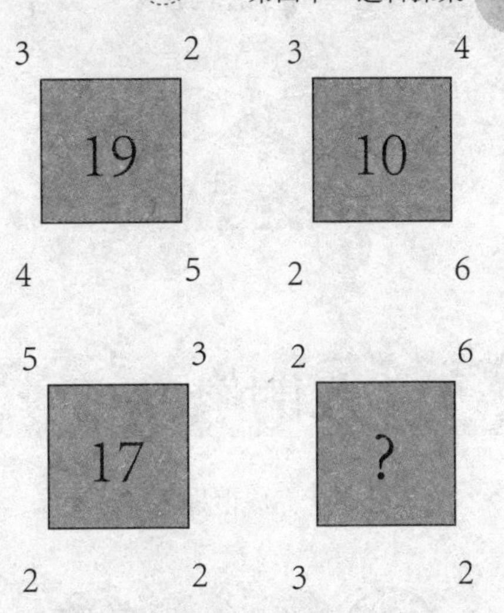

99 找规律填数字（3）

问号应由什么数字代替？

6225	1210	20
7946	6324	188
3483	1224	?

100 找规律填数字（4）

哪一个数字能替换问号？

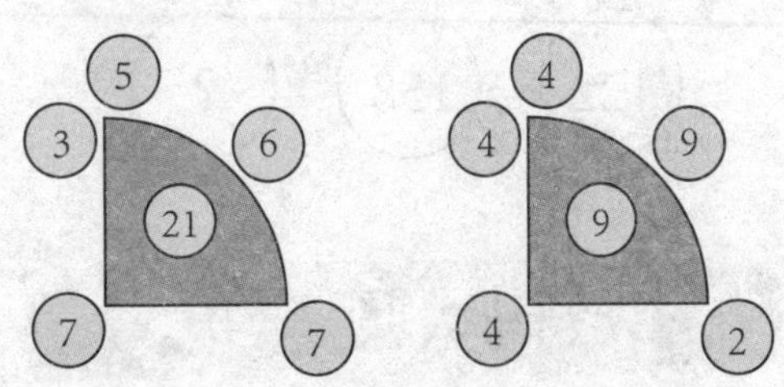

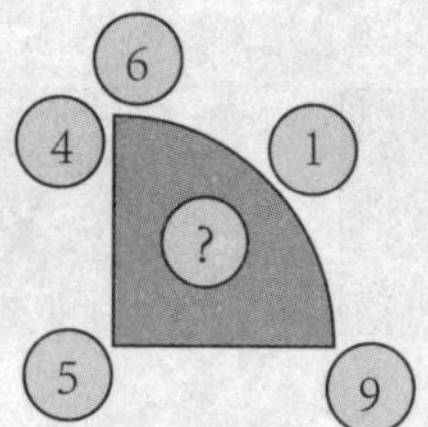

101 找规律填数字（5）

填什么数能完成谜题?

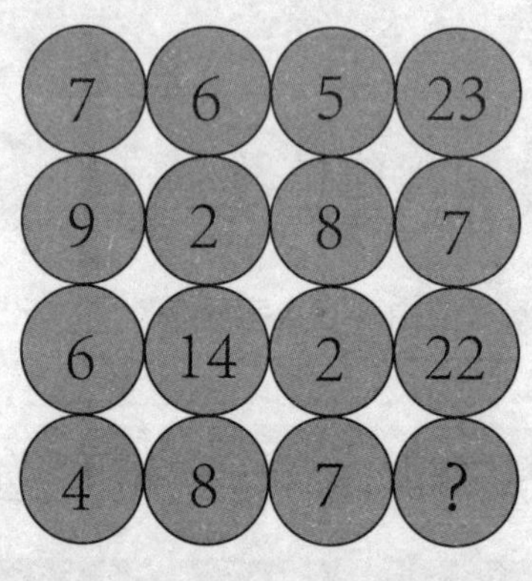

102 数字序列

填什么数能完成这个数字序列?

103 数码大厦一角

什么数字可以填在问号处?

7935	2765	1755
6188	5368	3604
9856	5488	?

104 数字屋顶

你能计算出第二座房子的房顶上缺少的数字是什么吗？窗子和门上的数字只能使用一次，并且数字的位置不能颠倒。

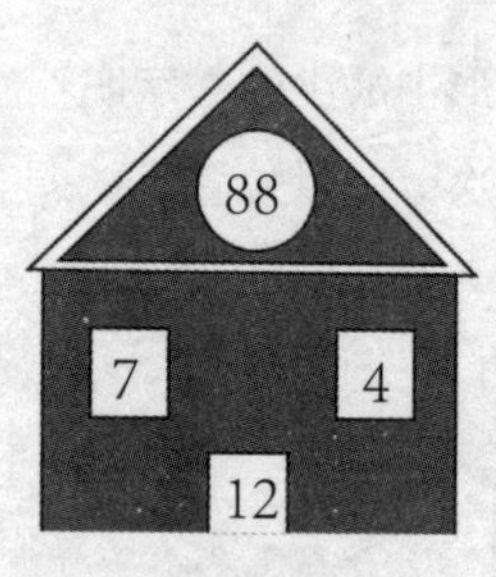

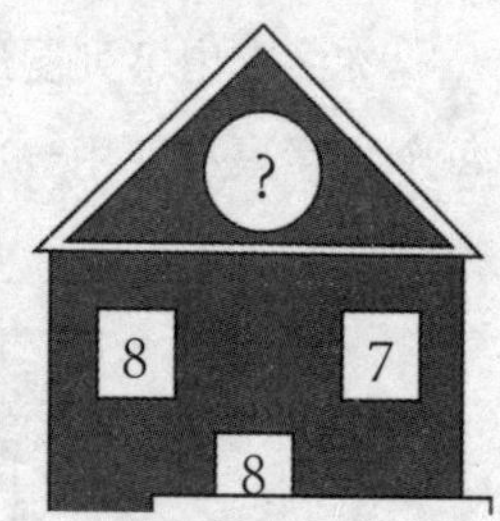

105 数字三角形

计算出第三个三角形中缺少的数字。

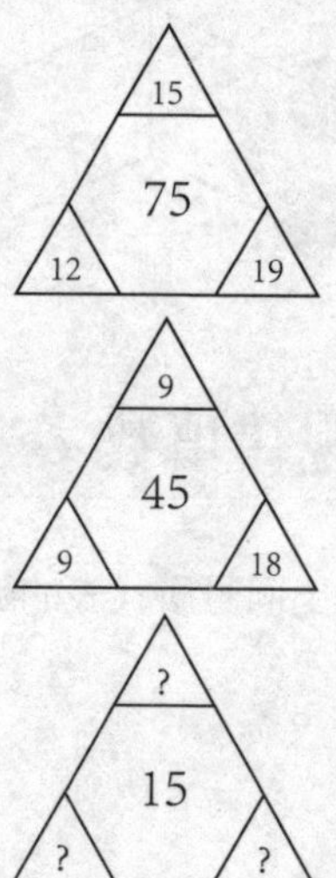

106 数字五边形

问号处应为什么数字?

107 数字圆盘

下图中缺少的数字是什么?

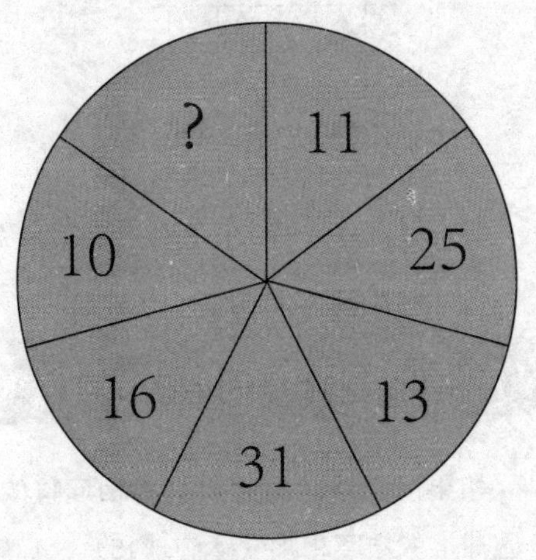

108 数字转盘

下图中缺少的数字是什么?

109 数字连环

从左上角的圆开始，按顺时针方向计算，求出下图中问号所代表的数字。

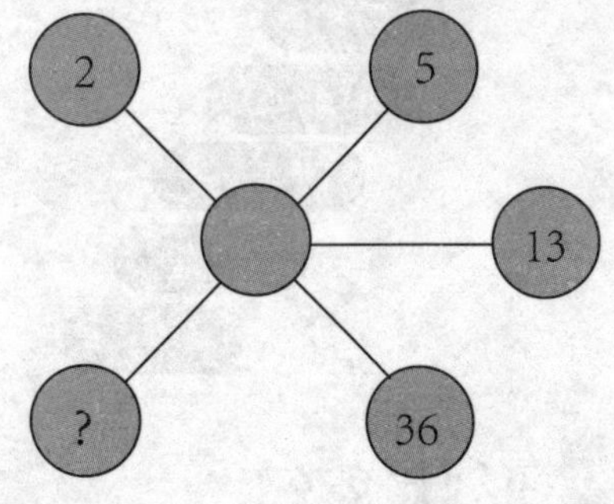

110 蝶形领结

下面的蝶形领结中，位于中间结上的数字是由外围的数字按照一定的算式计算得来的，每个数字只能使用一次，并且数字的顺序不能颠倒。问号应由什么数字代替?

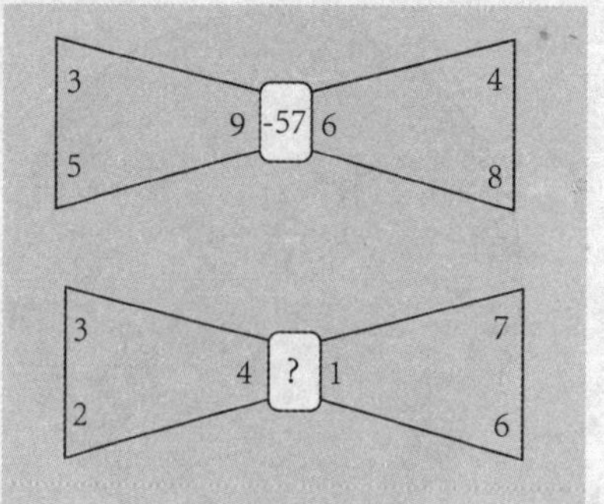

111 分数阶梯

填什么数能完成这个数字序列?

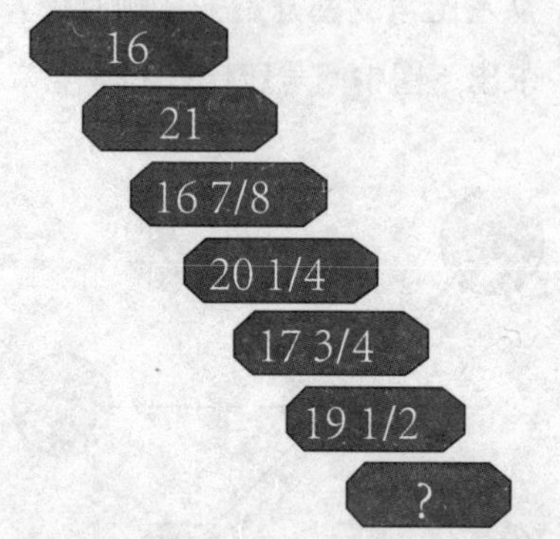

112 形状变幻

把下面的格子分成形状相同的四部分，每一部分所包含的数字总和必须是134。

5	7	8	15	4	7	5	6
11	6	9	8	16	12	10	10
7	12	10	12	3	11	6	8
6	7	2	5	7	7	15	10
12	15	10	8	5	12	8	7
6	7	11	13	9	6	9	6
9	8	10	6	8	8	1	2
3	6	4	10	10	10	15	15

113 找规律计算格子的值

三角形表示格子的值，圆形表示格子的值的两倍。格子A和格子B的值已经给出了，格子C的值是多少?

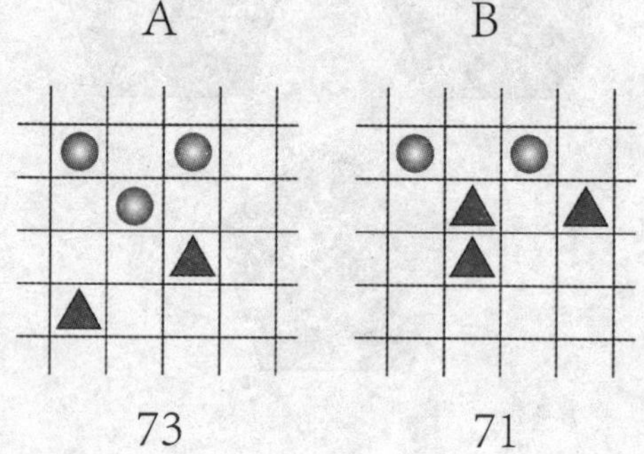

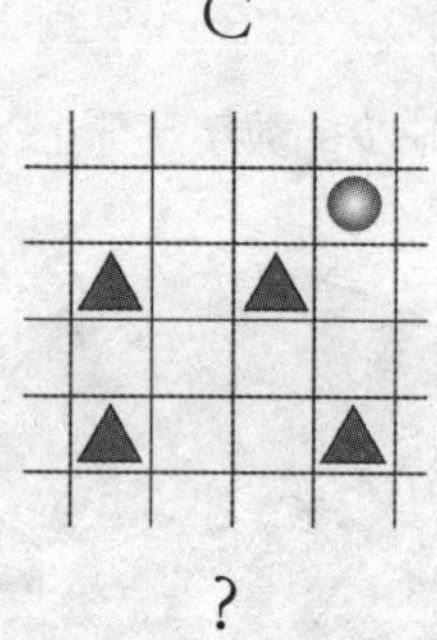

114 圆球的可能

如果以圆球15为起点，将相连接的4个圆球上的数字相加（含圆球15），你能得到50的可能性有多少种?

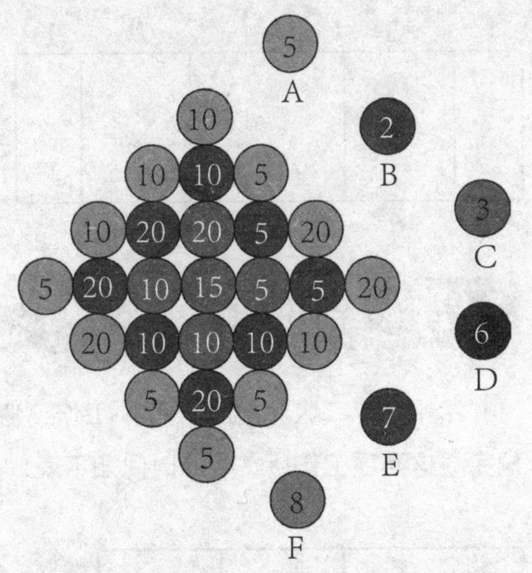

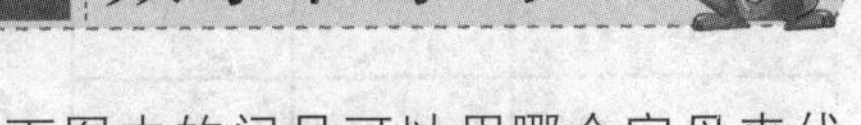

115 数字和字母

下图中的问号可以用哪个字母来代替?

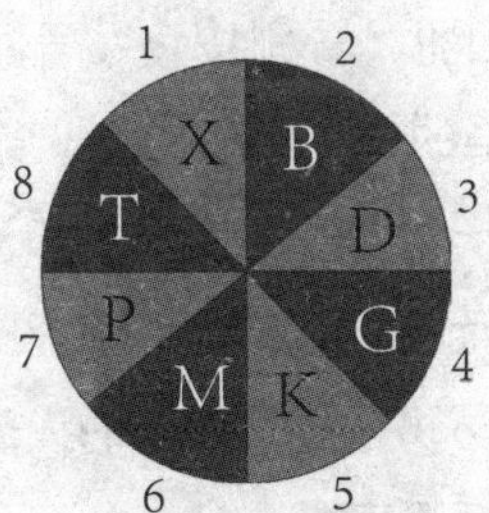

116 圆的推理

最后一组圆代表的数值是多少？黑色、白色和带阴影的圆各代表不同的数值。

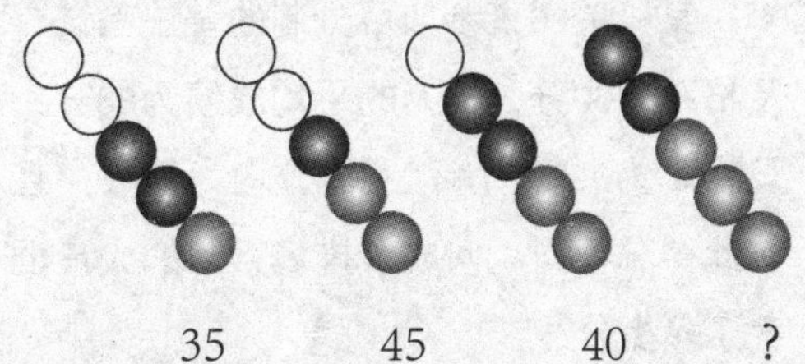

35　　45　　40　　?

117 哥哥现在多少岁

爸爸在过50岁生日时，弟弟说：“等我长到哥哥现在的年龄时，那时我和哥哥的年龄之和正好等于那时爸爸的年龄。”问：哥哥现在多少岁?

A 24。 B 25。 C 34。 D 36。

118 获胜的可能性

小明和小红玩掷骰子的游戏，共有两枚骰子，一起掷出。若两枚骰子的点数和为7，则小明胜；若点数和为8，则小红胜。试判断他们两人谁获胜的可能性大。

119 小球的颜色

流水线上给小木球涂色的次序是：先5个红，再4个黄，再3个绿，再2个黑，再

1个白，然后又依次是5红、4黄、3绿、2黑、1白……像这样继续下去，到第2003个小球该涂什么颜色?

120 普法考试

某机关20人参加百分制的普法考试，及格线为60分，20人的平均成绩为88分，及格率为95%。所有人得分均为整数，且彼此得分不同。问成绩排名第十的人最低考了多少分?

A 88。B 89。C 90。D 91。

121 体积最大的多面体

相同表面积的四面体，六面体，正十二面体以及正二十面体，其中体积最大的是：

A 四面体

B 六面体

C 正十二面体

D 正二十面体

122 邮递员的路线

一个邮递员投送信件的街道如图所示，图上数字表示各段街道的千米数。他从邮局出发，要走遍各街道，最后回到邮局。问：走什么样的路线最合理？全程要走多少千米?

1　2　4　2　1

3

123 最省时的方案

给甲、乙二人分配A、B两项工作，他们完成这两项工作所需要的时间如下表：

工作 / 所需时间/时 / 人员	A	B	
甲	7	8	第一行
乙	4	6	第二行
	第一列	第二列	

怎样分配工作才能使完成这两项工作所需的总时间最少?

124 抓火柴定生死

5个囚犯，分别按1～5号顺序在装有100根火柴的一个口袋内抓火柴，规定每人至少抓一根，而抓的最多和最少的人将被处死，而且，他们之间不能交流，但在抓的时候，可以摸出剩下的火柴数。他们中谁的存活概率最大?

125 谁是哥哥

有两位囚犯是兄弟，哥哥上午说实话，下午说谎话，而弟弟正好相反，上午

说谎话，一到下午就说实话。有一个警察问这兄弟二人：你们谁是哥哥?

较胖的说："我是哥哥。"

较瘦的也说："我是哥哥。"

那个人又问："现在几点了?"

较胖的说："快到中午了。"

较瘦的也说："已经过中午了。"

请问：现在是上午还是下午？谁是哥哥?

126 谁是罪犯

有一天，某城市的珠宝店被盗走了价值数万元的钻石。报案后，经过三个月的侦破，查明作案人肯定是甲、乙、丙、丁中的一人。经审讯，这四人的口供如下：

甲：钻石被盗的那天，我在别的城市，所以，我不是罪犯。

乙：丁是罪犯。

丙：乙是盗窃犯，三天前，我看见他在黑市上卖一块钻石。

丁：乙同我有仇，有意诬陷我。

因为口供不一致，无法判定谁是罪犯。

经过测谎试验知道，这四人中只有一人说的是真话。如果概括一下上述已知条件，你知道谁是罪犯吗?

127 古董碎了

甲、乙、丙、丁四个人中有一人打碎了一个价值连城的古董，古董主人把他们都送到了警察局。

乙说："是甲打碎的。"

甲说："是丙打碎的。"

丙说："不是我打碎的。"

丁说："甲说是我打碎的，他在说谎！"

他们四个人中，其实只有一人说了真话。请你判断一下，究竟是谁打碎了古董?

128 谁差钱

有个农夫，他的五个儿子都已成家立业。一个灾荒之年，农夫面临断顿，不得不求助于他的儿子们。他不知道哪个儿子有钱，但是他知道，兄弟之间彼此知道底细。且有钱的说的都是假话，没钱的才都说真话。

老大说："老三说过，我的四个兄弟中，恰有一个有钱。"

老二说："老五说过，我的四个兄弟中，恰有两个有钱。"

老三说："老四说过，我们兄弟五个都没钱。"

老四说："老大和老二都有钱。"

老五说："老三有钱，另外老大承认过他有钱。"

如果你是法官，你能否帮助农夫分析一下，他的儿子中哪个有钱?

129 超市失窃案

某超市失窃，大量的商品在夜间被罪犯用汽车运走。三个嫌疑犯被警察局传讯。警察局已经掌握了以下事实：

（1）罪犯不在A、B、C三人之外；

（2）C作案时总得有A作从犯；

（3）B不会开车。

概括一下上述线索，你认为A是否卷入了此案？

130 警务人员

警局里的警务人员，包括我在内，总共是16 名队长和警员。下面讲到的人员情况，无论是否把我计算在内，都不会有任何变化。在这些警务人员中：

（1）警员多于队长；

（2）男队长多于男警员；

（3）男警员多于女警员；

（4）至少有一位女队长。

这位说话的人是什么性别和职务？

131 无法离婚

一对夫妻由于在一些问题上观点总是对立，因此经常吵架，最终二人决定离婚，并且请了一位法官作离婚判决。

“法官先生，我们的观点从不一致，所以我们要离婚。”

夫妻二人均向法官表达了上述观点。法官听完之后说道：“非常遗憾，你们两位只能继续生活在一起。因为你们的意见并非总是不一致，所以无法分离。”

法官何出此言啊？

132 谁和谁结成了夫妻

有三个男警员A、B、C，即将与甲、乙、丙三位女警员结婚。有人想知道他们谁和谁是一对，于是前去打听。

他先问A，A说他要娶的是甲姑娘，他又去问甲，甲说她将嫁给C，再去问C，C说他要娶的是丙。这可把这个人弄晕了，原来三个人都没有说真话。你能推出谁和谁结成了夫妻吗？

133 阴晴不定的巡逻

一位巡警在某城市巡逻若干天，这期间的气候是：

（1）上午和下午共下了7次雨；

（2）如果下午下雨，整个上午全晴天；

（3）有5个下午晴天；

（4）有6个上午晴天。

概括分析一下，他一共巡逻几天？

134 判断国籍

A、B、C、D、E、F六个游客分别是中国、日本、美国、英国、法国、德国人。现在已知：

（1）A和中国人是医生；

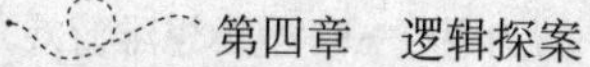

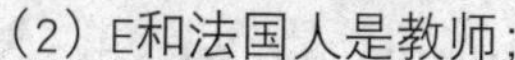

（2）E和法国人是教师；

（3）C和日本人是警察；

（4）B和F曾当过兵，日本人从未当过兵；

（5）英国人比A年龄大，德国人比C年龄大；

（6）B同中国人下周要到中国去旅行，而C同英国人下周要到瑞士去度假。

问：A、B、C、D、E、F各是哪一国人？

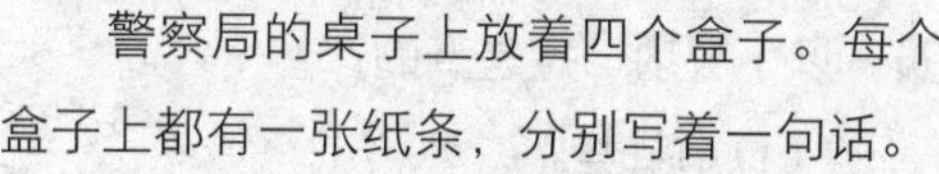

135 找出武器

警察局的桌子上放着四个盒子。每个盒子上都有一张纸条，分别写着一句话。

A盒子上写着：所有的盒子里都有武器；

B盒子上写着：本盒子里有手枪；

C盒子上写着：本盒子里没有匕首；

D盒子上写着：有些盒子里没有武器。

如果这里只有一句话是真的，你能断定从哪个盒子里能拿出武器来吗？

136 谁是头儿

警察在车厢里发现一伙人赌博，他们是张三、李四、王五、阿七。在审问他们谁是头儿时，他们的回答各不相同。

张三说：“头儿是王五。”

李四说：“我不是头儿。”

王五说：“李四是头儿。”

阿七说：“张三是头儿。”

经过了解，这一伙人中只有一个人说的是实话，其他三人说的都是假话。

警长问同来的警察：“知道谁是头儿吗？”

一个警察指着一个人说：“是他。”

你知道“他”是谁吗？

137 昨天手枪，今天步枪

甲、乙和丙三位警员去练习射击，他们每人练的不是手枪就是步枪。

（1）如果甲练的是手枪，那么乙练的就是步枪；

（2）甲或丙练的是手枪，但是不会两人都练手枪；

（3）乙和丙不会两人都练步枪。

谁昨天练的是手枪，今天练的是步枪？

138 猜名次

一次射击比赛，甲、乙、丙三位警员作出如下猜测：

甲：小李第一，小刘第三；

乙：小张第一，小陈第四；

丙：小陈第二，小李第三。

结果他们的猜测也都只对了一半。那么，正确的名次是什么？

139 名次该如何排列

某警局举行射击比赛，甲、乙、丙、丁、戊五位警员得了前五名，发奖前，警长让他们猜一猜各人的名次排列情况。

甲说：乙第三名，丙第五名；

乙说：戊第四名，丁第五名；

丙说：甲第一名，戊第四名；

丁说：丙第一名，乙第二名；

戊说：甲第三名，丁第四名；

警长说：每个名次都有人猜对。

那么名次该如何排列呢？

140 不可思议的赛跑

有甲、乙、丙、丁4位警员赛跑，他们共进行了4次比赛。结果是甲快乙3次，乙又快丙3次，丙又快丁3次。很多人会以为，丁跑得最慢，但事实上，丁却快甲3次，这看似矛盾的结果可能发生吗？

141 警察局里的拔河比赛

某警察局举行拔河比赛，所有警察分为甲、乙、丙、丁四个小组。当甲、乙两组为一方，丙、丁两组为另一方的时候，双方势均力敌，不相上下。但当甲组与丙组对调以后，甲、丁一方就轻而易举地战胜了丙、乙一方。然而，分组较量时，甲、丙两组均负于乙组。这四组中，谁的力气最大？

142 谁是最佳警员

A、B、C、D、E、F、G和H八位警员竞争最佳警员。由一个专家小组投票，票数最多的将获最佳警员。

如果A的票数多于B，并且C的票数多于D，那么E将获得最佳警员。

如果B的票数多于A，或者F的票数多于G，那么H将获得最佳警员。

如果D的票数多于C，那么F将获得最佳警员。

如果上述断定都是真的，并且事实上C的票数多于D，并且E并没有获得最佳警员，以下哪项一定是真的？

（1）H获奖。

（2）F的票数多于G 。

（3）A的票数不比B多 。

（4）B的票数不比F多。

143 飞车贼

车子一到戈壁，两边一望无际，令人心旷神怡。这时，车长走过来提醒大家，这一带有飞车贼活动，因警力有限，注意别开窗。列车将加速行驶。商贾何先生根本不相信，依然开着窗，欣赏窗外醉人的景色。夜色渐深。何先生忽然感到，也仿佛看到窗外有人在活动，从车厢上跳出跳进的，如履平地。突然，一条铁钩伸进窗内，钩走了他的提包。转眼工夫，此人又提着提包飞出去了。张先生一惊，赶紧关上窗口，自我庆幸那提包无贵重物品。他

显出一副惊奇、不可思议的样子：“列车跑得这么快，贼有飞毛腿？”请问，你能解释其中的奥妙吗？

144 珠宝商店失窃案

某珠宝商店失窃，甲、乙、丙、丁四人涉嫌被拘审。四人的口供如下：

甲：案犯是丙。

乙：丁是案犯。

丙：如果我作案，那么丁是主犯。

丁：作案的不是我。

四个口供中只有一个是假的。

如果以上断定为真，则以下哪项是真的？

A 说假话的是甲，作案的是乙

B 说假话的是丁，作案的是丙和丁

C 说假话的是乙，作案的是丙

D 说假话的是丙，作案的是丙

145 是否参与作案

某仓库被盗，大批商品在夜间被罪犯用汽车偷运。三个嫌疑犯甲、乙、丙被警方传讯。警方已经掌握了以下事实：

（1）罪犯不在甲、乙、丙三人之外；

（2）丙作案时总得有甲做从犯；

（3）乙不会开车。

甲是否参与作案？

146 星期几干的

一个犯罪团伙刚作完一起案件，但他们忘记是星期几干的了，于是聚在一起讨论。

张三：后天星期三。

李四：不对，今天是星期三。

王五：你们都错了，明天是星期三。

赵六：今天既不是星期一也不是星期二，更不是星期三。

刘七：我确信昨天是星期四。

孙八：不对，明天是星期四。

周九：不管怎样，昨天不是星期六。

他们之中只有一个人讲对了，是哪一个呢？今天到底是星期几？

147 谁在说谎

有一个“说谎国”和一个“老实国”。有一天，两个说谎国的人混在老实国人中间，想偷偷进入老实国。他们俩和一个老实国的人进城的时候，侦探问他们三人：“你们是哪个国家的人？”

甲回答说：“我是老实国人。”

乙的声音很轻，侦探没有听清楚，于是指着乙问丙：“他是哪一国人，你又是哪一国人？”

丙回答道：“他说他是老实国人，我也是老实国人。”

侦探只知道三个人中间只有一个是老实国的人，可不知道是谁。他面对这样的回答，应该做如何分析？

148 不入歧途

某地有一座风光优美的山丘，山脚下有一个三岔路口，其中有一条路是旅游者的来路，它是从公路上延伸过来的，而另外两条路则沿着山脚朝相反方向延伸。这两条路中，有一条会指引你登上风光无限的山顶；而另一条路则前途叵测，因为它通向毒蛇出没的山谷，而且路上险象环生，误入歧途者九死一生。在三岔路口处没有插立任何路标，却站着一对长得一模一样的双胞胎兄弟。他们两人中，一个始终讲真话，一个永远讲假话。不过，旅行者无法分辨谁真谁假。

现在，如果你是一位侦探，希望不走错路，能够登上山顶去，那么，你如何只向双胞胎问一句话，就能判断正确的上山之路？

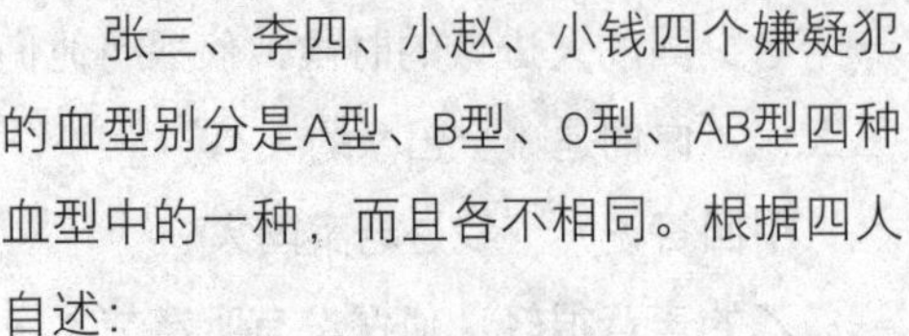

149 嫌疑犯的血型

张三、李四、小赵、小钱四个嫌疑犯的血型别分是A型、B型、O型、AB型四种血型中的一种，而且各不相同。根据四人自述：

张三说：“我是A型。”

李四说：“我是O型。”

小赵说：“我是AB型。”

小钱说：“我不是AB型。”

其中有三人讲的是对的，只有一人把自己的血型记错了。你能推理出究竟是谁记错了吗？

150 死亡原因

达纳溺水死亡，为此，阿洛、比尔和卡尔被一位警探讯问。

（1）阿洛说：“如果这是谋杀，那肯定是比尔干的。”

（2）比尔说：“如果这是谋杀，那可不是我干的。”

（3）卡尔说：“如果这不是谋杀，那就是自杀。”

（4）警探如实地说：“如果这些人中只有一个人说谎，那么达纳是自杀。”

达纳是死于意外事故，还是自杀，甚至是谋杀？

提示：在分别假定陈述（1）、陈述（2）和陈述（3）为谎言的情况下，推断达纳的死亡原因；然后判定这些陈述中有几条能同时为谎言。

151 B城人的头发

一个侦探根据自己的调查得出这样一个结论：有的中小城市的居民的数量，还不及一个居民头上头发的数量多！他的结论可信吗？假设B城人的数量比任何一个B城人的头发的数量要多，并假设B城人中无秃子。现在要考考你的推理能力，从上述假设中，能否必然推出结论：至少有两个B城人，他们的头发正好一样多？

152 囚犯和头发的数量

在A监狱，假设以下关于该监狱囚犯的断定都是事实：

（1）没有两个囚犯的头发的数量正好一样多；

（2）没有一个囚犯的头发正好是518根；

（3）囚犯的总数比任何一个囚犯头上的头发的总数要多。

那么，A监狱囚犯的总数最多不可能超过多少人？

153 聪明的柯尔

柯尔跟父亲外出旅行，这天晚上住进了一个客店。第二天早晨，他们吃过早餐回到房间，父亲发现枕头下的手表不见了。他们急忙报告老板。老板查出，这段期间有四个侍者先后进过房间。这四个侍者都是新雇来的。老板查问时，他们都不承认拿了手表。

柯尔对他们说："我知道是谁拿了手表，主动承认吧，我会原谅他的！"这四个人都不作声。柯尔叫他们背过去，给他们一人一根草棒。柯尔说："四根草棒只有一根是长的，我给了拿手表的人。请你们举起草棒。"四个人慢慢举起草棒。柯尔走到一位侍者身后说："是你拿了手表！"

这个侍者只得承认了。柯尔是凭什么判断的？

154 狱卒看守囚犯

一个狱卒负责看守人数众多的囚犯。吃饭时，他得安排他们分别坐在一些桌子旁边。入座的规则如下：

（1）每张桌子坐着的囚犯人数均相同；

（2）每张桌子所坐的人数都是奇数。

在囚犯入座后，狱卒发现：

每张桌子坐3个人，就会多出2个人；

每张桌子坐5个人，就会多出4个人；

每张桌子坐7个人，就会多出6个人；

每张桌子坐9个人，就会多出8个人；

但当每张桌子坐11个人时，就没有人多出来。

那么，实际上一共有多少个囚犯？

155 男嫌犯的家庭情况

某警局的卷宗上记录，每100个男嫌犯中有85人已婚，70人有电话，75人有汽车，80人有自己的房子。我们以100个男嫌犯为基数，试问：每100个男嫌犯中拥有电话、汽车与住房的已婚男嫌犯至少有多少人？

156 警长家孩子的生日宴会

今天是警长的孩子小明13岁的生日。在小明的生日宴会上，包括小明共有12个小孩相聚在一起。每四个小孩同属一个家庭，共来自A、B和C这三个不同的家庭，当然也包括小明所在的家庭。有意思的是，这12个小孩的年龄都不相同，但都不到13岁，换句话说，在1～13这13个数字中，除了某个数字外，其余的数字都表示某个孩子的年龄。小明把每个家庭的孩子的年龄加起来，得到以下的结果：

家庭A：年龄总数41，包括一个12岁；

家庭B：年龄总数m，包括一个5岁；

家庭C：年龄总数21，包括一个4岁。

只有家庭A中有两个孩子只相差1岁。

请回答下面两个问题：小明属于哪个家庭——A、B、还是C？每个家庭中的孩子各是多大？

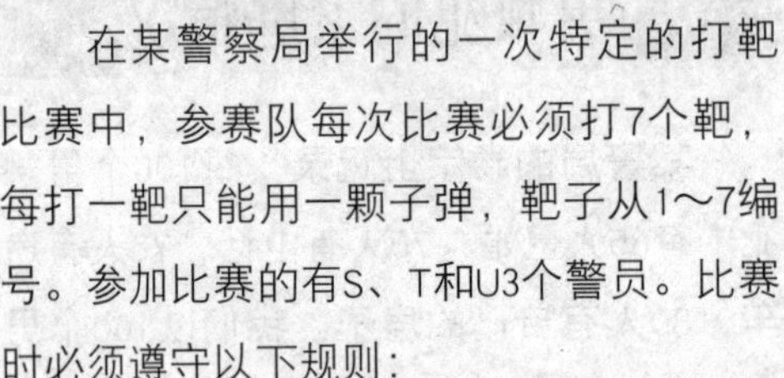

157 打靶比赛

在某警察局举行的一次特定的打靶比赛中，参赛队每次比赛必须打7个靶，每打一靶只能用一颗子弹，靶子从1～7编号。参加比赛的有S、T和U3个警员。比赛时必须遵守以下规则：

1.必须按顺序打靶，从1号靶开始打起；

2.S和U既可以打奇数靶，也可以打偶数靶；

3.T不能打偶数靶；

4.S和T每次比赛所打的靶数不能少于2靶；

5.U只能打1靶；

6.S不能连打3靶。

[问题]

（1）每个警员打完自己的最少靶数之后，接下去应该打几号靶？

A 3号靶。B 4号靶。C 5号靶。D 6号靶。E 7号靶。

（2）如果T打的靶数跟其他一个警员打的靶数一样多，那么下面哪一条一定是对的？

A S只能打偶数靶。B T必定打光所有的奇数靶。C U必定打一个奇数靶。D S和U每人必定各打一个奇数靶。E 或者S，或者U，必定有一人打一个奇数靶。

（3）如果在一次比赛中，所有的奇数靶都被打中，而所有的偶数靶都没有被打中，那么比赛结果各警员的命中率可能是以下所给数字，除了：

A S=2；T=1；U=l=1。B S=1；T=2；U=1。C S=0；T=3；U=1。D S=2；T=2；U=0。E S=1；T=3；U=0。

（4）在一次比赛中，如果S和T的命中率各为50%，那么这次比赛中总的命中率最低应为几靶？

A 1。B 2。C 3。D 4。E 5。

（5）如果比赛前商定好除了已知条件外再加上下列某一条件，使打靶只有一种可能，这一条件是：

A S将打4个靶子。B S只能打2号、4号和6号靶。C T将打3个靶子。D T只能打1号和7号靶。E T只能打3号和5号靶。

158 主犯是谁

在一所公寓里有一人被杀害了，在现场约有三个人：A、B和C，已知这三人之中有一人是主犯，一人是从犯，另一人与案件无关。警察从在现场的人的口中得到了如下的证词：

（1）A不是主犯；

（2）B不是从犯；

（3）C不是与案件无关的人。

关于这三条证词，只知道：第一，证词中提到的名字都非说话者本人。第二，其中至少有一名是与案件无关的人讲的。第三，只有与案件无关的说了实话。但不知各证词分别出自何人之口。试问主犯究竟是谁？

159 犯人的高矮胖瘦

监狱里新来了8个犯人，分别是巴里、卡尔文、约翰、玛丽、保罗、山姆、伊恩、阿里。

已知：

1.巴里比卡尔文矮；

2.约翰比玛丽重；

3.保罗比山姆轻；

4.山姆比伊恩高；

5.阿里比玛丽高。

[问题]

（1）如果伊恩比阿里高，那么：

A 山姆比玛丽矮。B 山姆比玛丽高。C 山姆比保罗矮。D 山姆比保罗高。E 约翰比山姆高。

（2）如果玛丽和山姆一样重，那么下列哪一组判断是错误的？

A 约翰65千克，玛丽62.5千克。B 山姆65千克，阿里60千克。C 保罗65千克，约翰125磅。D 卡尔文65千克，巴里65千克。E 伊恩65千克，巴里65千克。

（3）下列哪一种条件可以保证巴里与山姆同样高？

A 玛丽和卡尔文一样高。B 伊恩和阿里一样高，玛丽和卡尔文一样高。C 伊恩、阿里、卡尔文和玛丽几乎一样高。D 玛丽身高1.7米，卡尔文身高1.7米，伊恩身高也是1.7米。E 以上没有一条是对的。

（4）下列哪一条推论是对的？

A 玛丽至少不比其中三人矮或轻。B 山姆至少比其中一人高和重。C 如果再加入一个人——哈里，他比阿里高，比巴里矮，那么卡尔文比玛丽高。D 如果附加人员佐伊比伊恩高，那么她也比山姆高。E 以上均为错。

160 中奖的赌徒

在王、刘、邓三位赌徒都购买了彩票，三人对自己作了如下的估计：

王：“我肯定得大奖。”

刘：“我不可能得大奖。”

邓：“我至少会得一般奖。”结果三个人中，恰有一人得大奖，一人得一般奖，一人未得任何奖。而且三个人的预言只有一人是对的。问三人中谁得大奖，谁得一般奖？

161 律师们的供词

艾伯特、巴尼和柯蒂斯三人，由于德怀特被谋杀而受到传讯。犯罪现场的证据表明，可能有一名律师参与了对德怀特的谋杀。这三人中肯定有一人是谋杀者，每一名可疑对象所作的两条供词是：

艾伯特：

（1）我不是律师；

（2）我没有谋杀德怀特。

巴尼：

（3）我是个律师；

（4）但是我没有杀害德怀特。

柯蒂斯：

（5）我不是律师；

（6）有一个律师杀了德怀特。

警察最后发现：

① 上述6条供词中只有2条是实话。

② 这三个可疑对象中只有1个不是律师。

是谁杀害了德怀特？

提示：判定（2）和（4）这两条供词都是实话，还是其中只有1条是实话。

162 最佳警员

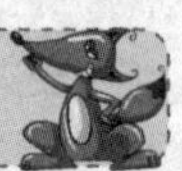

王先生、他的妹妹、他的儿子，还有他的女儿，都是警员。关于这四人，有以下的情况：

（1）最佳警员的孪生同胞与最差警员性别不同；

（2）最佳警员与最差警员年龄相同。

请你概括分析一下，这四人中谁是最佳警员？

163 琼斯警长的奖章

琼斯警长在警官学院开设培训课程，在每次课程结束时，他总要把一枚奖章奖给最优秀的警员。然而，有一年，珍妮、凯瑟琳、汤姆三个警员并列地成为最优秀的警员。琼斯警长打算用一次测验打破这个局势。

有一天，琼斯警长请这三个警员到自己的家里，对他们说：“我准备在你们每个人头上戴一顶红帽子或蓝帽子。在我叫你们把眼睛睁开以前，都不许把眼睛睁开来。”琼斯警长在他们的头上各戴了一顶红帽子。琼斯说：“现在请你们把眼睛都睁开来，假如看到有人戴的是红帽子就举手，谁第一个推断出自己所戴帽子的颜色，就给谁奖章。”三个人睁开眼睛后都举了手。一分钟后，珍妮喊道：“琼斯警长，我知道我戴的帽子是红色的。”

珍妮是怎样推论的？

164 侦探的问话

一个侦探在敌国被判处死刑，执政官要看看这个侦探是否真的富有智慧，便

给他出了一道题：在他面前站着两个卫兵，每人手里捧一杯酒，一杯是美酒，一杯是毒酒，条件是他们一个说真话，一个说假话，有问必答，并且相互知道内情。侦探只能向卫兵问一句话，然后根据卫兵的回答来判定他们谁拿的是美酒，谁拿的是毒酒。如果判断错了，侦探只得饮毒酒而亡，如果判断正确，他就可以喝美酒活命。但侦探设计了一句十分巧妙的问话，终于解决了难题，挽救了自己的生命。你能猜出其中奥妙吗？

165 谁是受害者

有一女子在河边洗澡，当她洗完后发现放在岸边的衣服被人偷了。关于这件事，受害者、旁观者、目击者和救助者各有说法。她们的说法如果是关于被害者的就是假的，如果是关于其他人的就是真的。请你概括一下她们的说法，判定谁是受害者。

甲说："乙不是旁观者。"

乙说："丁不是目击者。"

丙说："甲不是救助者。"

丁说："乙不是目击者。"

166 谁是无辜者

甲、乙、丙三人涉嫌一件谋杀案被传讯。这三个人中，一人是凶手，一人是帮凶，另一人是无辜者。下面三句话摘自他们的口供记录，其中每句话都是三个人中的某个人所说：

（1）甲不是帮凶；

（2）乙不是凶手；

（3）丙不是无辜者。

上面每句话的所指都不是说话者自身，而是指另外两个人中的某一个。上面三句话中至少有一句话是无辜者说的，而且只有无辜者才说真话。那么，谁是无辜者呢？

实际上，从他们的话语中，就可以概括、判定凶手，为什么？

167 监禁一半

有一天，国王心血来潮，决定视察监狱。

他问一名犯人被判处多长的刑期。

"终身监禁，陛下！"犯人说道。

"监狱长！传我的命令，判处他一半终身监禁。"

这个命令如何执行，监狱长被急得团团转。一个狱吏想出办法，解决了这个难题。您知道这个办法是什么吗？

168 真真假假

A、B、C三位囚犯的名字分别叫真真、假假、真假（不对应），真真只说真话，假假只说假话，而真假有时说真话有时说假话。有一天一个警察遇到了他们，于是问A："请问，B叫什么名字？"A回答说："他叫真真。"

这个人又问B：“你叫真真吗？B回答说：不，我叫假假。”

这个人又问C：“B到底叫什么？C回答说：他叫假假。”

你知道A、B、C中谁是真真，谁是假假，谁是真假吗？

169 谁击毙了逃犯

警长命令姓赵、钱、孙、李、周、吴、郑、王的8位警员同他一起追捕逃犯。逃犯拒捕，经过一番枪战，有一警员的1颗子弹射中了逃犯并成功抓住了他。然而是哪一警员射中的，开始谁也不清楚。好在每个人的子弹都是特制的，上面刻有警员的名字。事后，警长叫大家先不要去看子弹上刻写的姓氏，而要大家先猜猜究竟是谁射中的。8位警员众说纷纭。

赵：“或者是王警员射中的，或者是吴警员射中的。”

钱：“如果这颗子弹正好射中逃犯的头上，那么逃犯是我射中的。”

孙：“我可以断定是郑警员射中的。”

李：“即使这颗子弹正好射中逃犯的头上，也不可能是钱警员射中的。”

周：“赵警员猜错了。”

吴：“不会是我射中的，也不是王警员射中的。”

郑：“不是孙警员射中的。”

王：“赵警员没有猜错。”

猜完之后，警长命令赵警员把逃犯身上的子弹拿过来验看，证实8位警员中有3个人猜对了。逃犯是谁射中的？

又问：假如有5个人猜对，那么逃犯又是谁射中的？

170 谁是凶手

黑社会老大葛辟莫名其妙地死了，警方请来他帮派里两位二哥级人物江狮和何虎前来协助了解死因。

两人在警局里分别提出如下的说辞：

江狮：“如果葛辟被谋杀，那肯定是何虎干的。”

何虎：“如果葛辟不是自杀，那就是被谋杀。”

警方并不清楚江狮和何虎两人所说的话是真是假，但可以确定的是：

（1）葛辟可能死于意外、自杀或谋杀；

（2）如果江狮和何虎都没有说谎，那么这件事就是一次意外；

（3）如果江狮和何虎两人中有一人说谎，那么这件事就不是一次意外。

请问，葛辟的死因是什么？

171 专案小组

从赵、张、孙、李、周、吴六位警员中选出3位组成一个专案小组，集中力量侦破一个大案。为了使工作更有成效，我们了解到以下情况：

（1）赵、孙两个人中至少要选上1位；

（2）张、周两个人中至少选上1位；

（3）孙、周两个人中的每一个都绝对不要与钱共同入选。

根据以上条件，若周未被选上，则以下哪两位必同时入选？

A 赵、吴。B 张，李。C 张、吴。D 赵、李。E 赵、张。

172 谁是最佳专案小组

对于谁是最佳专案小组，甲、乙、丙、丁四位警员争论不休。

甲说：“得金牌的不是一组就是二组。”

丙说：“得金牌的绝不是三组。”

乙说：“四、五、六组都不可能是最佳专案小组。”

丁说：“得金牌的可能是四、五、六组中一个。”

比赛后发现这四个人中只有一个人猜对了，你能判断出谁是最佳专案小组吗？

173 三人专案小组

三个女警员海伦、珍妮和苏，四个男警员艾咯特、乔治、伦纳德和罗伯特有资格被选入三人专案小组，除了他们之外，没有合格人选。

1.这些人中只有珍妮与乔治有亲戚关系；

2.有亲戚关系的人不能同时选入专案小组；

3.罗伯特不能与任何妇女共事。

[问题]

（1）如果珍妮被选入专案小组，那么其余两人应从几人中挑选？

A 2。B 3。C 4。D 5。E 6。

（2）如果海伦和苏被选入专案小组，那么下列哪一组名单是有资格当选专案小组另一个成员的完整的准确的名单？

A 珍妮。B 珍妮，艾咯特，伦纳德。C 艾咯特，乔治，伦纳德。D 珍妮，乔治，艾咯特，伦纳德。E 珍妮，乔治，艾咯特，伦纳德，罗伯特。

（3）如果艾咯特和伦纳德拒绝参加专案小组的工作，那么专案小组的组合有几种可能？

A 1。B 2。C 3。D 4。E 5。

（4）如果再附另一个条件：专案小组成员不能全部由同性人员组成；如果乔治被选入专案小组，那么有可能当选另两位成员的候选人的总人数是多少？

A 1。B 2。C 3。D 4。E 5。

（5）如果再附加一个条件：专案小组成员不能全部由同性人员组成，那专案小组的组合有几种可能？

A 6。B 2。C 3。D 12。E 14。

174 哪一天相遇

据嫌疑犯张三和李四交代，他们是在一家赌场首次相遇并相互认识的。

（1a）张三是在一月份的第一个星期一那天开始去赌场的；

（1b）此后，张三每隔四天（即第五天）去一次；

（2a）李四是在一月份的第一个星期二那天开始去赌场的；

（2b）此后，李四每隔三天（即第四天）去一次；

（3）在一月份的31天中，只有一天张三和李四都去了赌场，正是那一天他们首次相遇。

张三和李四是在一月份的哪一天相遇的？（提示：判定李四是在张三之前还是之后开始去赌场的；然后判定张三和李四是从哪一天开始去赌场的。）

175 家庭谋杀案

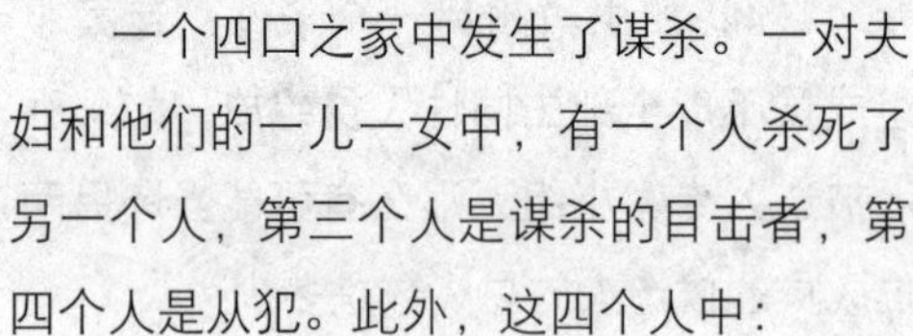

一个四口之家中发生了谋杀。一对夫妇和他们的一儿一女中，有一个人杀死了另一个人，第三个人是谋杀的目击者，第四个人是从犯。此外，这四个人中：

（1）从犯和目击者是异性；

（2）年龄最大者和目击者是异性；

（3）年龄最小者和死者是异性；

（4）从犯比死者年龄大；

（5）父亲年龄最大；

（6）凶手不是年龄最小者。

这家的四口人中，谁是凶手？

176 姻亲关系

在一起集体犯罪案件中，警长得知A、B、C、D、E五个嫌疑犯为亲戚关系，其中四个人每人讲了一个真实的情况：

（1）B是我父亲的兄弟；

（2）E是我的岳母；

（3）C是我女婿的兄弟；

（4）A是我兄弟的妻子。

上面提到的每个人都是这五个人中的一个（例如：当有人说“B是我父亲的兄弟”，你可以认为“我父亲”以及“我父亲的兄弟”都是A、B、C、D、E五人中的一个）。

上述四种情况各出自哪一人之口，这五个人的关系如何？

177 三个珠宝箱

甲中毒死亡，三个嫌疑人乙、丙、丁被警方讯问。

乙说：“如果这是谋杀，那么一定就是丙干的。”

丙说：“如果这是谋杀，凶手绝对不是我。”

丁说：“如果甲不是死于谋杀，那肯定就是自杀。”

通过调查，警方了解到：如果这些人中只有一个人说谎，那么甲就是自杀的。

那么甲究竟是怎么死的？是自杀？是被谋杀？还是因意外事故而死？

178 黑老大的行踪

胡梭、巴道两人是黑老大梅友赤的保镖。为了确实保障主人的安全，他们决定

要把梅友赤每天的行踪弄得神秘兮兮。于是做出如下的约定：

（1）每逢星期一、星期二、星期三，胡梭说谎；

（2）每逢星期四、星期五、星期六，巴道说谎；

（3）两人在其他的时间里都说真话。

某天，砂仁泛有急事找梅友赤，他知道只有胡梭、巴道两人知道梅友赤的行踪，也知道他们俩说谎话的时段，但却不知道哪一个人是胡梭，哪一个人是巴道。因此就想，要找到梅友赤一定要问他们，而要问出对的答案就必须先知道那天是星期几？如果是星期一、星期二、星期三，就不能问胡梭，如果是星期四、星期五、星期六，就不能问巴道。而如果是星期天则问谁都可以。于是砂仁泛便问他们俩：昨天是谁说谎的日子？结果两人都回答说：昨天是我说谎的日子。

请问，砂仁泛要找梅友赤的那天是星期几？

179 是谋杀吗

甲中毒死亡，三个嫌疑人乙、丙、丁被警方讯问。

乙说：“如果这是谋杀，那么一定就是丙干的。”

丙说：“如果这是谋杀，凶手绝对不是我。”

丁说：“如果甲不是死于谋杀，那肯定就是自杀。”

通过调查，警方了解到：如果这些人中只有一个人说谎，那么甲就是自杀的。

那么甲究竟是怎么死的？是自杀？是被谋杀？还是因意外事故而死？

180 箱子里的东西

警察局的桌子上有四个箱子，每个箱子上写着一句话。第一个箱子上写着“所有的箱子中都有凶器”；第二个箱子上写着“本箱子中有卷宗”；第三个箱子上写着“本箱中没有遗物”；第四个箱子上写着“有些箱子中没有凶器”。

如果其中只有一句真话，那么：

A 所有的箱子中都有凶器。

B 所有的箱子中都没有凶器。

C 有些箱子中没有凶器。

D 第三个箱子中有遗物。

E 第二个箱子中有卷宗。

181 叽里咕噜

有个法院开庭审理一起盗窃案件，某地的A、B、C三人被押上法庭。负责审理这个案件的法官是这样想的：肯提供真实情况的不可能是盗窃犯；与此相反，真正的盗窃犯为了掩盖罪行，是一定会编造口供的。因此，他得出了这样的结论：说真话的肯定不是盗窃犯，说假话的肯定就是盗窃犯。审判的结果也证明了法官的这个想法是正确的。

审问开始了。法官先问A：“你是怎样进行盗窃的？从实招来！”A回答了法官的问题：“叽里咕噜，叽里咕噜……”A讲的是某地的方言，法官根本听不懂他讲的是什么意思。法官又问B和C：“刚才A是怎样回答我的提问的？叽里咕噜，叽里咕噜，是什么意思？”B说：“禀告法官，A的意思是说，他不是盗窃犯。”C说：“禀告法官，A刚才已经招供了，他承认自己就是盗窃犯。”B和C说的话法官是能听懂的。听了B和C的话之后，这位法官马上断定：B无罪，C是盗窃犯。

请问：这位聪明的法官为什么能根据B和C的回答，概括作出这样的判断？A是不是盗窃犯？

182 并非办案干练

甲、乙和丙是三位杰出的女警员，她们各有一些令人注目的特点。

（1）有两位非常聪明，有两位十分漂亮，有两位多才多艺，有两位办案干练。

（2）每位女警员至多只有三个令人注目的特点。

（3）对于甲来说，下面的说法是正确的：

如果她非常聪明，那么她也办案干练。

（4）对于乙和丙来说，下面的说法是正确的：

如果她十分漂亮，那么她也多才多艺。

（5）对于甲和丙来说，下面的说法是正确的：

如果她办案干练，那么她也多才多艺。

哪一位女警员并非办案干练？

提示：判定哪几位女警员多才多艺。

183 凶手

由于张三被谋杀，李四、王五和赵六这三个怀疑对象在不同的时间里分别受到传讯。他们每人各做了一条供词，一共三条：

（1）李四是无辜的；

（2）王五说的是真话；

（3）赵六在撒谎。

供词（1）是最先讲的；供词（2）和（3），不一定是按讲话的时间先后排序的，但它们都是针对在其前面所作的供词的；每人作的一条供词，都是针对另一个怀疑对象；凶手是这三人中的一个，他做的是伪供。

这三人中谁是凶手？

第五章

答案

Answer

第一章

1

甲是老实人，乙是骗子。

如果甲是骗子，他说的话就是谎话，“至少有一人是骗子”是谎话，那么甲、乙应该都是老实人，与开始假设甲是骗子矛盾。

现在已能断定甲是老实人，“至少有一人是骗子”是真话，只能乙是骗子。

2

（1）若是小红做的，则三人说话中有二真一假，不合题意。

（2）若是小芳做的，则三人说话中还是二真一假，不合题意。

（3）若是小惠做的，则三人说话二假一真，则符合题意。

所以得到结论是小惠做的。

3

张斌是记者。

假设李志明是记者。那么李志明、张斌两人都说了真话。而三人中只有一个人说了真话，此假设不成立。若李志明不是记者（李志明说了假话）。也就是说，王大为说了真话。另一位说假话的是张斌。从而推知，张斌是一位记者。

4

是甲打扫的。

乙与丁两人说的话是对立的。其中必有一真一假。

如果乙是真话，甲说的也是真话，就有两人说真说，与题目条件不符合。

由此推出，丁说真话。甲说假话，说明是他帮助老师打扫办公室。

这里“只有一个人说真话”是上面推理的主要依据。

5

小象A想：假如我背上放的是白色的布，小象B就会立即回答自己背上是黑色布（因为白色只有一块），但它没有表示，所以我背上不是白色的，是黑色的。

6

A中放着糖。

袋子B和C上写的内容恰好是相反的，其中必定有一个是正确的。如果B是正确的，而其他两个口袋上写的都是错的，A中装的应是糖。这样就有B和A都装着糖，与条件“一个袋子装着糖”不符合。

因此，B是错的（C是对的），B中装着石子。C是对的，A必定是错的，A中装着糖。

7

小刘23岁，小陈25岁，小李是22岁。

如果小刘说的“我22岁”是确实的话，小李说：“小刘是23岁”就不确实了。小李另外二句应该是真话，“小陈比小刘大3岁”就推出小陈是25岁。这样一来，小陈说的三句话中“小李和我差三岁”和“小李25岁”都是假话。与每人只说错一句不符合。

因此，小刘不是22岁，他说的另外两句，“比小陈小2岁”与“比小李大1岁”是真话。

8

A没有评上三好学生。

由C说可推出D必被评上，否则如果D没评上，则C也没评上，与“只有一人没有评上”矛盾。再由A、B所说可知：假设A被评上，则B被评上，由B被评上，则C被评上。这样四人全被评上，矛盾。因此A没有评上三好学生。

9

我们可以这样想：如果甲得优秀，那么乙、丙、丁都得优秀，这与实际不符；如果乙得优秀，则丙、丁也得优秀，也与实际不符。因此，只能丙、丁得优秀，才符合实际情况。判断结果是：丙、丁得优秀。

10

C是冠军。

假定甲猜的正确，则乙、丙猜的也正确，不符合题意（只有一人猜测是正确的）。因此甲猜的不正确。假定乙猜的正确，则甲、丁猜的也正确，不符合题意，因此乙猜的不正确，冠军应该是C，这样只有丙猜的正确，甲、乙、丁猜的都不正确，符合题意。

11

如果B和C的帽子都是黑色，则A立即能猜出自己的帽子是白色，而A不能确定自己帽子的颜色，这就告诉B和C，他们两人的帽子或是一黑一白，或两顶都是白色。如果C的帽子是黑色，B立即能确定自己的帽子是白色，而B不能确定自己帽子的颜色，这就告诉C，他头上的帽子不是黑色，因而是白色。

12

C。（1）假设选项A（1蓝）正确，则推出矛盾：“1蓝”，则丙说“1红”错而“5白”对，则戊说“5紫”错而“2黄”对，则甲说“2紫”错而“3黄”对。至此推出：2、3都黄矛盾，所以A不是答案。

（2）B不能成为确定条件，放弃假设B。

（3）假设C（4白）正确："4白"，则乙说"4红"错而"2蓝"对，则甲说"2紫"错而"3黄"对，则丁说"3蓝"错而"4白"对，则丙说"5白"错而"1红"对，剩余的5只能是紫色。至此推断结束，且符合"每人都只猜对了一种，并且每盒都有一个人猜对"，答案为C。

13

好事是C做的。

①假设A说的是实话，则C说的也属实话，不符合题意，所以A说的是假话；

②假设B说的是实话，那么好事应该是D做的，C说的应该是实话，显然这与"只有一个人讲了实话"相矛盾，所以B说的是假话；

③假设C说的是实话，即好事不是C做的，也因①、②已分别说明B和D未做，则只剩下A做，那么D说的也是真话，这与题意相矛盾，所以C说的也是假话；

④假设D说的是实话，那好事应该不是D做的，是C做的。符合题意条件。

所以，好事应该是C做的。

14

因为星星和乐乐说的正好相反，所以必是一对一错，我们可以逐一假设检验。

假设星星说得对，即玻璃窗是乐乐打破的，那么强强也说对了，这与"只有一个孩子说了实话"矛盾，所以星星说错了。

假设乐乐说对了，按题意其他孩子就都说错了。由强强说错了，推知玻璃是强强打破的。宝宝、星星确实都说错了。符合题意。

所以是强强打破了玻璃。

由本题看出，用假设法解逻辑问题，就是根据题目的几种可能情况，逐一假设。如果推出矛盾，那么假设不成立；如果推不出矛盾，那么符合题意，假设成立。

15

1号是亚洲，2号是大洋洲，3号是欧洲，4号是非洲，5号是美洲。

假设甲说的前半句是对的，则3号是欧洲，由此推出丁说的3号是大洋洲是错误的。由于每个人都只说对了一半，可知丁说的4号是非洲是对的，由此推出乙说的4号是亚洲是错的，2号是大洋洲是对的。又可知戊说的2号是欧洲是错的，5号是美洲是对的，由此推出丙说的5号是非洲是错的，1号是亚洲是对的，最后得到正确的结论是：1号是亚洲，2号是大洋洲，3号是欧洲，4号是非洲，5号是美洲。

16

解答这类问题，最省脑筋的办法把全部四种可能情形逐个检查一遍：

如果甲的分数最高，那么乙、丙、丁三个人猜对了，不符合结论"只有一个人猜对"；

如果乙的分数最高，那么丙和丁两个人猜对，也不符合结论；

如果丙的分数最高，那么甲、丁两人猜对，还是不符合结论；

如果丁的分数最高，那么只有丙一个人猜对了，符合结论。

由此可见，一定是丁的成绩最好。

17

丙是骗子。

如果甲是老实人，乙就是骗子。乙说的是假话，甲和丙不是同一种人，因此丙是骗子。

如果甲是骗子，乙就是老实人，乙说的是真话，甲和丙是同一种人，因此丙仍是骗子。

无论甲是哪一种人，丙都是骗子。

18

甲是骗子，乙是正常人，丙是老实人。

一个老实人不能说"我是正常人。"甲只能是正常人或者骗子。如果甲是正常人，乙就是老实人，丙是骗子，但骗子不会说"我不是正常人。"因此甲是骗子。

19

小明第一，小兵第二，小强第三。

我们依次分析，谁是说假话的人。

（1）如果小明说假话，也就是小明不是第一，那么小强和小兵都说真话，于是谁也不是第一，不合理！

（2）如果小强说假话，也就是小强不是第二，小明和小兵都说真话，只能是小明第一，小兵第二，小强第三。

（3）如果小兵说假话，也就是小兵是第一，小明要说真话，就有两个第一，不合理。

经过上面分析，可知小明第一，小兵第二，小强第三。

20

乙箱。假设甲箱上的字条是真的，那么"乙箱上的字条是真的，而且黄金在甲箱"的两个陈述都是真的。如此则乙箱的字条说的是真的，看看它上面写着什么：

“甲箱的字条是假的，而且黄金在甲箱”这边的“甲箱的字条是假的”则违反了最初的假设，因此不成立。

如此可推论甲箱上的字条是假的，即其中至少有一个陈述是假的，可能是：

（1）乙箱的字条是假的。

（2）黄金在乙箱。

若（1）乙箱的字条是假的，则表示甲箱的字条是真的（已经证明不成立的），或是黄金在乙箱。无论如何，黄金一定在乙箱。

21

丙预测错了。

假设甲预测错，那么丁预测也错，不符合题意；假设乙预测错，那么乙得第一或最后，这与丙、丁所预测有矛盾，即不止一名选手预测错误，也不符合题意；假设丁预测错，因为其他三名皆预测不会得最后，所以也不成立。假设丙预测错，他只可能得第二、第三、第四名，那么其他三名预测皆正确，所以只能是丙预测错。

22

我们以“他们每人只说对了一半”作为前提，进行逻辑推理。

假设甲说的第一句话“丙第一名”是对的，第二句话“我第三名”是错的。由此推知乙说的“我第一名”是错的，“丁第四名”是对的；丙说的“丁第二名”是错的，“丙第三名”是对的。这与假设“丙第一名是对的”矛盾，所以假设不成立。

再假设甲的第二句“我第三名”是对的，那么丙说的第二句“我第三名”是错的，从而丙说的第一句话“丁第二名”是对的；由此推出乙说的“丁第四名”是错的，“我第一名”是对的。至此可以排出名次顺序：乙第一名、丁第二名、甲第三名、丙第四名。

23

共赛6场，甲胜了丁，丁共赛3场，已负1场，就不能胜3场，假设丁胜1场或2场，这样甲、乙、丙共胜4场或5场，他们胜的场数都不可能相同。所以丁一场也没有胜。

24

C。乙和丁说的话矛盾，故一真一假。那么甲和丙都是假的，得到不是赵六做的，丙本身是一个联言判断（断定几种事物情况同时存在的判断），由于赵六不做，要是丙假，只能是前面的联言假，要使“这件事如果李四不做，则王五也不做”为假，故王五做。故正确答案选择C。

25

抓住“三只盒子上的标签全贴错了”这一关键条件，可从标有“一黑一白”的盒子获得突破。

先从标有“一黑一白”的盒子里任取一只球来看，有两种情况：

（1）若取出的是一只白球，则根据题设条件，该盒的另一个球不能是黑球（因为盒上的标签全贴错了，这个标有“一黑一白”的盒子就不可能装着一个黑球和一个白球），因此这个盒子的两个球全是白色的；从而可知贴着“全黑”的标签的盒子里装的不可能是全黑，也不可能是全白，因而是一黑一白；标着“全白”的盒子里装的全是黑球。

（2）若取出的是一只黑球，则由题设条件可知这只盒子装有两个黑球；从而可知贴有“全白”标签的盒子装的不是全白也不是全黑，因而是一黑一白；这样贴有“全黑”标签的盒子中装的两个球只能是全白的了。

26

说实话的是小胖，是小明打破了玻璃。为方便起见，用A、B、C、D分别表示四个孩子：小张、小强、小明、小胖。（1）若A是肇事者，由条件可知，C，D。这与其中只有一个孩子说了真话矛盾；（2）若B是肇事者，由条件可知，A，C，D。这与其中只有一个孩子说了真话矛盾；（3）若C是肇事者，由条件可知，D。于是我们知道：D说了真话，C是肇事者。（4）若D是肇事者，由条件可知，B，C，也与题意矛盾。

所以，D说了真话，C是肇事者。

因此，说实话的是小胖，是小明打破了玻璃。

27

第一位和尚有时讲真话，有时讲假话。

第二位和尚是“讲假话的”。

第三位和尚是“讲真话的”。

假设第一位和尚回答的是真话，即第二位和尚是“讲真话的”和尚，但是第二位和尚却说自己是“有时讲真话，有时讲假话”，这就引出了矛盾。所以第一位和尚回答的不是真话，即第二位和尚不是讲真话的和尚，当然他自己也不会是“讲真话的和尚”，故只能第三位和尚是讲真话的和尚。所以第三位和尚回答的是真话，即第二位和尚是“讲假话的”，由此可知，第一位和尚是有时讲真话，有时讲假话。

用假设法分析时，选择哪一个条件进行假设有一定的技巧。假设得不好，可能是“无效劳动”，甚至导致错误。如例3中，只能假设“第一位和尚说的话是真话，”而不能假设“第一位和尚是讲真话的和尚”。这是因为一句“是真是假”只有两种情况，否定了一种，另一种一定成立。而第一位和尚是“讲真话的和尚”，还是“讲假话的和尚”，并不一定有一种成立。即使否定了其中之一，还是确定不了他是哪一个，这就会给推理带来麻烦，陷入僵局。

28

小强一本书也没有。

因为三个估计中只有一个是对的，所以以此为突破口，提出假设，进行推理，找出符合要求的结论。

（1）假设甲说的话真，那么乙、丙二人说的话假。由甲话真，推出小强至少有1000本书。

由丙话假，推出小强一本书也没有。

这两个结论相互矛盾，所以假设错误。

（2）假设乙说的话真，那么甲、丙二人说的话假。

由乙话真，推出小强的书不到1000本。

由甲话假，也推出小强的书不到1000本。

由丙话假，推出小强一本书也没有。

这三个结论没有发生矛盾，所以假设成立。

（3）假设丙说的话真，那么甲、乙二人说的话假。

由甲话假，推出小强的书不到1000本。

由乙话假，推出小强的书超过1000本。

这两个结论相互矛盾，所以假设错误。

综上所述，只有第（2）种假设成立，推出小强一本书也没有。

其实从甲、乙两人的估计中可以直接看出，二者的话相互矛盾，不能同时成立（即不能同真或同假），其中必有一真一假（至于哪句为真可不必管它）。因为三句中只有一句为真，所以丙说的话定为假，推出小强一本书也没有。

29

因为甲、乙都说“丙住在天津”，我们可以假设这句话是假话，那么甲、乙的前两句应当都是真话，推出乙既住在北京又住在上海，矛盾。所以假设不成立，即“丙住在天津”是真话。

因为甲的前两句话中有一句假话，而甲、丁两人的前两句话相同，所以丁的第三句话“我住在广州”是真的。由此可知乙的第二句话“丁住在上海”是假话，第一句“我住在上海”是真话；进而推知甲的第二句是假话，第一句“我住在北京”是真话；最后推知丙的第二句话是假话，第三句“何伟住在南京”是真话。

所以，何伟住在南京。

30

三个人。若是两个人，设A、B是黑帽子，第二次关灯就会有人拍手。原因是A看到B第一次没拍手，就知道B也一定看到了有带黑帽子的人，可A除了知道B带黑帽子外，其他人都是白帽子，就可推出他自己是带黑帽子的人！同理B也是这么想的，这样第二次熄灯会有两个拍手的声音。

如果是三个人A、B、C，A第一次没拍手，因为他看到B、C都是带黑帽子的；而且假设自己带的是白帽子，这样只有B、C戴的是黑帽子；按照只有两个人带黑帽子的推论，第二次应该有人拍手；可第二次却没有……于是他知道B和C一定看到了除B、C之外的其他人带了黑帽子，于是他知道B、C看到的那个人一定是他，所以第三次有三个人拍了自己的手。

31

河水能喝。“风和日丽”一词表明那天是晴天。所以如果那个居民是真话部落的，他回答“是个好天气”这句话时，说的就是“是”，那么回答“这水能喝吗”时，说的就是“可以”。如果那个居民是谎话部落的，那他回答“是个好天气”时，说的就是“不是”，回答“这水能喝吗”时，说的就是“不能”，但是他说的是谎话。所以那个人无论是真话部落还是谎话部落，那河水都是可以喝的。

32

第二个人显然说的是假话。如果第三个人说的是真话，那么第四个人说的也是真话，产生矛盾。所以第三个人说假话。如果第四个人说真话，那么第一个人也说真话。如果第四个人说假话，那么只有第一个人说真话。所以可以确定第一个人说真话，第二、第三个人说假话，第四个人不能确定。

33

本题可利用假设法来解决。若是一班或二班得金牌，则小明、小玲、小光都对。若是三班，则小明、小玲、小红都错，只有小光对。这样由判断语言的逻辑关系，找到正确的结论，即三班获得冠军。这类问题需要我们运用语言间的逻辑关系进行判断。

34

因为这个小朋友分析过，若这个人是乙队的，则找到的人是甲队的，那人会说在讲台西，而这个人会说在东；若这个人是甲队的，找到的是甲队的，会说在西；若找到乙队的，他会说在西，结果还是说西，所以只要说西，这人一定是讲真话那一队的。

35

比赛结果是：丙班第一，丁班第二，乙班第三，甲班第四。

我们假设李浩说的“甲班第一”是正确的，那张明说的“冠军肯定是丙班的”就是错的，他说的另一句“甲班第三名”就是对的，而这与假设“甲班第一”相矛盾，故假设不能成立。

我们再假设张明说的“丙班冠军”是正确的，那么“甲班第三”就是错的，另一句“丁班第二”就是对的；王芳说的：“丙班第二”是错的，“乙班第三”就是对的；既然丙班第一，丁班第二，乙班第三，甲班一定是第四，这个假设成立。比赛结果是：丙班第一，丁班第二，乙班第三，甲班第四。

36

C。运用假设法。C可能拿3、8或4、6，D可能拿2、6或3、9。现分别假设：

1 假设C拿3、8，则D只能拿2、6，进一步假设：如果A拿7，因3已在C手中，（1）不成立；如果B拿7，因6在D手中，8在C手中，（2）不成立；结论是7不可能有人拿。

2 假设C拿4、6，则D只能拿3、9，进一步假设：如果A拿7，因3已在D手中，（1）不成立；如果B拿7，因6在C手中，B只能是7、8的组合以成立（2）。此时3、4、6、7、8、9被拿，剩余1、2、5，但1、2、5任意两项相加都不可能等于10，（1）不成立。

结论还是7不可能有人拿。由于以上假设已经包括各种可能性，故正确答案选择C。

37

甲是赌棍，乙是牧师，丙是骗子。

不妨来辨识牧师。甲不会是牧师，那么假设丙是牧师或假设乙是牧师，然后发现矛盾而知假设的谬误。

假设丙是牧师，则甲说了真话，他不会是骗子，则甲必是赌棍。那么乙说的就是真话，乙也不是骗子。这与题意矛盾，所以假设谬误。

所以丙不是牧师，则牧师必定是乙。所以甲是赌棍，丙是骗子。

38

B。如果甲是发挥正常的人，则根据甲说的话，可知甲通过了化学考试，但没有能过物理考试；（注意，甲发挥正常但没有通过物理考试，和他所说的“如果我在考试中发挥不正常，我将不能通过物理考试”的话并不矛盾，因为从这句话不能得出“如果我在考试中发挥正常，我将能通过物理考试”）。又由条件，可知甲是三人中唯一没有通过物理考试的人；又根据丙说的话，可知丙因为发挥不正常，也没有通过物理考试。这样，就有两个人没有通过物理考试。与题意矛盾！因此，甲不是发挥正常的人。如果丙是发挥正常的人，则根据丙说的话，可知丙通过了物理考试，又由条件，可知丙没有通过化学考试，并且是三人中唯一的没有通过化学考试的人；又根据乙说的话，可知乙因为发挥不正常，也没有通过化学考试。这样，就有两个人没有通过化学考试。与题意矛盾！因此，丙不是发挥正常的人。如果乙是发挥正常的人，则可知乙通过了物理考试，但没有通过化学考试。又根据甲和丙说的话，可知甲和丙都没有通过物理考试。又由条件，可推出甲和丙都通过了化学考试。这里没有任何矛盾。因此，答案是B。

39

E。先假设甲的话为真，则甲戴白帽子，加起来共有四顶白帽子和一顶黑帽子，于是乙和丙的话就是假的，于是乙和丙都戴黑帽子，这与A的话为真的结果（一顶黑帽子）矛盾，因此A的话不可能为真，必定为假，A戴黑帽子。再假设乙的话为真，则他自己戴白帽子，共有一顶白帽子和四顶黑帽子；这样，由于丙看不见他自己所戴帽子的颜色，当他说“我看见一顶白帽子和三顶黑帽子”时，他所说的就是真话，于是他戴白帽子，这样乙和丙都戴白帽子，有两顶白帽子，与乙原来的话矛盾。所以，乙所说的只能是假话，他戴黑帽子。既然已经确定甲、乙都戴黑帽子，则戊所说的“我看见四顶白帽子”

就是假话，戊也戴黑帽子。现假设丙的话为假，则他实际看见的都是黑帽子，他自己也戴黑帽子，于是五个人都戴黑帽子，这样，乙的话就是真话；但我们已经证明乙的话不可能为真，因此丙的话也不可能为假，于是丙和未说话的丁戴白帽子。最后结果是：甲、乙、戊说假话，戴黑帽子；丙、丁说真话，戴白帽子。所以，正确的选项是E。

40

(1) A先生不可能是小人，因为，如果那样的话，他妻子该是君子，不是凡夫，这样，A先生的话反倒会成了真的。同样，A夫人也不可能是小人。所以，他俩也都不是君子（否则其配偶理应是小人），可见他俩都是凡夫，同时又都是在撒谎。

(2) 这四个人都是凡夫，三句话全都是谎话。首先，B夫人必定是凡夫。这是因为，假使她是君子，她丈夫应该是小人，既然她是君子，就不会谎称自己的丈夫是君子。假使她是小人，她丈夫该是君子，这时她也是不肯道破真情的。所以，B夫人是凡夫。因此，B先生也是凡夫。这意味着A先生和夫人都在撒谎。所以，他俩都不是君子，也不可能都是小人，因此都是凡夫。

41

假设6号纸牌是一张A。(a) 于是，根据（5），7号和8号纸牌都不能是A；根据（4），它们不能是Q；根据（2），它们也不能是K。(b) 另外，根据（3），在第七号和第八号纸牌中最多只能有一张是J。因此，根据（6），6号纸牌不可能是A。

假设6号纸牌是一张Q。(a) 于是，根据（5），4、5、7、8号纸牌都不能是Q；而且根据（4），它们也不能是A。(b) 另外，根据（6），1、2、3号纸牌将是两张A和一张Q；可是根据（4）和（5），这是不可能的。因此，根据（6），6号纸牌不可能是Q。

假设6号纸牌是一张J。(a) 于是，根据（1），7号和8号纸牌都不能是A；根据（5），它们不能是J；根据（2），它们也不能是K。(b) 另外，根据（2），在7号和8号纸牌中最多只能有一张是Q。因此，根据（6），6号纸牌不可能是J。

于是，6号纸牌只能是K。

可以确定的纸牌是第一号至6号。由于6号纸牌是K，根据（2）和（3），5号或第四纸牌是Q。如果5号纸牌是Q，那么根据（3），第三号纸牌J。再根据（2），第二号纸牌不能是Q，而第一号和4号纸牌则分别是K和Q。再根据（6），2号纸牌必定是J，而这与（5）发生矛盾。因此，5号纸牌不是Q，而4号纸牌是Q。于是，根据（5），1号和3号纸牌都不是Q；根据（3），7号和8号纸牌也都不是Q；而根据前面的推断，5号纸牌也不是Q。因此，2号纸牌是Q。接着，根据（3），3号纸牌是J；根据（2），第一号纸牌是K。随后根据（5）和（6），5号纸牌是A。余下7号和8号纸牌，则分别是J和A或A和J。

42

张三在桥上走，李四则把整个身体垂在独木桥下面，双手抱着独木桥向前移动。

43

首先，我们看到所有五个人说的话都是互相矛盾的，这就是说不可能有两个或两个以上的人说真话，也就是说，五个人中，要么都说谎，要么只有一个人说真话。如果是前一种情况，第一个人说的是真话，产生矛盾，不可能；所以是后一种情况，第五个人说了真话，而其他四个人都说的是谎话。

44

上午，胖一点儿的是姐姐，瘦的是妹妹。假定现在是下午，而姐姐下午说假话，那么姐姐（还不知道是哪一个），应该回答“我不是”才对，但回答却恰好相反，因而可以断定是上午。得出这个结论后，就可以判断说真话的是姐姐——即长得胖一点儿的。像这样的问题只要明确推论形式的构造就行了，问题的突破口找到了答案也就轻而易举解开了。

45

D。(1) 通过整理题干，可知：甲、乙＝丙、丁。

(2) 通过：甲、丁＞乙、丙，可知丁＞乙。因此可以排除A、C。

(3) 通过：甲、乙＝丙、丁，丁＞乙，可知甲＞丙。因此排除B。答案为D。

对于题干中条件较多的题，也可把题干条件一一分析，然后得出答案。这种方法相对费时间，为节省时间，可使用排除法。

46

唐僧洗菜，悟空淘米，八戒烧水，沙僧担水。根据已知条件，采用逐个排除的方法即可得出答案。

47

在所给的条件中，“王菲既不穿蓝裙子，又不穿花裙子”是关键条件。因为3个人穿的裙子只有花、白、蓝3种颜色，排除蓝、花两种颜色，王菲只能穿白色裙子。

又知道“刘明没有穿蓝的”，结合已推断出的“王菲穿白色裙子”，因此刘明只能穿花裙子。

3种颜色中已确定了两种，剩下的李娜必定穿蓝色裙子。

所以，穿白裙子的是王菲，穿蓝裙子的是李娜，穿花裙子的是刘明。

48

C。运用排除法可以看出，A项无法从文段中推出。B项不是文段表达的主要意思。D项根据常识就可以排除。正确答案C项是通过原文莎士比亚“属于所有的世纪”来说明莎士比亚的影响力、成就和魅力的。

49

C是冠军。

冠军不能是A或B，因为如果是A或B，则甲、乙、丙三个人的猜测都是正确的。如果C是冠军，那么甲、乙、丁的猜测是错的，只有丙的猜测是对的。如果冠军是D、E、F中的一个，那么甲、丙的猜测是错的，乙、丁的猜测是对的。

根据题意“只有一人的猜测是正确的”，所以C是冠军。

50

B。（3）没有包含蓝色本身，（1）本身是假命题，因为蓝色也是能被蓝色覆盖的颜色，而且黑色不能被蓝色覆盖。

51

明日逢春好，不晦气；终年倒运少，有余财。此地安，能居住，其人好，不悲伤！

52

D。由题干可知其逻辑形式结构为联言判断的负判断，可用逻辑表达式表示为：并非（p且q）。因而，选项A、B、C都是联言判断，因此，可以排除。正确的答案应该在D、E中选择。二是在剩下的选项中选择一个选项作为答案。在选择中既可以从题干到选项，也可以从选项到题干进行思考。

对于这类问题，选择答案时，必须紧扣题干。因为题干与选项具有内在的逻辑联系。上例由于选项D的逻辑值与题干相同，因而，正确答案在选项D，而不是选项E。尽管从逻辑表达式来看选项D为：“如果p，那么非q”，与题干的逻辑表达式——“并非（p且q）”有较大差异，但其逻辑值是一致的，所以，应该选择选项D。

53

可以这样问：“如果我问对面那个人，应往哪边走，他会怎样告诉我？”这个问的方法是非常巧妙的，它把两个相反的回答变成了一个统一的结果：最后必然是一个真话一个假话。真话对结果没有影响，假话把路给指错了。这个问题有点像数学上的一个公式：正数乘以负数，结果总是负数。因此，只要按回答的相反的路走就保证不会错。

54

A。现根据题干“如果对围棋感兴趣，则对军棋不感兴趣”且“张华是甲班学生，对围棋感兴趣”可得出：张华对军棋不感兴趣。题干可浓缩为：甲班的张华对国际象棋感兴趣，因此，他对中国象棋感兴趣。试找其最可能的假设是什么？选项C、D均可排除，选项E不用推理，从“张华是甲班学生”，就可得出结论“张华对中国象棋感兴趣”，很显然是不可取的。那么假设应在选项A、B之中。

若用推理的方法，题干“甲班的张华对国际象棋感兴趣”，加上选项A或选项B均可得出结论：张华对中国象棋感兴趣。看来用推理的办法行不通。在此，考生可不要忘记假设的定义：假设是结论成立的必要条件。即有：否定“假设”就否定“结论”。我们用此办法分别检验选项A或选项B。

先检验选项B。选项B为全称肯定命题，由公式：否定全称肯定命题＝（等值于）特称否定命题，先否定选项B，即：并非“甲班对国际象棋感兴趣的学生都对中国象棋感兴趣”等同于：甲班有的对国际象棋感兴趣的学生对中国象棋不感兴趣。再连同题干“张华对国际象棋感兴趣”，必然得出：张华对中国象棋不感兴趣。

再检验选项A。并非“如果对国际象棋感兴趣，则对中国象棋感兴趣”等同于：对国际象棋感兴趣且对中国象棋不感兴趣。再连同题干“张华对国际象棋感兴趣”，必然得出：张华对中国象棋不感兴趣。故正确选项为A。

55

E。E项断定：绿芥蓝比甘蓝更有营养。题干断定：绿芥蓝比莴苣更有营养。由这两个断定显然不能推出“甘蓝比莴苣更有营养”。其余各项，作为新的前提分别加入到题干的前提中，都能使题干的推理成立。

56

B。在题干中，骑车人并没有回答警察的问题，而是寻找借口希望得到警察的谅解，犯了“转移论题”的逻辑错误。在诸选项中，A、C、D、E中的回答都与问题相关，只有B中女儿答非所问，转移论题，因此答案是B。

57

C。鼠标是电脑的一部分，锚是船的一部分。

58

A。本题属于对应关系。健谈和沉默构成反义词，收入和开支构成反义词。

59

A。此题中左边三个字母的开口数分别为0、1、2；右边组图的前两个字母的开口数分别为1、2，推理得第三个图的开口数是3，即为字母W。

60

C。题干中的字母图形均为开放性图形，即封闭空间数为零，因此选择封闭空间数也为零的C项。

61

C。因为其他四个字母都是由三条直线构成。

62

X。图中列出的是拼写中只有直线组成字母中的间隔为2的字母。

63

A。题干中汉字的笔画数分别为：2、3、4、5，成一组简单递增数列，因此下一个汉字的笔画数应为6，即选择A项。

64

C。这是一道数笔画的题目，但是题干中两组汉字的笔画数均是依次为：2、4、6，成一组偶数递增变化，因此选择笔画数为6的“式”子。

65

C。仔细观察箭头的方向和短形缺口的方向，即有且只有一个箭头是朝向缺口的方向的，符合条件的只有C项。故选C。

66

B。阴影部分应该平行而不相交，所以D不正确；两个阴影部分不会相连，所以C不正确；半阴影半空白面中的空白处不可能相连，所以A也不正确。故选B。

67

B。从排列方向上观察，上一行含黑点的图形在下一行时旋转了180°，黑点是按从左到右的顺序循环排列，排除A、C、D。故选B。

68

B。根据主图（1）、（2）显现出直线变曲线、曲线变直线的规律，从主图（3）到选项B符合这个规律。

69

C。“主图一”中1、2图组是直线图形，3图组是曲线图（椭圆），“主图二”延续这个规律，只有C符合曲线图条件。答题误区为计算边、角、空间数量或对称分析等。

70

C。主图每行的直线和曲线图形的分布为：曲、直、直；直、曲、曲。C是直线图形，可使第三行的结构为：曲、直、直，使每行组合构成循环规律。

答题误区为对数空间，或寻求外形规律。

71

C。根据主图全部是封闭图形，且封闭图形没有数量关系。A、B、D都是开放图形直观可见，只有选项C符合封闭规律。

答题误区为对角线都是垂轴对称，在A、C之间选择举棋不定。

72

C。主图每行都由封闭图和开放图混合组成。第一行：闭、开、闭；第二行：开、闭、开；第三行：闭、开、（？）。每列上也同样遵循这样的规律。D是封闭图，可使行与列上都能构成封闭和开放图形的转换循环规律，且双对角线上都是封闭图形。选项中也仅有C是封闭图形。

答题误区为忽略封闭图形与开放图形的转换排列，忽视对角线的考察。

73

C。观察题干所给的图形，每个图形中都有阴影，这便是这几个图形最大的相同点，也是本题解题的突破口，像题干这种形状和结构都不同的一组图形，主要考虑图形中阴影面积的规律。在这道题目中，进一步看阴影，发现每个图形都有两部分阴影，并且这两部分的面积相等，查看选

项，只有C符合这一特征，答案为C。

74

C。第一组的三个图形均可由一笔画成，第二组已知的两个图形均是由两笔画成，所以待选图形也应该由两笔画成，满足条件的只有C项。故选C。

75

C。所给图形规律为：第一个图形与第三个图形是关于第二个图形中的竖线成轴对称的。故选C。

76

A。所给图形变化遵循去同存异的规律。提示框图形的规律是第一个图加第二个图，然后减去正方形内部重复部分留下不同部分组成第三个图形，问题框的三个图形也遵循此规律。故选A。

77

A。此题为叠加与共性规律。每一行的图形都是两个图形的前后叠加，且都是直线图形覆盖在曲线图形上，所以选A。

78

D。本题图形的边数依次为3、4、5、6，下一项应为7条边，只有D项符合。故选D。

79

A。前四个图形中的黑色方块依次顺时针移动2、3、4格得到下一个图形，依此规律，所求图形应由第四个图形顺时针移动5格。故选A。

80

B。所给图形中，长线段依次呈顺时针90°旋转，短线段依次呈顺时针45°旋转，满足条件的只有B。故选B。

81

C。这是道要求按自然数列排列题干中各图形短线“出头”数目的题。经简单计算可知，现有的五个图形短线出头数目依次是3、5、1、2、0，缺少4。故只有C选项符合要求。故选C。

82

D。所给图形规律为：每一个图形内部包含的不同元素数量依次为1、2、3、4，则第五个图形应含有5个元素，且原图形组中每个图形内都有两个元素是相同的，那么，符合此规律要求的只有D项。故选D。

83

C。所给图形的组成元素的种数分别是1、2、3、4、5，呈等差数列。故选C。

84

E。公安人员的问题预先假设了“该职员以前就偷过东西”这一无法让人接受的前提，事实上，该职员可能没有偷过东西。也就是犯了预设前提这一错误。A、B、C、D选项的提问都有以前的事实为基础，不能算预设前提。E选项，老干部走资本主义路线这一事实并不存在，造反派预设了这一前提。与题干犯的错误相同。

85

B。期刊是一种杂志，正如，酱油是一种食品。

86

B。阅读是一种技能，焊接是一门技术。

87

B。紫外线是阳光的一部分，氯化钠是海水的一部分。

88

C。本题是按照字母中可拆分的线条数进行计算的，左边三图的笔画数均为3，右边前两图的笔画数均为2，可推理第三图的笔画数亦为2，因此选择C项两笔画的字母L。

89

A。可以看到左边三个字母都有“V”这一相同部分，而右边前两个字母都有“D”这一相同部分，据此寻找选项中仅有字母R也含有“D”这一图形，故选A项。

90

D。左边一组图的字母都是由三条直线构成，右边一组图的前两个字母都是由四条直线构成，同理推理第三个字母也是由四条直线构成，即D选项。

91

E。从A到Z，第一排的字母向前移两个字母。第二排的字母向前移三个字母，第三排向前移四个字母。

92

NXF。其他组中，组成三个字母的直线数相同。

93

G。字母之间的关系是：按字母表顺序，先向前移动五个字母，再退回三个字母，反复进行。

94

L。每行中心字母的位置号是左右两字母位置号的乘积。

95

S。根据26个英文字母的位次数，用上面的字母值与右面的字母值之和，减去左面的字母值与下面的字母值之和，得数即为中间的数字或者中间字母的数值。

96

L。从T开始，先沿左边向下，每个字母的位置号加2即为下一个字母的位置号；从T开始，沿右边向下，每个字母的位置号减2，即为下一个字母的位置号。

97

D。M＋R＝14＋9＝23＝D。

98

D。这道题是考查汉字中“口”的数量。第一组图中“口”的数量依次是：1、2、3，第二组图中“口”的数量依次为：2、？、4，因此答案为D，“澡”字中“口”的数量为3。

99

D。这道题目考查每个汉字图形的组成部分，题干中第一行图形的组成部分数（即可拆分为不牵连的部分数）均为1，第二行图形的组成部分数均为2，第三行前两个字的组成部分数均为3，所以应选择D，可以被拆分为不牵连的3部分。

100

B。第一幅图左上和第三幅图右下有一条共同的直线，拼合在一起，第一幅图右下和第四幅图左上有一条共同的直线，拼合在一起，第四幅图右侧和第二幅图左侧有一条共同的直线，拼合在一起，由此可得B项。

101

A。原图形由一个三角形和一个四边形组成，四个选项中只有A项能还原成原图形。故选A。

102

C。本题考查展开图形的立体形状。由左边图形可以看到，带对角线的两个面是相对面，不可能相邻，因此C项不符合要求。故选C。

103

D。这是一道创新型图形推理题，由观察可知，每一行相邻的两个图形圆内的部分去掉相同的部分，留下不同的部分，成为上一行的图形，也就是相邻图形间求同。按照该规律，得到正确答案应该是D。

104

C。本题要求找出不符合其他三项规律的一项。A、B、D图形中正方形内都含有平行线，只有C项正方形内没有平行线。故选C。

105

D。这个题目考查的是对称，自身的对称加整体的对称，分别是横向对称、竖向对称、双对称、双对称、竖向对称，那下一个就是横向对称。这个图形提醒我们要有宏观思维，我们往往把眼光放在微观处拔不出来，那么这种题目就看不出规律了。

106

A。题干图形和选项图形都是在4×4的方格中有四块黑色的方块，其中的差异在于黑色方块的位置，首先考虑图形位置的移动，从第一组三个图比较来看，每一个方块都依次向左移动了一格，在第二组图中也表现了相同的规律，第二组第二个图的黑色方块向左移动一格将得到A。

107

D。题干图形共五个，后面都是规则的几何图形，唯有第一个图形是一个汉字，它就是这个题的特殊图形，从它入手。汉字出现，首先考察笔画数，简单比较发现不具有这个规律；其次看封闭区域数，也不可行；再看几何特征，作为一个汉字，几何特征包括结构和对称性，此处不必考虑结构，“永”是一个非轴对称图形，后面都是轴对称图形，于是考虑到对称轴的数目，此题便得到了解决。题中图形的对称轴数目依次是0、1、2、3、4，选项中只有D有5条对称轴，满足这一连续性的规律。

108

C。题干所给的这组图形都是规则图形，而且组成图形的元素都是直线条，首先应该可以想到从线条数、笔画数、封闭区域这三个方面考虑，因为线条数和封闭区域数都很容易在图形中确定，可以先看这两点，稍作分析可以发现，这组图形在线条数和封闭区域数这两个方面不具有规律性，再考虑笔画数，可以知道题干图形分别由1、2、3、4笔画成，规律找到，所选图形应该由5笔画成，C选项符合。

109

C。题干图形和选项都为直线图形，形状各异，给解题的提示作用不大，分析比较发现，每列三个图形之间的联系似乎更大，优先考虑每列三个图形之间的关系。第二列三个图形整体来看，发现第一个图形与第二个图形叠加去同存异得到了第三个图形，这一规律在第三列图形中得到了验证，再看第一列图，比较可知应选择C。

110

B。此题题干图形都是三角形内部有三条直线，将三角形分成了四个封闭区域，但这两个显著的特点不能在选项中找到唯一的答案，C、D两图都符合这一特征。搜索常见的图形规律，发现与此题的关系都不大，找不到与之对应的规律。所以此时就不能局限于线条数、封闭区域数这些常见的规律，观察这组图形，还是具有相似性的，都是一个大三角形被分割成几个小三角形，可以从这个角度考虑，发现题干中每个图形都有8个三角形，选项中只有B符合这一特征。

111

D。图形叠加中的去同存异。每一行的第一个图与第二图叠加后，把相同部分去掉，不同部分留下作为第三个图。

112

D。本题的规律为：图形的直接叠加。注意必须是每一行的第二个图叠加在第一个图的右上角。

113

B。直接叠加规律。每一行的第一个图与第二个图叠加后成第三个图。

114

B。本题的规律为：以中间的图形为中心，四周的8个图形按顺时针方向，每个图形依次在平面上做90°转动，如左上角图形顺时针转90°得第一行的第二个图形，第二个图形再顺时针转动90°得第三个图形，右上角图形（即第三个图形）顺时针转动90°得第二行最右边图形，该图形再顺时针转动90°即得到问号处的图形，符合此条件的只有选项B。

115

A。题干中的四个图形在120°顺时针方向旋转。

116

C。提示框中四个图形圆圈外的小圆点在做顺时针方向的运动，而圆圈内的线段在做逆时针方向运动，再看小圆，提示框内第一、三项的图的小圆点是不相同两个，则第五个图应与奇数项上的图形一致。

117

A。图形呈逆时针旋转，且短线段逐渐减少。

118

D。图形按逆时针旋转135°。

119

D。每个图形中直线图形是曲线图形的两倍，所以答案是D。

120

B。1图开放，2图封闭，3图开放，4图封闭，5图开放，所以答案应该是B封闭图形。推理路线：1→3→5，2→4→答案。

121

B。本题从有几个部分来考虑，那么5个图分别是：1部分、2部分、3部分、4部分、5部分。故应选6部分的图形，答案为B。

122

D。此题为细节变化问题，故思维圈定为前后图对比寻找细节差异。第一图与第二图比较可发现，箭头方向发生变化、左边的小线段从最下面减少一条，对比第二图与第三图，箭头方向又发生变化、右边的小线段从最上面减少一条，即可推得可能性规律，以第三、四幅图进行验证，符合，对照选项，可得题解为D。

123

A。股票是一种有价证券，正如，电脑病毒是一种程序。

124

D。本题属于属种关系和对应关系。百合是一种鲜花，在花店售卖；衬衣是一种衣服，在商场销售。A选项鲫鱼和动物的属种与百合和鲜花的属种不平行。如改为鲫鱼和鱼类，则可选。

125

A。打折是促销的一种方式，而促销是竞争的方式。符合这个前后关系的只有A项。

126

A。上一组图中三个字母图都是由直线组成的，而下一组图中前两个字母图是由直线加曲线组成的，因此推理第三个图也是由直线加曲线组成。选项中仅有A项是由直线加曲线构成的字母图。

127

C。左边三个字母均为轴对称图形，同时右边一组图的前两个字母也是轴对称图形。选项中只有字母Y是轴对称图形，因此选C。

128

D。在字母表中，字母A与C中间间隔一个字母B，同样C与E间隔一个字母D；根据这一规律，下一组图中P与R中间间隔Q，字母R间隔一个字母S之后的字母应为T，即为D选项。

129

LMOP。其他字母间的规律是：第一个字母跳过一个为第二个字母，第二个字母跳过一个为第三个字母，第三个字母与第四个字母是依字母表顺序排列。

130

三个图中处于同一位置的字母之间遵循下列规律：按字母表顺序，依次向前移动两个位置，或按字母表顺序向后退两个位置。

131

MPR。中间的连续字母分别是三角形顶角字母的前一位，以及左下角和右下角字母的后一位。

132

GC，73。中间框中的两位数中，十位上的数字表示前后两个框中的前一个字母在字母表正序和倒序的位置号，个位上的数字表示前后两框中后一个字母在字母表正序和倒序中的位置号。

133

题目确实标出了起点和终点，然而F是起点，而S才是终点。你走过的路线应该是：FIVE、ADD、FOUR、MINUS、TWO、EQUALS（5＋4－2），答案自然是7。

134

C。这题属于笔画题。“内外夹攻”4个字分别是4画、5画、6画、7画，所以后面应该是一个8画的字，“其”为8画，故选C。

135

D。仔细观察可发现，题干中第一组汉字图形中都包含有“占”字形这一共同组成部分，而第二组汉字图形的前两个字都包含有“云”字形这一共同元素，因此选择D项。

136

A。这道题如果数笔画会发现没有任何规律，所以不可行。但是可以注意到题干中的每个汉字都包含着三个封闭的空间，因此，可以把汉字看做图形，去数每个汉字的封闭空间数。而选项中只有A项包含三个封闭空间，所以选择A项。这道题某些培训教材中给出的参考答案是C项，解释为题干中每个汉字都是上下或者左右结构的，选项中只有C是左右结构的，但是这一解法偏向于寻找汉字结构，而非寻找图形结构的规律，不太可取。

137

C。A、B的区别在于中部相差一条短斜线，对应原图发现中部包含短斜线，排除A。B、C的区别在于中上部左侧相差一条短斜线，对应原图发现中上部左侧包含短斜线，排除B。C、D的区别在于左下部相差一条短横线，对应原图发现左下部没有短横线，排除D，应选C。

138

A、D项图形中的小圆直径不足两条，予以排除；B项中的小圆内多了一条直径，也应排除。故选C。

139

B。这道题目的本质是样式规律推理型。上一个图形是下面两个图形去同的结果。

140

A。这是道图形延续类题。从题干可得出的规律是：第二行与第一行比，第三行与第二行比，第四行与第三行比，每个符号均向后延2个格，依此规律，正确选项为A。故选A。

141

C。观察胶滚上的三个三角形的分布状况可以知道，胶滚从左往右滚，最先接触到墙壁的是中间的三角形，当中间的三角形的对称轴接触到墙面时，其他两个三角形同时开始接触墙面，据此，选C。

142

H。这道题目的本质是样式属性规律推理型。曲线图形与曲线图形组合为曲线图形，其他组合均为直线图形。但是H例外。所以正确选项为H。

143

B。根据九宫格的横行推理路线可知，第一行的封闭面的个数依次是2、3、0，这三个数字满足2＋3＋0＝5，第二行的封闭面的个数依次是1、2、2，仍然满足1＋2＋2＝5。即每一行封闭面的个数相加都是5。那么第三行封闭面的个数仍然是1＋2＋？＝5，从而正确答案是B。

144

A。本题考查的是线段出头数的问题，其规律为：每行第一个图形线段出头的个数乘以2再加上第二个图形线段出头的个数等于第三个图形线段出头的个数。符合此规律的只有A项。故选A。

145

A。所给图形规律为：第一、第二个图形叠加后，黑球＋黑球＝椭圆，椭圆＋椭圆＝黑球，当一个黑球与一个椭圆叠加时，则抵消图形，形成第三个图形。依此规律只有A符合。故选A。

146

C。图形的前面的“鼻子”形状应为圆形、方形、三角形交替出现，则未知图形的“鼻子”为方形，排除B项；“眼睛”呈直线、黑圆、白圆交替出现，未知项的“眼睛”应为白圆，排除D项；“耳朵”也遵循以上规律，不能为三角形和椭圆，排除A项。故选C。

147

A。题干图形及选项图形都是不规则的图形，题干每个图形都由三部分构成，选项图形也都由三个部分组成，因此必须进一步寻找规律，细致观察发现，第一个图的左上角图形和第二个图的下面图形是同一图形，第二个图形的左上角图形和第三个图形的左下角图形是同一图形，第三个图形和第四个图形比较，也有两个图形相同，由此总结得出：相邻两个图形都有一个相同的小图形。选项中A有一个图形和第四个图形中的一个小图形相同，是正确答案。

148

D。这是一个多图形推理题，从组成每个图形的元素看，每个图形中的小图形都不完全相同，可以确定需要考虑组成图形元素的个数，关键是怎样寻找这个数量关系，是按行、列每个图形分别考虑还是行、列整体考虑，此时需要尝试，很容易判断应该是按行考虑组成图形的种类数。第一行的图形种类数是8种，第二行是9种，第三行应该是10种，D为正确答案。

149

A。第一组整体看一共有三个大括号、三个曲线、三个椭圆，整体去看一共三种元素，数量都是三，所以第二组也呈现一样的规律，答案是A。

150

A。本题的规律为：第一行第一个图形自中心向外为逆时针旋转，第二个则为顺时针旋转，第三个又为逆时针旋转，第二行的第一个（即第四个）又为顺时针旋转，这样逆时针与顺时针交替进行，依此类推，到第九个图形则应为逆时针方向旋转。符合此条件的只有选项A。

151

D。这是一道图形旋转题。由第一套图可以推出变化规律为：内部的图形依次呈顺时针旋转120°。

152

C。仔细观察所给图形，我们发现第一套图的第一个图形中不规则的阴影部分顺时针向下旋转一个方格，小方格阴影逆时针向下旋转一个方格就会得到第二个图形，第二个图形中不规则的阴影部分顺时针向左旋转一个方格，小方格阴影顺时针向右平移一个方格就会得到第三个图形；第二套图的第一个图形中不规则的阴影部分顺时针旋转一个方格，小方格阴影顺时针向左平移一个方格就会得到第二个图形，据此规律，可知第三个图形为C项图形。

153

C。观察可知，小黑点顺时针旋转90°，而斜线顺时针旋转180°。由此可知正确答案是C。

154

C。图3中每一幅图都是由点和线构成，那么我们可以分别从点或线的角度来解题。从点上来看，图中每幅图中点的个数依次是：1、2、3、4、？由此得出答案是C。若从线上来看，线的个数数量依次是4、3、2、1、？也可以得到答案C。

155

B。按照“有曲即为曲，全直才为直”的原则，本题为“曲、直、直、曲、曲”，三曲两直，故应选“直”，备选选项中，只有B为直，其他全为曲，故答案为B。

156

C。五个图形一起观察会发现给出的图形一共有6种元素，黑白长方形、黑白五角星、黑白圆，每种元素个数都为4，那么答案就是C。

157

A。该组图形整体比较凌乱，但图形中面的个数（封闭空间）的个数依次是0、2、4、6、8、？由此可知，面的个数呈现为公差是2的等差数列，按照这个趋势，那么所求图形包含的面的数量应该为10。所选择的四个备选项中封闭空间的面分别是：10、6、3、7。故正确答案是A。

158

D。这道题目的本质是位置规律推理型。在第一组图形中，图形的变化规律是：外部的大图形以逆时针旋转90°，内部的小图形位置随着大图形移动，但并不随之旋转。第二组图形中保持这一变化规律的图形为D。

159

D。此题为线条所组成的图形变化，故思维圈定于图形的笔画数；图形的对称性；图形求同。

第一思维，笔画数：前五个图分别为三画、四画、三画、三画、五画，无数字规律，此思维被否定。

第二思维，图形的对称性：前五幅图中，三图不具有对称性，一、二、四、五图具有对称性，但因其分布无特点，故此思维被否定。

第三思维，图形求同：前五个图，经对比，都有一条水平的直线，以此思路，对照选项，只有D项符合，可得题解。

160

B。此题较易，根据题干假设“如果它们都真正得到了切实地贯彻执行，就会有力地推动中国社会经济健康地发展”可知选B。

161

E。丙判断翻译过来是有的纳税了，那么丙和丁是一反对关系，不能同假，必有一真，依据题意，甲和乙都是假的，又甲和丙是矛盾关系，故丙为真，陈老板没有纳税。故正确答案选择E。

162

B。从逻辑上说，可以有人满足“彻底无私”的条件，就像可以有这样的自然数：它小于所有其他的自然数，但任何自然数都不小于它，这个数就是1。甚至满足“彻底无私”条件的人还可以不止一个。但是，如果所有的人都彻底无私，那么这些彻底无私的人就没有服务对象。他们自己也就不再是“彻底无私”的人了。所以，选项A不成立，但选项B必定为真。选项C与题干中的条件相矛盾；选项D不成立；选项E与题干所问不相干。所以，正确答案是B。

163

C。选项中赞成托福考试的都应当排除，这样选项A、E就去掉了；题干中也突出承认了托福考试的缺陷，选项B和D从两个角度说明了这一点，与题干含义相符，因此也被排除。

选项C强调托福考试的缺陷并非方法设计上的问题，而是实际操作中的失误，与题干含义存在一定的矛盾之处，当然也并不那么直接，但是相对其他选项，C显然是最合适的。

164

E。本题问的是“除了”，因此，可用排除法排除掉能够削弱的选项。

A能削弱，因此不是正确答案，理由如下：上河市报纸销量虽多，但由于人口也多，可能人均报纸拥有量比天河市低，这样，上河市的居民反而不如天河市的居民更多地知道世界大事。同样，B、C、D项也都能削弱题干论断。因此，A、B、C、D项可排除掉。

选项E所说“上河市报亭的平均报纸售价低于天河市的平均报纸售价”能说明“上河市的报纸销售量多于天河市”，但不能削弱“上河市的居民比天河市的居民更多地知道世界上发生的大事”这个论断。

165

B。题干中根据（3）甲和丙都是肇事者，那么（1）充分条件是否定后件，故甲或者乙不是肇事者，又甲是肇事者，故乙不是肇事者；再根据乙不是肇事者，在（2）这个充分条件假言判断中也是否定后件，我们可以得到丁也不是肇事者。故答案选择B。

第二章

1

D。由于班长的成绩优秀说明其并没有在承诺书上签字，由此可以推断出有的人没有在承诺书上签字。故正确答案选择D。

2

（1）如果甲是真话，则乙丙是假话，这和“丙说：乙说的是假话”矛盾。（2）所以甲只能是假话，如果乙是真话，则根据“甲说：乙、丙都说假话”，丙只能是假话，这个“丙说：乙说的是假话”矛盾。（3）所以甲只能是假话，乙只能是假话，丙是真话。

3

名次依次是：A、B、C、D。第三名只有C被猜到，必是C无疑。名次依次是A、B、C、D。

4

C。“各学院有学生为优秀奖学金获得者”是“学院能从学校领取奖学金”的必要条件，而不是充分条件，即可能存在其他原因而导致学院不能领取奖学金，因此不能推出A项；文学院和计算机学院有可能全部学生都是奖学金获得者，因此可以排除B、D项；计算机学院可以领取奖学金一定是学院有学生为奖学金获得者，故C项正确。

5

李回来的最晚。由（1）知，张回来的不是最晚；由（2）知，赵回来的不是最晚；由（3）知，王回来的不是最晚，因此，李回来的最晚。

6

B。（1）题干确定的条件是：四人中只有一人是错的；

（2）条件有矛盾的是“张某说范某胖，范某说自己不胖”，他俩之中必有一真一假，那么黄某和覃某就是对的；

（3）由上述可推出，“覃某说自己不胖”“黄某说张某胖”都为真。

7

丙是4号。直接推理可得，赵的说法中只能是“乙是3号”对，“甲是2号”错，于是钱说的“乙是2号”错，“丙是4号”对。

8

C说错，今天上午上语文、体育、数学三节课。

9

D。（1）先根据两个与“河南”相关的条件：甲和河南人不同岁，河南人比乙年龄小，可推断：甲和乙都不是河南人，继续推断：丙是河南人。

（2）通过题干中两个“否定的条件”，推断出确定条件“丙是河南人”。再从这个确定的条件入手，找相关的条件推演。

（3）已知：丙比湖北人年龄大，比乙年龄小，可推出D：湖北人年龄最小。

以上排列可见，甲是湖北人，年龄最小。

10

1个姑娘穿花裙子，86个姑娘穿红裙子。首先，可运用推理推出穿花裙子的姑娘少于2个。因为如果穿花裙子的姑娘是2个或2个以上，那么就不可能满足“其中任何两个姑娘中，至少有1个姑娘是穿红裙的”这个条件。所以，为满足前提条件，穿花裙子的姑娘只能是少于2人。

11

科学家姓张。

由（6）知张代表不是编辑，可能是科学家或技术员。由（3）、（5）知教师旅客来自广州，教师不姓王；由（1）知教师也不姓李，教师姓张。这样李旅客来自北京，张旅客来自广州，王旅客一定来自上海。由（4）知技术员姓王。由此得出张代表是科学家。

12

只有甲没有获奖。

首先根据丙说的话可以推知，丁必能获奖，否则，假设丁没有获奖，那么丙也没有获奖，这与“他们之中只有一个人没有获奖”矛盾。

其次考虑甲是否获奖，假设甲能获奖，那么根据甲说的话可以推知，乙也可获奖；再根据乙说的话又可以推知丙也能获奖，这样得出四个人全都能获奖，不可能。因此，只有甲没有获奖。

13

D。本题是一道复合命题推理的题型，其解题方法是边读题边抽象出推理关系，并记在草稿纸上，通过递推，即可找到答案。由本题题干，可得出以下推理关系：

（1）喜欢表演报考戏剧学院

（2）不喜欢表演能成为理论家

（3）不报考戏剧学院不能成为理论家

因此，（3）等价于它的逆否命题：（4）能成为理论家报考戏剧学院由（2）和（4）得出，（5）不喜欢表演报考戏剧学院

所以，由（1）和（5），不管李生喜不喜欢表演，都将报考戏剧学院。

14

小明得铜牌，小华得金牌，小强得银牌。

逻辑问题通常直接采用正确的推理，逐一分析，讨论所有可能出现的情况，舍弃不合理的情形，最后得到问题的解答。这里以小明所得奖牌进行分析。

①若“小明得金牌”时，小华一定“不得金牌”，这与“王老师只猜对了一个”相矛盾，不合题意。

②若小明得银牌时，再以小华得奖情况分别讨论。如果小华得金牌，小强得铜牌，那么王老师没有猜对一个，不合题意；如果小华得铜牌，小强得金牌，那么王老师猜对了两个，也不合题意。

③若小明得铜牌时，仍以小华得奖情况分别讨论。如果小华得金牌，小强得银牌，那么王老师只猜对小强得奖牌的名次，符合题意；如果小华得银牌，小强得金牌，那么王老师猜对了两

34

大柱想只要微菌长的很多，便可吃掉屋里的垃圾，使室内干干净净，最后再喷杀虫剂一网打尽即可。

35

阿凡提对王后这样讲：“国王说，他今天中午到你这儿来吃饭。”

36

他想，如果对方口袋里是1角的硬币，他就会马上猜出我的是1元硬币，现在他呆了一会儿，那就说明他口袋里的是1元硬币。

37

妈妈说：“你会吃了我的孩子。”鳄鱼如果吃了小孩，说明妈妈回答对了，按照诺言，应将孩子还给她。如果不吃掉孩子，这又说明妈妈回答错了，就应该吃掉这孩子，鳄鱼陷入两难。

38

拿两只袜子，可能是一黑一白。拿三只袜子，第三只袜子非黑即白，这样就可以保证最少有两只袜子颜色相同了。

39

C。本题的错误是将《狂人日记》是鲁迅的一部著作替换成了鲁迅的全部著作，一部著作与全部著作是两个概念，由此是犯了偷换概念的错误。反过来，我们将这道题题干改一下：

《狂人日记》是一天能读完的，《狂人日记》是鲁迅的著作之一，所以，鲁迅的每部著作都是一天能读完的。这就是以偏概全错误了。

40

从“小云的爸爸和小量的爸爸在听一位当教师的爸爸讲故事”这句话中推想出小云的爸爸和小量的爸爸不可能是教师，这样就可知道，小华的爸爸一定是教师，其余两个人的爸爸，一位是工人，一位是医生，从“小云的爸爸不是工人”可知，小云的爸爸一定是医生。这样也就可知道小量的爸爸是工人。

41

C。根据定义遗产的时间条件是“公民死亡时”，C项中老人尚未死亡。

42

以老三为例，他旁边不能坐老二、老四和老五，所以只好坐老大和老六了。也就是说已经有三个人的位置固定了。还剩下老二、老四和老五，老四和老五是不能相邻的，所以一定要由老二隔开，挨着老六那边坐老四，挨着老大那边坐老五。

43

因为按B的相反意见去办，其正确率可达70%。B的判断只有30%正确，自然70%就是不正确的了。在两者选一的条件下，违背他说的意见去办，就可以有70%的正确性。而A的判断只有60%是正确的，相比之下，正确率当然要小了。对某种判断，如果从反面去推究，往往会得出意想不到的结果。

44

判词是：“鉴于父母离婚的最大受害者是孩子，为了保护儿童的合法权益，本庭判决如下：父母归两个孩子所有；原有住宅的居住权也归孩子所有，而不判给离婚的母亲或父亲。离异的父母定期轮流返回孩子身边居住，履行天职，直到孩子长大成人。”

45

侦探在这张纸条上发现了一处印记。他用铅笔在纸条上轻轻地涂，使印记显示出来。印记是敲诈者最近写的一封信，上面就有他的签名。

46

凶器在河里。他把绳子绑在手枪上，在绳子另一头系上比枪重的石头，把石头垂在桥的外面，扣动扳机后，自杀者手里的手枪由于石头的重量，被拽到河里了。

47

做好事的是王五。张三说是李四，李四说不是他。不管李四有没有做好事，他们两人中肯定有一人说了真话一人说了假话。而三人中说真话的只有一个人。因此，王五说的肯定是假话。由此可知好事是王五做的。

48

E。选项A为结论，应含有预设（即“假设”）“李女士具有的所有优点都是当选总经理所具备的”，而题干中不具备。

选项B、C、D很显然不对。从“没有人同时具备她的所有优点”推不出选项B、C、D。

选项E可由题干推出。可用假设归谬法验证，假设选项E的否命题成立，即：并非“任一其他竞选者都有不及李女士之处”等值于“有的竞选者没有不及李女士之处”，很显然与题干“没有人同时具备她的所有优点”相矛盾，故原假设不成立，即选项E的否命题不成立，所以正确答案为选项E。

49

由“丙比战士年龄大”说明丙不是战士，由“甲和工人不同岁”说明甲不是工人，由“工人比乙年龄小”说明乙不是工人。综上所述，丙是工人。

由丙>战士和工人<乙（即丙<乙），得乙>丙>战士，说明甲是战士，最后乙是教师。

所以，甲是战士，乙是教师，丙是工人。

50

C。如果补充A或D或E到题干，所构成的三段论的两个前提都是特称的，根据规则，都推不出结论；如果补充B到题干，所构成的三段论犯了“中项两次不周延”的错误。而如果补充C到题干，得到的三段论是：

所有导演都是大嗓门，

有些导演留大胡子，

所以，有些留大胡子的是大嗓门。

这是有效三段论。所以，正确的答案是C。

51

由a开始计数，划掉所碰到的第十三个字母。结果最后留下的是g。如此反推回去，如留下c，计数一定是从e开始的。

52

从“1号汽车比2号汽车跑得快，2号汽车又比3号汽车跑得快”这句话中我们可以推想出1号汽车比2号汽车、3号汽车都快。又从“4号汽车比1号汽车跑得快”这样我们就可以知道4号汽车跑得最快。

53

凶手在门外吵闹，打架生事，死者想查看究竟，即从锁匙孔向外观看，但凶手的毒针已等待着他。一针刺下，死者即中毒而死于密封的空间内。

54

因为被害人吞了保险柜的钥匙。凶手无论怎么怨恨，也不至于做出此等残忍之事。吝啬的被害人唯恐钱被抢走，一口将钥匙吞到肚里，所以凶手为取出钥匙，不得已才切开他的胃。被害人死到临头还要护钱，真是十足的守财奴。

55

拿看一次，就能知道三盒粉笔各盒的颜色。只拿着“红白”盒中的一捆粉笔就行了。要注意，“每个盒子里所装的粉笔都跟标签不一致”这句关键的话。

56

四只袜子。

为了保证取出一双同样颜色的袜子，至少要从抽屉里摸出三只袜子。

为了保证取出两只不同颜色的袜子，从抽屉里摸出的袜子的数量，至少要比抽屉中某种颜色的袜子的数量多一只。由条件，这样取出的袜子的数量是三只，因此，抽屉中某种颜色的袜子的数量是两只。所以，抽屉中袜子的总数是四只。

57

他说：“我将被陛下罚10两银子。”如果这句是真话，按规定得罚20两银子，但他说的是罚10两，这就不是真话了；如果是假话，按规定得罚10两银子，而他说的是罚10两，这不又成了真话吗？所以，他说的话就成了一句不真不假的话。

58

只要取出三只袜子就行，因为其中至少有两只是同一颜色的。手套的取法要略为麻烦一些，因为手套不但有颜色问题，还有左右的问题。至少要取出21只手套才能配成符合题意要求的一副。少于这个数目，哪怕取出20只，还有可能20只全是同一面的。例如10只白手套，10只花手套，都是左手的。

59

张、刘、林各在一个班；第二次开会，刘又去了，可见张要么与朱同班，要么与宋同班。如果张与宋同班，与第三次开会张、宋同去矛盾。因此张与朱同班。此时只能林与宋同班；最后刘与陈同班。

60

至少拿7次，才能保证其中有3个棋子同一颜色。

我们可以这样想：按最坏的情况，每次拿出的棋子颜色都不一样，但从第四次开始，将有2个棋子是同一颜色。到第六次，三种颜色的棋子各有2个。当第7次取出棋子时，不管是什么颜色，先取出的6个棋子中必有2个与它同色，即出现3个棋子同一颜色的现象。

你能从这道题中发现这类问题的规律吗？如果要求有4个棋子同一颜色，至少要拿几次？如果要求5个棋子的颜色相同呢？

61

D。题设论证为：孤独→记忆力低下，题设D项属于否定结论型的削弱，是最强的削弱。

62

D。D项可以从题设第一句话推出，注意此题不能选B，B项属于偷换概念，人的大脑皮层结构和猴子不一样，但题设没比较谁更发达。

63

C。由于时间的限制和过程的复杂，人们对地震了解得很少，这些困难影响了地震预报的准确性，故能推出目前大部分地震预测都不准确，C项正确。D项是文中提到的，不需要推断。

64

B。吴和王的话互相矛盾，因此，其中必有一真。又只有一人说真话，可推出周和郑均说假话，即事实上是周捐的款。所以B项为真。

65

E。这是在选项中直接确定前提。

66

C。这是在选项中直接确定前提。

67

D。选项D直接构成对题干结论的否定，从而最能削弱题干的论证。

68

B。题干由“经常踢足球的大学生普遍比不踢足球的身体好”作为论据得出“足球运动能锻炼身体，增进身体健康”的结论。

B项指出，身体不好的大学生一般不参加激烈的足球运动，即题干的论证是“因果倒置”，有力地削弱了题干论断。A、C、D三项均属于无关项，不能对题干论断提出质疑。故答案选B。

69

B。（1）“该公司所有职员都恪尽职守”与“该公司职员并不都恪尽职守”矛盾。其中必有一真一假，唯一的“真”就在其中，所以：剩余的“文茜女士恪尽职守”必然是假的。

（2）接续推出“该公司所有职员都恪尽职守”必然假，因为“文茜女士不恪尽职守”。唯一真的是“该公司职员并不都恪尽职守”。

（3）于是可知：A真，C真，D假。而B真假不能确定。

70

由条件（3）、（4）知帽子和衣服的配套是：红帽黄衣；黄帽红衣；蓝帽蓝衣。再由条件（2）、（5）知甲：黄帽红衣；乙：蓝帽蓝衣；丙：红帽黄衣。

71

A。（1）题中能确定的条件是：演舰长的人扮相最沉稳，剧中有恋人，生活中没有；

（2）与“沉稳”和“生活恋人”相关的条件是：陈龙第一次与荣光的女友在剧中扮演既幽默又滑稽的角色。可推知：舰长是华仔扮演。

（3）再根据：剧中甲是舰长的下属，乙是甲的助手，可推知甲和乙都不是舰长，而丙是舰长。

题中“谁是甲”“谁是乙”就无须再推断了。

72

张在乙厂是车工，王在丙厂是钳工，李在甲厂是电工。

由（2）王不在乙厂；由（4）在乙厂的是车工；由（5）王不是电工可得王不是车工也不是电工，王是钳工；由（3）在甲厂的不是钳工，（4）在乙厂的是车工说明王不在甲厂，也不在乙厂，王在丙厂。由（1）张不在甲厂可知张在乙厂，由（4）张是车工。最后，李在甲厂是电工。

73

E。题干的逻辑主线是“高脂肪高糖含量的食物有害人的健康→未成年人应禁用。”要削弱这个推理，就是要说明这两者之间是没有联系的，即“高脂肪、高糖食品主要危害中年人的健康”，对未成年人的危害并不大，这就削弱了题干的建议。

74

C。由题干，乙型肝炎在各个年龄段的发病率没有明显的不同；又因中国人口的平均年龄，在1998－2010年之间，将呈明显上升态势。因此，一个显然恰当的推论是：在1998－2010年之间，乙型肝炎患者的平均年龄将增大。这正是C项所断定的。其余各项均不从题干中恰当地推出。

75

由（1）、(3)可推知：“谨依有磨牙”。因为如果谨依没有磨牙的话，则容华有磨牙。如此一来，就违反提示（1）的条件。既然谨依有磨牙，那么根据(1)，可推知：容华有磨牙。再根据(2)，可推知富桂没有磨牙。所以答案是：磨牙的是容华和谨依。

76

D。容易检验当D为真时，与题干的论述不矛盾。同时，我们也可以从题干推出D。由“余涌的年龄比上海人大”与“安徽人比王宜年龄小”，可以得出江西人最大；由“方宁和安徽人不同岁，安徽人比王宜年龄小”可知余涌是安徽人；由“余涌的年龄比上海人大”可知上海人最小；由“安徽人比王宜年龄小”可知王宜是江西人。剩下没有判定的方宁只能是上海人。与选项D完全一致。既然选项D是可以从题干严格推理得出的，其他选项与D又不同，所以其他选择都是错的。

77

A。（1）要求推出结论，题干提供三个并列的分句作为论据：①长时间绝食不能代谢醋酸的实验鼠体温和耐力明显降低。②醋酸是生命体内基本物质。③实验鼠身体构造与人体非常接近。

（2）既然醋酸是生命体内基本物质，人是生命体（接近实验鼠），所以A项是可得到的结论：醋酸在其维持人体能力供应中起着至关重要的作用。答案为A。

（3）B、C、D在题干中找不到任何证据支持，不是题干结论，不取。

78

A。在以下的叙述中，“受到自己所尊敬的人的尊敬”缩写为“受到尊敬”；“用‘追星’方式来表达自己尊敬情感”缩写为“追星”。

题干的断定可整理为：

（1）如果“心理健康”，则“保持自尊”；

（2）如果“保持自尊”，则“受到尊敬”；（“只有A，才B”＝“如果B，则A”）

（3）如果“追星”，则“不会‘受到尊敬’”。

从（3）可得：

（4）如果“受到尊敬”，则“不会追星”。（“如果A，则非B”＝“如果B，则非A”）

从（1）、（2）和（4）可得：

（5）如果“心理健康”，则“不会追星”。这正是A项所断定的。因此，A项能从题干的断定中推出。其余各项都不能从题干推出。

79

把三个人中体重最重的那个人推下去，以解决问题的主要矛盾。

这是个在世界上流传很广的思维游戏。很多时候，抓住了主要矛盾，就是抓住了最有利因素，因此是利用应变思维的最典型事例。

80

B。题干的推理过程是：为了达到挽救大熊猫的目的，可以采取捕获到动物园进行人工饲养和繁殖的方法。要削弱该结论，只要说明采用这种方法并不能达到目的即可。

B项指出如果人工饲养，则熊猫没有嫩竹可吃，无法达到挽救大熊猫的目的，削弱了题干。A项自然环境中熊猫的确切数量与题干论证无关；C项改变遗传特性并不代表不能挽救；“带有明显的商业动机”不等同于该建议不可行，D项不一定能质疑题干。故答案选B。

81

B。（1）根据题干“高分子化合物被乱丢，且难以自然降解，形成环境污染”，可以直接推出选项B“高分子化合物难以自然降解”。

（2）选项A与题无关，题干没有给出白色污染难以消除的条件。

（3）选项C和D属于“非黑即白”，是错误选项。

此类题型容易受常识干扰，想当然地虚构了非题干的条件，因此就会误选一个与常识最为接近的选项，必须注意。

82

是李同学。因为李同学的话是“五个人中有四个人没说实话”，与题目内容相符，所以他的话是正确的。

83

D。题干的论据是“赤字引起悲观预测，悲观预测又引起美元贬值”，选项D对上述论据提出严重质疑，从而削弱了题干的论证。

84

第一包只有C猜，必是对的。A、B、C、D、E分别猜对了黄、蓝、红、白、紫色的珠子。

85

B。甲和丙的断定互相矛盾，其中必有一真一假。又只有一人的断定为真，因此，乙和丁的断定为假。由丁的断定假，可知：造成事故的直接原因不是设备故障。由乙的断定假，可推知：或者没有人违反操作规程，或者造成事故的直接原因是设备故障。因为已知造成事故的直接原因不是设备故障，所以，可推知：没有人违反操作规程。

这样，可得出结论：

第一，事实上造成事故的直接原因不是设备故障。

第二，事实上没有人违反操

作规程。丙的断定为假，因而甲的断定为真。因此，除了B项为真外，其余各项均不可能真。

86

D。（1）根据“人类基因组测试完成”，以及其他多个涉及“人类基因”的前提，已经确认人类拥有自己的基因组，可直接推出A：今后更多的人将会拥有自己部分或全部的基因组。

（2）根据“对数千名患病或无病个体的DNA对比，确定哪些小的基因差异会给人类带来疾病风险”可直接推出B：今后更多的人将更准确地了解自己存在患何种疾病的风险。

（3）根据“绘制（人类个体）碱基因上的小差异”可直推出C：发现人类基因组个体差异。

（4）D项说：发现人类基因组集合体差异。题干中只指出“个体差异”，没有提及“集合体差异”。答案为D。

87

C。（1）要求削弱上述判断。上述判断即指题干中的结论（主句）。根据发现“出土少女遗骸佩戴饰品”，即得出结论：新石器时代早期，人类审美意识开始萌动。削弱要针对“审美意识”这个结论。（2）削弱这个结论的是C：项链和臂镯的作用主要是表示社会地位。“表示地位”是对“有审美意识”的削弱。答案为C。（3）A项是针对饰品材质或式样而言，与题干结论不相干。进一步说，如果新石器时代有饰品（石器），那就加强了“新石器时代早期，人类有审美意识”的说法，是支持项。（4）B、D为无关项。

88

B。题干的逻辑主线是“盗版盘比正版盘便宜→盗版盘比正版盘销售好”，要使推理成立，必须保证没有别的因素影响这个推论。盗版盘价格上有优势，所以就畅销，这中间暗含着一个假设，就是盗版盘的质量差别不大，至少比它那个价要值得多。其实还有的一个假设就是不会毁坏机器。这在选项中没有，要有也该选。

89

A是北京人，喜欢外语；B是上海人，喜欢数学；C是长沙人，喜欢语文。

B的限制条件较多，先从B判断起。由（1）知，B不喜欢外语，联系（3），B不是北京人；由（4）知，B不是长沙人，这样B只能是上海人。B不喜欢语文而喜欢数学。

B喜欢数学，由（1）知，A不喜欢语文，所以A喜欢外语。又由（3）知，A是北京人。

于是，C必然喜欢语文且是长沙人。

90

D。题干断定：有些人通过体育锻炼和减肥，能增加血液中的高浓度脂肪蛋白；同时，血液中的高浓度脂肪蛋白含量的增多，会降低血液中的胆固醇。由此可以推出，有些人可以通过体育锻炼和减肥来降低血液中的胆固醇。因此，D项作为题干的推论是恰当的。C项和D项类似，但其所作的断定过强，作为从题干推出的结论不恰当。其余各项均不恰当。

91

C。根据题意，知“有的乡完成”、“有的乡没完成”、“李家集乡没完成”三种情况一真二假。如果“有的乡完成”为假，则所有乡都完成，而后两句话必有一真，故不可能。从中推出“有的乡完成”必为真，则“有的乡没完成”、“李家集乡没完成”均为假。进一步从“有的乡没完成”为假推出所有乡都完成了计划生育指标。

92

A。选项A所论述的情况属于一年内免费包修的服务项目，在软驱不能修时，销售部给免费更换软驱是应该的。选项B中的情况是购买后50天的事，虽然没拆箱，但已过了包换的期限，计算机销售部可以担保其免费修理服务，但不一定包换。C中提到的鼠标丢失是保管不当造成的。D中的计算机病毒破坏是由于防范不当或使用不当引起的，公司没有责任。E中情况超过了免费包修期，三年内虽然可以免服务费，零件费还是要照全价付的。

93

A。在近期中国汽车的市场上，按照女性买主所占的百分比，题干一方面断定，星愿、心动和EXAP名列前三，另一方面又断定富康位居榜首，这看来自相矛盾，其实并不矛盾。因为前者排名的依据，是某种轿车的买主之中女性所占的百分比，例如，星愿车的买主中，58%是女性；后者排名的依据，是富康车的女性买主占各种轿车买主总数的百分比。因此，这种情况完全是可能的：尽管富康车的女性买主在各种轿车买主总数中所占的百分比居第一，但是，富康车的买主中，女性的比例却低于54%。这种，题干的断定就不存在任何矛盾。A项正是指出了这一点，因此有助于解释题干中似乎存在的矛盾。其余各项都无助于做到这一点。

94

E。题干的逻辑主线是“受检猴都与人及其宠物有接触，其患病率为1%→猴患病率大大小于1%”，E项的存在能使这个推理成立。如果E项的断定为真，又根据题干，只有与人及其宠物有接触的长尾猴才接受检疫，则说明在接受检疫的长尾猴中感染狂犬病的比例，要高于未接受检疫的长尾猴。这就有力地支持了专家的推测。其余各项均不能支持专家的推测。

95

A。题干的第一个命题“如果新产品打开了销路，则本企业今年就能实现转亏为盈”与第三个命题“本企业今年没能实现转亏为盈”构成了充分条件假言推理的否定后件式，这是一个有效的推理式，可得出结论“（1）新产品没有打开销路”；把“（1）新产品没能打开销路”和题干的第二个命题“只有引进新的生产线或者对现有设备实行有效地改造，新产品才能打开销路”结合起来，构成的则是必要条件假言推理的否定后件式，而我们知道，对必要条件假言命题来说，否定后件是没有意义的，据此我们不能对前件作出任何断定，所以“（2）没引进新的生产线”和“（3）对现有设备没实行有效地改造”都不能作为题干的逻辑结论。

96

B。B项可由题干的断定推出，因为如果B项不成立，则题干的断定也不成立。假设B项不成立，则事实上有些1999年以后制造的笔记本电脑不带有调制解调器；因此不能由你的笔记本电脑是1999年以后制造的，就断定它带有调制解调器。

题干断定：对于笔记本电脑来说，1999年以后制造，是它就带有调制解调器的充分条件，而A项断定，1999年以后制造，是笔记本电脑带有调制解调器的必要条件。对于任意两种事物情况p和q，断定p和q的充分条件，推不出断定p是q的必要条件。因此，A项不能由题干推出。其余各项显然不能由题干推出。

97

C。题干的逻辑主线是“轿车越硬越刺激→越硬越好销”。要削弱这个推理，就是要说明这两者之间是没有联系的，即大多数人买车并不喜欢“硬”。

具体说，题干中的建议是基于一个假设之上的，即多数轿车买主喜欢在驾驶中感到刺激。C项和E项都对这一假设构成质疑，但E项仅涉及年长者，力度不大，而C项断定大多数人买车是为了便利的舒适，而并不喜欢在颠簸中的刺激。这就使得题干中的建议难以成立。

B项断定的是驾驶汽车具有刺激性的危害。即使这种危害性确实存在，只要多数汽车买主喜欢刺激，题干的建议仍然成立，因为此项建议的直接目的是提高销量。因此，即使B项能对题干的建议有所削弱，其力度也不大。其余项不能削弱题干。

98

A。我们可以把题干中的三个明显前提列举如下：

（1）过度工作和压力不可避免地导致失眠症；

（2）该公司大多数的管理人员每周工作超过60小时，而其余的管理人员每周仅工作40小时；

（3）只有每周工作超过40小时的员工才能得到一定的奖金。除此之外，还有一个不那么明显的前提：

（4）每周工作超过60小时的管理人员，都在过度工作并且承受着压力。

我们现在开始推理：如果该公司的某些管理人员获得了一定的奖金，由（3）和（2）可推出（5）这些管理人员的每周工作时间超过60小时；由（4）和（5）可推出（6）这些管理人员在过度工作并承受着压力；再由（1）和（6）可推出（7）这些管理人员不可避免地导致失眠症，也就得到了选项A。选项B、C、E明显得不到题干的支持。如前所述，题干中可推出（4）每周工作超过60小时的管理人员，都在过度工作并且承受着压力，但从（4）得不到（8）“如果管理人员每周工作不超过60小时，他就没有工作过度”，而（8）就是选项D。所以，选项D也没有得到题干的支持。所以，正确答案是A。

99

B。题干只断定：所有关心教员福利的校长，都是管理得法的校长。由此推不出：所有管理得法的校长，都是关心教员福利的校长。为使题干的论证成立，B项必须为真，否则，如果有校长管理得法，但是却不关心教员福利，那么，他完全可能不首先把注意力放在解决中青年教员住房上。这样，题干的结论就不能成立。

100

C。削弱的另一种重要方式是指出推论不可行或没有意义，或直接反对原因，即直接说明原文推理的前提不正确，就达到推翻结论的目的。索贿、受贿等职务犯罪的条件是具有一定的职务和权力。C项指出了这样一个事实，即刑满释放人员很难再得到官职，这说明职务犯罪的刑满释放人员，和因偷盗、抢劫或流氓罪入狱的刑满释放人员相比，较难具备重新犯罪的条件，因此，不能根据偷盗、抢劫或流氓罪入狱的刑满释放人员的重新犯罪率，高于职务犯罪的刑满释放人员，而得出结论，在狱中对上述前一类罪犯教育改造的效果，远不如对后一类罪犯。这就有力地削弱了题干的论证。其余各项均不能削弱题干。

101

首先根据题设条件4可推出：x卷照的是彩色照片，供这个候选人获胜时用；y卷是黑白照片，供这个候选人落选时用。

（1）应选B。由以上答案分析，我们可以立即推出B的结果，当然这是根据已知条件1和4推出的。

（2）应选A。因为尽管y卷中的底片只有x卷的一半（已知条件3），然而x卷中大部分底片即超过二分之一以上的底片报废无用，因此y卷中有用的底片肯定比x卷中有用的底片多。

（3）应选D。

102

（1）选A。根据本题题意和已知条件1、2，可推出V、P、Q分别是第五名、第六名和第七名，既然Q是最后一名，那么S就一定是第一名（已知条件3），所以选A一定对。

（2）选C。根据本题题意和已知条件3，可知道R是第一名，则T是最后一名。我们在第一题已经知道V肯定在P和Q之前（已知条件1和2）。因此，至少有三人（P、Q、T）在V之后，因而他的最差名次不会超出第四名。

（3）选E。既然S是第二名而不是第一名，那么第一名肯定是R，最后一名肯定是T（已知条件3）。由此可见A、B、D是肯定错的，而C违反已知条件1，因此只有E有可能是对的。

（4）选D。根据题意和已知条件3，可推出R、Q、S、T分别为第一名、第五名、第六名和第七名，而A、B、C、E都与所推结论相违背，因此只有D是有可能对的。

（5）选D。由题意和已知条件3，可推出S、R、Q、U，分别是第一名、第二名、第五名和第七名；再由已知条件1和2可推出V和P必定分别是第三名和第四名。剩下的T只能在第六名。因此选 D必定正确。

103

根据（1）和（2），如果甲要的是火腿，那么乙要的就是猪排，丙要的也是猪排。这种情况与（3）矛盾。因此，甲要的只能是猪排。于是，根据（2），丙要的只能是火腿。因此，只有乙才能昨天要火腿，今天要猪排。

104

C是第一名。从八位同学的对话中，我们发现：A与F、B与D、E与H说出的话是三对互相矛盾的结论，每一对中都有一真一假。因为只有三人猜对了，所以C、F、G都猜错了。由G猜错可知，C是第一名。

105

B。结论是赵捐的。可以对照四个人说的话，只有李说的话为真。由A可知赵、李的话为真；由C或E可知赵、钱的话为真；由D可知赵、孙、李的话为真。所以，它们都不是可选的答案。解这类问题的思路如下：

先找出两个截然相反的话，即矛盾事件。此题中钱和李说的话是完全相反的，它们之中有且仅有一个为真。因此，说真话的一个人必在钱和李两人之中。所以，赵、孙肯定说了假话。由赵说的“不是我捐的”为假，可以推出是赵捐的。再和孙的话对照，孙的话确实不真，所以可以肯定B是正确的选择。

106

（1）由如上的提示，可知如下的线索：

A.由提示2及提示3，可知，萍安不和添丁、昭才或广金结婚。

B.由提示3，可知，喜悦不和昭才或广金结婚。

C.由提示4可知，a.好韵和晋宝结婚。b.萍安、吉祥、福气、喜悦不和晋宝结婚。

D.由提示2、3及4，可知，c.福气将于星期三和昭才结婚。d.由a、c可知，晋宝是在星期四和好韵结婚。

（2）综合如上的线索，可逐步推出结论：

E.由A及b可知，萍安和财元结婚。

F.由B、b及E可知，喜悦和添丁结婚。

G.由a、D、E及F，可知，吉祥和广金结婚。

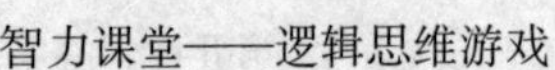

H，由提示2、3及d，可知，喜悦和添丁是在星期二结婚。

107

A。“职业社会化”这一定义的根本在于：根据社会需要选择职业并掌握某种职业技能。A选项提到“很多领域急需翻译人才”，这是社会需要，而食堂管理员张某从这一需要出发，掌握翻译技能并到某公司任职正好符合这一定义。B选项“张某参军后被分配至汽车班”，并没有提到“根据社会需要选择职业”这一要点，故不选。C选项也没有体现出“社会需要”，只是提到出于“热爱”。D选项也没有提到这一点。因此正确答案为A。

108

应分配C和D去，其余三人都不去。

根据（3），有两种情况：

①B去C不去。

根据（4），因为C不去，所以D也不去。

根据（2），因为D不去，所以E一定要去。

根据（5），因为E去，所以A、D都去。

这样得出了“D不去”和“D去”两个互相矛盾的结果，所以，B去C不去这种情况不能成立。

②B不去C去。

根据（4），因为C去，所以D也去。

根据（1），由于B不去，那么A也不能去。因为如果A去，那么B也一定要去，与B不去矛盾。

根据（5），因为A不去，所以E也不去。

由上面可知，C、D去，A、B、E都不去，同时也适合条件（2）。所以应分配C和D去，其余三人都不去。

109

比赛结果名次顺序是：E、D、A、C、B。

我们从第二人预测作为突破口，进行分析探索。首先，被第二人猜中的两对相邻顺序关系不能集中在三个相邻名次上，否则这三个名次若有一个被猜中，将导致三个名次全被猜中；若全没有被猜中，则余下两人被猜中，更导致五个名次全被猜中，显然矛盾。

既然被猜中的两对相邻顺序关系分布在四个名次的两对上，则根据条件其中至少有一个名次已被猜中，于是根据顺序关系的被猜中，跟着就有另一个相邻名次也被猜中，这样一来被猜中的两个名次全在此四个名次中，而且是相邻的。

另外，被猜中的名次只能是前两名或最后两名。否则，如果是第二、第三（或第三、第四）两名被猜中，则另一对猜中的顺序关系必为第四、第五（或第一、第二）。于是全部名次被猜中。

据此可以分两种情况讨论：

（1）第一、第二名D、A被猜中。

这时，如果猜中的顺序关系是E、C，但名次猜错，则E、C、B为第四、第五、第三名，但A、B的名次相邻（第二、第三名）使第一人猜对，因而是不可能的。

还有，如果猜中的顺序关系是C、B，但名次猜错，则E、C、B为第五、第三、第四名，但C为第三名又使第一人猜对，也不可能。

（2）第四、第五名C、B被猜中。

这时，如果猜中的顺序关系是A、E，但名次猜错，则D、A、E为第三、第一、第二名。但A为第一名又使第一人猜对，不可能。

因此剩下猜中的顺序关系是D、A，但名次猜错，就是说D、A、E为第二、第三、第一名，于是比赛结果名次顺序是E、D、A、C、B。

110

D。分析题干可知，题干的结论为“一些村官疯狂贪污，村民维权困难，仅靠行政渠道的调查组或者司法渠道的‘两院’，似乎很难解决问题”。D项直接指出依靠行政渠道的调查组或司法渠道的“两院”有可能解决村官贪污问题，直接质疑了结论，是对题干论证最有力的削弱。A、C项削弱了论据，其削弱力度显然不及直接削弱论点；B项是直接加强结论，是对题干的支持。故答案选D。

111

B。依次判断一、二和三。

一是每一个不理睬通货膨胀影响的人，根据题干，那么肯定是住在广江市的人；而住在广江市的人都要付税，所以为真。

二是不发牢骚的人，那么肯定是不付税的人，因为题干说付税的人都发牢骚；不付税的人肯定没有住在广江市，因为住在广江市的每一个人都要付税；没有住在广江市，那么根据题干，一定不能够不理睬通货膨胀的影响。所以为真。

三是每一个发牢骚的人，是一个比付税的人可能更大的范围；而每一个不理睬通货膨胀影响的人，根据题干，肯定是住在广江市的人；这就是说，每一个发牢骚的人都肯定住在广江市；广江市的人是一个比付税的人可能小的范围。因此，可能存在矛盾，不一定为真。

112

C。选项一不能作为结论从题干中推出，因为从“左撇子的人比右撇子的人更容易患某些免疫失调症”，推不出“患免疫失调症的人中，左撇子比右撇子多”。例如，从“苗族姑娘比汉族姑娘更擅长跳舞”，推不出“擅长跳舞的人中，苗族姑娘比汉族姑娘多”。

选项二也不能作为结论从题干中推出。

选项三可以作为结论从题干中推出。否则，如果在所有左撇子中，数学推理能力强的比例，不高于数学推理能力弱的比例，那么，一般的左撇子并不擅长数学推理（充其量只比更不擅长数学推理的右撇子较强），这显然有悖于题干的断定。

113

A。选项一、一定是真的。否则，如果上述黄蜂的寄生繁衍机制中，不包括它准确区分宿主虫卵大小的能力，那么，它就不能在适合自己后代寄生的各种昆虫的大小不同的虫卵中，注入恰好数量的自己的卵。选项二、不一定是真的，因为完全可能虫卵较大的昆虫数量比虫卵较小的昆虫少得多，这样，上述黄蜂就会相对集中在虫卵较小的昆虫聚集区。选项三显然不一定是真的。

114

D。题干中的第一个统计数字似乎说明飞机比汽车安全，第二个统计数字似乎说明汽车比飞机安全，而题干又断定这两个统计数字都正确，这似乎存在矛盾，其实并不矛盾。因为飞机和汽车的速度明显不同。在不知道二者的速度或速度比的情况下，只以运行距离为单位，或者只以运行时间为单位。

无法比较二者的安全性。D项正确地指明了这一点。其余各项作为对题干的解释均不得要领。

115

B。题干断定了四个条件：在微波炉清洁剂中加入漂白剂，会释放出氯气；在浴盆清洁剂中加入漂白剂，会释放出氯气；在排烟机清洁剂中加入漂白剂，没有释放出任何气体；一种未知类型的清洁剂，加入漂白剂后，没有释放出氯气。由（1）和（4），可推出该清洁剂不是微波炉清洁剂；由（2）和（4），可推出该清洁剂不是浴盆清洁剂。因此，由题干可推出：该清洁剂既不是微波炉清洁剂，也不是浴盆清洁剂。这正是二所断定的。其余选项均不一定为真。

116

B。题干的统计结论有三个。

结论一：没有两个人发表的论文的数量完全相同；

结论二：没有人恰好发表了10篇论文；

结论三：没有人发表的论文的数量等于或超过全所研究人员的数量。

设全所人员的数量为n，则由结论一和结论三，可推出：全所人员发表论文的数量必定分别为0、1、2，……n－1。因此，选项一成立。

又由结论二，可推出：该所研究人员的数量，不多于10人。否则，如果该所研究人员的数量多于10人，则有人发表的论文多于或等于10篇，则有人恰好发表了10篇论文，和结论二矛盾。因此，选项三成立。

选项二不成立。例如，如果研究人员的数量是2，其中一人未发表论文，另一个发表了一篇论文，题干的三个结论可同时满足。

117

A。选项一，一定是真的。因为由题干：2000年鲜纸浆是回收纸浆的2倍；到2010年，回收纸浆将不少于鲜纸浆；到2010年，鲜纸浆的使用量多于2000年的使用量。由此显然可以推出：在2010年，造纸业所用的回收纸浆至少是2000年的2倍。选项二不一定是真的。例如，假设2000年鲜纸浆的用量是1个单位，回收纸浆是0.5个单位；到2010年，鲜纸浆的用量是1.1个单位，回收纸浆是1.2个单位。这一假设符合题干的所有条件，但2010年纸浆总用量少于2000年的2倍。

选项三不一定是真的，造纸业在2010年造的只含鲜纸浆的纸将会比2000年较少。

118

A。由题干，湖州地区用电单位中，超标单位占20%，不超标单位占80%。又近三年来，湖州地区的用电超标单位的数量逐年明显增加，因此，显然可以得出结论：近三年来，湖州地区不超标的用电单位的数量逐年明显增加，否则，超标单位的比例就会超过20%，有悖于题干中关于超标单位的定义。所以选项一，一定为真。

选项二不一定为真。因为由题干可知，一个单位是否为用电超标单位，不取决于自己的绝对用电量，而取决于和其他单位比较的相对用电量。因此，用电超标单位的数量的增加，并不一定导致实际用电量的增加。

选项三不一定为真。例如，假设该地区共有10个用电单位，其中8个不超标单位分别日均耗电

1个单位，2个超标单位中，一个日均耗电2个单位，另一个日均耗电30个单位。这个假设完全符合题干的条件，但日均耗电2个单位的超标单位，其日均耗电量并不高于全地区的日均耗电量。

119

C。由题干，所有持有当代商厦购物优惠卡的顾客，同时持有双安商厦的购物优惠卡。这说明，持有双安优惠卡的顾客人数不会少于持有当代优惠卡的顾客人数。如果持有双安优惠卡的顾客中，有超过一半的人收到当代的购物奖券，这说明收到当代购物奖券的人数，超过了持有当代优惠卡顾客人数的半数，这和题干的条件矛盾，因此，三的断定一定为真。一和二都不一定是真的。这二者的关系是，如果一是真的，则二是真的；因为一不一定是真的，所以二不一定是真的，即二者都不一定是真的。

120

E。题干的第二个事实断定，在一段连续插播的电视广告中，观众印象较深的是第一个和最后一个，其余的则印象较浅；而E项断定，一个广告段中所包含的电视广告的平均数目增加了。由这两个条件可推知，近年来，在观众所看到的电视广告中，印象较深的所占的比例逐渐减少，这就从一个角度合理地解释了，为什么在电视广告所推出的各种商品中，观众能够记住其品牌名称的商品的比重在下降。

其余各项都不能起到上述作用。其中，B和C项有利于说明，近年来人们看到的电视广告的数量逐渐减少，但不能说明，在人们所看过的电视广告中，为什么能记住的百分比逐年降低。D项断定，近年来，一段连续播出的电视广告所占用的平均时间逐渐增加，由此不能推出，一段连续播出的电视广告中所出现的广告的平均数量逐渐增加，因为完全可能少数几个广告所占的时间增加了，而人们在所看过的广告中能记住的百分比并不会降低。

121

C。题干的逻辑主线是“《廊桥遗梦》票房收入好→《泰坦尼克号》票房收入好”，其推理成立的假设就是要说明这两者之间有本质联系。C项是题干的推断最可能假设的。否则，如果两部影片在上座率、票价方面有明显差异，题干对《泰坦尼克号》的预计显然缺乏说服力。其余选项作为答案均不恰当。

要在两样东西或是两种方法间类推，很重要的一点就是这两者之间具有可类比类推性。对于本题来说，放映期上可以类比，剩下的就是票价和上座率了，这些指标的综合就是一部影片的票房。

122

A。本题题干的逻辑主线是“缴纳更多的税金→只好提高自己的产品价格”，要使推理成立，必须保证没有别的因素影响这个推论。A项是题干的论证所必须假设的。否则，如果事实上烟草公司可以通过降低其他方面的成本，来抵消因为不扣除广告费用而多缴的税金，那么，烟草公司就不会因此被迫提高价格而减少烟草的销售。这就动摇了题干结论的说服力。E项不是题干必须假设的。题干确实必须假设，因扣除广告费用所增加的税金，会对烟草公司产生压力而迫使它提高产品价格；但是不必过强地假设，烟草公司由此所增加的税金应该等于价格上涨所增加的盈利。

123

（1）选A。很明显，根据条件1，便可判断A是正确的答案。

（2）选C。因为只有C中列举的三种情况，才能使第一次交换的舞伴又交换回去。

（3）选E。根据已知条件1、2以及本题题意，可以得知两次交换后的四对舞伴是：巴斯克先生和帕尔德夫人，帕尔德先生和巴斯克夫人，罗伯特先生与杰弗逊夫人，杰弗逊先生和罗伯特夫人。A、B、C、D的陈述都与这个结果相违背。只有E的陈述与结果相符，故选E。

（4）选D。由题设条件可知：只有在口令Y发出后，才对巴斯克夫妇交换舞伴起作用，而口令Y和x都与他们无关。如果第一次口令是x，那么，第二次口令也必须是x，他们夫妇才可能重新结为舞伴。但本题题意明确告知第二次口令是Y，因此，第一次口令绝对不可能是x，而只能是除了x之外的其他任何一种口令。由此看来A和E肯定错，而B和C有可能对，但又不一定对，只有D才肯定正确。所以，选D。

（5）选A。如前题所述，只有口令x，才对巴斯克夫妇交换舞伴起作用，而且只有当巴斯克夫人与帕尔德先生结为舞伴后，才有可能在口令Z之后产生本题所陈述的结果。因此，第一次口令肯定是x。

（6）选E。根据题设条件与本题题意可推出三次交换后的四对舞伴是：帕尔德先生和巴斯克夫人，杰弗逊先生与帕尔德夫人，罗伯特先生与杰弗逊夫人，巴斯克先生与罗伯特夫人。

124

韦尔曼警官是维特的朋友之一。所以他知道，维特没有哥哥。当维特得知门外是警官时，便故意说她哥哥也问韦尔曼好，他就明白是怎么回事了。

第三章

1

D。第一个杯子和第四个杯子上写的话是矛盾的，所以必有一真，必有一假。因此第二、第三个杯子上的话是假话。从而推出第三个杯子中有巧克力。

2

D。这是个转折关系复句，转折词后面的句子是强调的重点。第一句强调重点就是空间探索的意义和作用，第二句对此进行进一步的阐述。所以选择D选项。

3

C。整个文段的主题即“黑马”一词，文段首先介绍了“黑马”的词义起源于英语，接着解释了“黑马”原指和后指的词义变化，然后又明确其感情色彩，最后举例说明词义的起源引用。文段中有四个关键的词语“原指”、“后指”、“首先”、“从此”，表示了一种明确的时间顺承关系，即围绕“黑马”词义的演变展开论述。所以选择C选项。

4

（1）从秒力的角度而言，她所看到前面两个人的发圈颜色有如下4种可能：

百合关秒
A红 红
B红 蓝
C蓝 红
D蓝 蓝

（2）如果秒力看到的状况是D，那么她便可以百分之百地确定，她头上绑的是红色发圈，因为发圈的颜色是三红两蓝，如果前面两个都是蓝色，第三个当然就是红色。

（3）既然秒力说她不知道发圈的颜色，可见她看到的并不是状况D，而是A、B、C中的一个。

（4）就关秒的角度而言，如果她前面的那人绑的发圈是蓝色，便可以确定自己所绑发圈的颜色。因为由秒力的答案得知，状况D不成立，所以如果关秒前面那人绑的是蓝色，唯一的 可能就是状况C，那么关秒便可以确定自己绑的是红色。由于关秒回答说她不知道颜色，可见她看到的绝对不是蓝色的。所以C也是不成立的。

（5）既然关秒看到的不是蓝色发圈，百合便能据此推出她所绑的应该是红色。而这也就是答案！

5

A错。住宅需求量增加的原因有：肆意滥伐——无计划——暴雨——山崩——砂砾——采集；但相反的原因有：山岳地带——人口稀少地区。所以，综合判断的结果不可能是住宅需求量增加。

B错。交通阻塞的原因有：无计划——暴雨——山崩；相反的原因有：山岳地带——人口稀少地区。

C错。房屋破坏的原因有：无计划——暴雨——秃岭——山崩；相反的原因有：山岳地带——人口稀少地区。

D对。洪水暴发的原因有：肆意滥伐——无计划——暴雨——秃岭——山岳地带——山崩——人口稀少地区——浅河——砂砾——采集。综合分析题目中所有的现象，就能预测其结果是洪水暴发。

6

最佳选手和最佳选手的孪生同胞年龄相同；根据（2），最佳选手和最差选手的年龄相同；根据（1），最佳选手的孪生同胞和最差选手不是同一个人。因此，四个人中有三个人的年龄相同。由于王先生的年龄肯定大于他的儿子和女儿，从而年龄相同的三个人必定是王先生的儿子、女儿和妹妹。这样，王先生的儿子和女儿必定是（1）中所指的孪生同胞。因此，王先生的儿子或女儿是最佳选手，而王先生的妹妹是最差选手。根据（1），最佳选手的孪生同胞一定是王先生的儿子，最佳选手无疑是王先生的女儿。

7

B。典型的总——分式行文脉络。首句为中心句，提出工作中人际关系比较简单。第二句和第三句是对首句的解释说明。所以选择B选项。

8

根据（1）和（2），至少玩了5盘；根据（1）和（3），最多玩了6盘。

如果是玩了5盘，那么根据（2），这一轮的赢家必然赢了第一、第三和第五盘。但是，根据（3）、（4）和（5），在这三盘中，每人必定会轮上一次发牌。这样，与（6）发生矛盾，因此无疑是玩了6盘。由于是玩了6盘，根据（3）、（4）和（5），丙是最后一盘也就是第六盘的发牌者。根据（1），最后一盘也就是第六盘的赢家便是这一轮的赢家；于是根据（6），甲或乙赢了最后一盘也就是第六盘，是这一轮的赢家。

如果甲赢了第六盘，根据（6），他就不会赢第一盘或第四盘；而根据（2），他也不会赢第五盘。于是，他只会赢了第二和第三盘，这种情况与（2）有矛盾。因此，甲在第六盘中没有获胜。

这样，乙必定赢了第六盘，也就是说乙是这一轮的赢家。这一轮牌中按各盘获胜者排出的序列可能有4种（A代表甲，B代表乙，C代表丙）：

发牌者A B C A B C

一 获胜者B A B C A B

二 获胜者B C B C A B

三 获胜者B C A B A B

四 获胜者B C A B C B

9

那个轮胎里充满了高压氰酸钾气体。罪犯是在前一天晚上悄悄溜进车库作的案。第二天早晨，当被害人想出车时，发现一个轮胎气太足了，这样车跑起来会出危险，便拧开气门想想少放些气。就在这一刹那，剧毒的氰酸钾气体喷射出来使其吸毒身亡。

10

尤利施放了满屋的煤气，再打电话惊动左右的邻居，目的是想制造混乱。当人在逃生时，下意识中都会呼唤左右隔壁的人一起逃生，只要一按电铃，尤利的目的就会达到。因为电铃的火花是点燃煤气的好工具，若屋内发生爆炸，证据必然尽毁。

11

1＋3。

12

59分钟。只节约了最初的1分钟。

13

可以拼接为3支蜡烛来点。具体办法是：先用7支蜡烛可拼接2支，剩下1支蜡烛头，当拼接的2支蜡烛点完后，再与剩下的那个蜡烛头拼接为第三支蜡烛。

14

四个人回港日期的最小公倍数是48个星期，他们在12月2日可以一起回港。

15

可能性为1/5，从4个球中取出2个球有6种可能：1．红色/红色；2．红色1号/白色；3．红色1号/黑色；4．红色2号/白色；5．红色2号/黑色；6．黑色/白色。因为已知黑色、白色这一对不可能已拿出，那么在剩下的5种可能中，取出红色/红色的可能性是1/5。

16

鲍勃是网球运动员，卡洛尔是体操运动员，怀特是乒乓球运动员，艾丽斯是羽毛球运动员。这道题旨在测验你的整理信息能力和逻辑推理的能力。

17

（1）由已知条件①知道："有哥哥的人就没有姐姐"，所以有姐姐的人就不可能有哥哥。如果有姐姐的人有哥哥，由条件①，有哥哥的人没有姐姐。这样，既说有姐姐，又说没有姐姐，就自相矛盾了。所以"有姐姐的人就没有哥哥"是对的。

（2）例如，马有4条腿是对的，但反过来说，有4条腿的就是马，就不对了。类似地，由已知条件②，没有哥哥的人有弟弟，但反过来说，有弟弟的人没有哥哥，是不对的。

（3）由②知道："没有哥哥的人有弟弟"，又由③知道："有弟弟的人就有妹妹"。把这两句话连起来分析，就能得出结论是正确的。

正确的说法有：（1）有姐姐的人没有哥哥。（3）没有哥哥的人有妹妹。

18

15分钟。先把三块牛排编号为1、2、3。然后，第一步：煎1号正面，2号正面（用时5分钟）；第二步：煎1号反面，3号正面（用时5分钟），最后煎2号反面，3号反面（用时5分钟），这样花的时间加起来就只有15分钟了。

19

本题中的条件比较多，可以先把每个条件涉及的木块一律按从小到大顺序，各自排成一行，然后汇总。

从条件得到：

绿＜红，

紫＜黑＜绿，

白＜紫，

白＜红。

综合以上各个条件，得到

白＜紫＜黑＜绿＜红。

所以，五个木块从小到大，顺序是：白木块、紫木块、黑木块、绿木块、红木块。

解答本题的关键，先将杂乱的条件根据需要按统一标准整理。条理清晰了，问题也就迎刃而解了。数学需要条理性，所以数学也特别能锻炼人的条理性。

20

（1）先把牛奶倒满A、B两只杯子，把可可倒满C杯子；

（2）把C杯子里的可可倒入牛奶瓶里，再将可可倒满C杯子；

（3）把A杯子里的牛奶倒入可可瓶里，这时候两个瓶里都是混合饮料了。然后将一个瓶的混合饮料倒满另一个瓶，不满的瓶正好还可装剩下的一杯牛奶和一杯可可。

21

先装满6.5千克的容器，从中倒满2.5千克的容器后余下即为4千克，将它倒入5.5千克的容器中，而把2.5千克容器中的油倒回大容器；再从大容器中取油装满6.5千克的容器，倒出2.5千克后剩下4千克；2.5千克容器中的油倒回大容器，则大容器中的油也是4千克。

22

A～C展示了整个过程。

A图

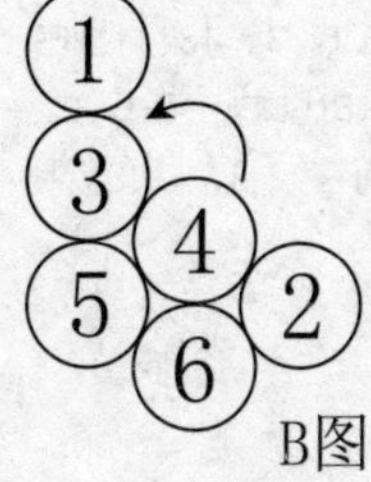

B图

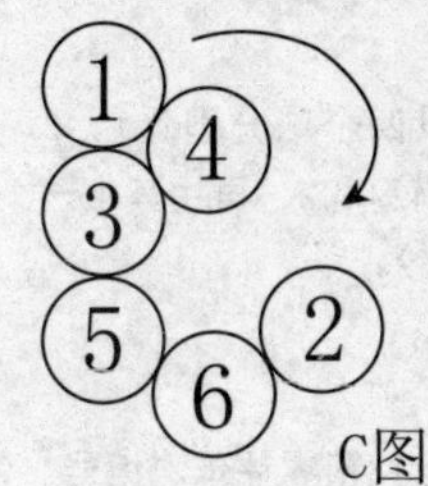

C图

23

将3个容器依其容量简记为8、5、3。

由8倒满5。由5倒满3，5中还留有2升酒。将3倒入8。

由5倒2升酒入3。由8倒满5。

由5倒入3，直到3满，此时5中还留有4升酒。

将3倒入8，这样8中也有4升酒。

24

保罗分未开封的酒2瓶，只剩一半威士忌的酒3瓶，空瓶2瓶；劳伦斯分未开封的酒2瓶，只剩一半的威士忌酒3瓶，空瓶2瓶；辛格分未开封的酒3瓶，只剩一半威士忌的酒1瓶，空瓶3瓶。

25

第一次将150克的容器斟满倒入350克的容器内；第二次仍将150克的容器斟满倒入350克的容器内；第三次还是将150克的容器斟满倒50克在350克容器内。此时，150克容器内剩下100克酒。第四次将此100克酒倒入购买者的瓶内；第五次将150克的容器内斟满倒入购买者的瓶内，如此，购买者250克的瓶便装满了。

26

先让A分出他认为是1/4的一份酒，如果把这一份分给他，他会满意。如果B、C、D中有人认为A的这一份酒多于1/4，他尽可以把它减掉一点儿。减少后，如果A没意见，仍可以拿这一份。于是问题变成三个人分酒了。重复上述过程，又将有人拿走一份。再下去由两个人来分酒。两个人的分法题目中已经告诉我们了，不必重复。这样，酒就分完了。

27

把两个杯子都倒满，然后将水壶里的水倒掉。接着将300毫升杯子内的水全部倒回水壶，把大杯子的水往小杯子倒掉300毫升，并把这300毫升水倒回壶中，再把大杯子剩下的200毫升水倒往小杯子，把壶里的水注满大杯子（500毫升），这样，壶里只剩100毫升。再把大杯子的水注满小杯子（只能倒出100毫升），然后把小杯子里的水倒掉，再从大杯子往小杯子倒300毫升，大杯子里剩下100毫升，再把小杯子里的水倒掉，最后把水壶里剩的100毫升水倒入小杯子。这样在每个杯子里都恰好有100毫升的水。

28

两个孩子先过去，留一个，另一个回来。留下孩子，大人过河。到对岸，让过了河的孩子再回去，最后两个孩子一起过河。

29

需要6次。

（1）一牛一虎过河，一牛返；

（2）二虎过河，一虎返；

（3）二牛过河，一牛一虎返；

（4）二牛过河，一虎返；

（5）二虎过河，一虎返；

（6）二虎过河。

30

首先，由两个小孩划船到西岸。然后，其中一个小孩留在西岸，另一个小孩把船划回东岸。接着，由一个大人把船划到西岸，然后留在西岸，再由留在西岸的那个小孩把船划回东岸。接着，再由两个小孩把船划到西岸，重复以上的过程，直至所有的人都摆渡到西岸。

31

最多称3次。把大米和玉米、玉米和小米、大米和小米分别两袋一起称。把三次的重量加起来除以2，就得到一袋大米、一袋小米和一袋玉米的总重量。然后把总重量分别减去大米和玉米、玉米和小米、大米和小米的重量，就能算出小米、大米和玉米各重多少了。

32

把10袋橘子依次编号，从第一袋内取1只，第二袋内取2只，……第十袋内取10只，放在一起称共55只，如果都是50克重的，应该是2.75千克；少多少克，就是第几个袋子是装每只450克重的橘子的。

33

把10个筐依次编上1～10号，从第一个筐取出1个，第二个筐取出2个……第十个筐取出10个，一共55个。称一次，看看跟27.5千克差多少克，差多少克就是那一个编号的筐。

34

第一瓶拿一个药丸，第二瓶拿两个药丸，第三瓶拿三个，第四瓶拿四个，称一下比标准的十个药丸重多少，重多少就是第几个瓶子里的药丸被污染。

35

设四个球分别为1、2、3、4，比较1和2，再用其中一个与3或4比较。

36

把13箱零件依次编号，然后从标号为1的箱子取一只，2号取2只，3号三只……13号取13只。把实际称出来的91个零件的重量减去91个标准零件的质量再除以5，等于多少就是第几箱有问题。

37

101舞蹈室，102电工室，201美术室，202书法室，301音乐室，302航模室，401生物室，402棋类室。

38

我们分别对本例的两个问题加以讨论。

由已知条件①可知，丁住在第四层，是最高层，于是甲、乙、丙只能住在1、2、3这三层之中了，因为条件①还告诉我们，“甲比乙住的高，比丙住的低”，所以甲肯定住在第二层，而丙住在第三层，乙住在第一层。

由条件②知道，工程师住在最低层，这说明工程师是住在第一层的。那么，医生、教师、工人一定住在2、3、4层。条件②还告诉我们：“医生住在教师的楼上”，这说明医生不是住第三层就是第四层。又由于“医生住在工人的楼下”，所以医生只能住在第三层，工人住在第四层，教师住在第二层。

联系起来，就得到最后的答案：

甲：教师——住第二层。

乙：工程师——住第一层。

丙：医生——住第三层。

丁：工人——住第四层。

39

做不到。感觉上似乎做得到，右手有5只，左手也有5只，然而右手与右手、左手与左手搭配的话仅各有两组，剩下的左、右手各一只，无法做得到。因时、因地区分可能与不可能是个关键。

40

不正确。两人猜拳的排列组合有9种（3×3），所以有1/3的机会是平局。三人猜拳要复杂一些，其排列组合有27种（3×3×3），平局的情况如下：

（1）石头、石头、石头；

（2）石头、剪子、布；

（3）石头、布、剪子；

（4）剪子、剪子、剪子；

（5）剪子、石头、布；

（6）剪子、布、石头；

（7）布、布、布；

（8）布、剪子、石头；

（9）布、石头、剪子。

由此可见，也是9种情况下出现平局，同样占1/3，和两人猜拳的概率一样，但所需要的时间要长得多。

41

假如四次的名次分别为：

1.A、B、C、D；

2.B、C、D、A；

3.C、D、A、B；

4.D、A、B、C。

在1、3、4次A比B快，在1、2、4次B比C快，在1、2、3次C比D快，而在2、3、4次D就比A快。

42

5	8	6	3	4
8	6	0	7	2
6	0	9	1	7
3	7	1	2	5
4	2	7	5	8

43

6次开第一把锁，从最坏的情况考虑，试了3把钥匙还未成功，则第四把不用再试了，他一定能打开这把锁。同样的道理，开第二把锁最多试2次，开第三把锁最多试1次，最后剩下的一把钥匙一定能打开剩下的第四把锁，不用再试。

最多（也就是按最不凑巧的情况考虑）要试的次数为3＋2＋1＝6（次）。

44

在纸上画5个点，分别在各点旁边标注字母A、B、C、D、E，表示这五位朋友。哪两位朋友互相握过手，就在相应的两点之间连一条线。

A和4个人握了手，所以A点和另外4点各有一条线相连。

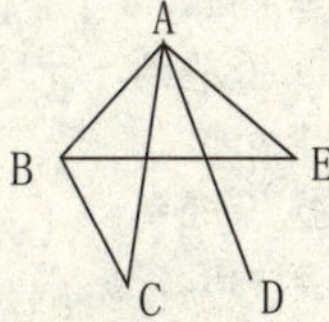

D和1个人握了手，所以从D点只有一条线引出。现在已经有了D和A的连线，所以D点和其他3点都没有线相连。

B和3个人握了手，所以有3条线从B点连出来。B和D没有线相连，所以从B点引出的3条线分别通向A、C、E。

C和2个人握了手，所以从C点共有2条线引出来。已经有了从C到A和从C到B的线，所以C点没有其他线通过了。

最后得到的图形，如上图。图中从E点共有2条线引出，分别通向A和B。所以E和两个人握过手，这两个人是A和B。

这个问题也可以用说理的办法或者列表的办法解答，不过画图的办法更简明。

45

从A到O有两条路，A→C→O用6分钟，A→F→O用7分钟，排除后者，可将FO抹去，但AF不能抹去，因为从A到B还有其他路线经过AF，简化为左下图。

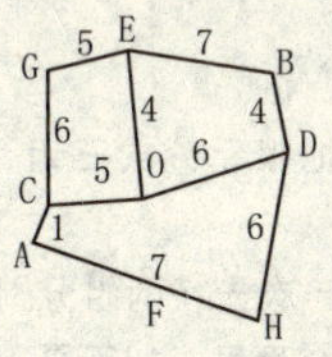

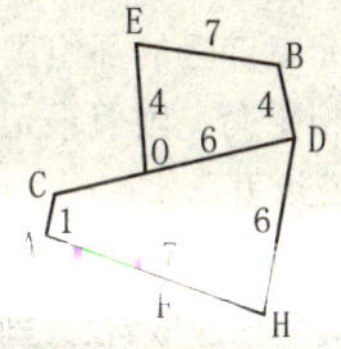

从A到E还剩两条路，A→C→G→E用12分钟，A→C→O→E用10分钟，排除前者，可将CG、GE抹去，简化为右上图。

从A到D还剩两条路，A→C→O→D用12分钟，A→H→D用13分钟，排除后者，可将AH、HD抹去，简化为左下图。

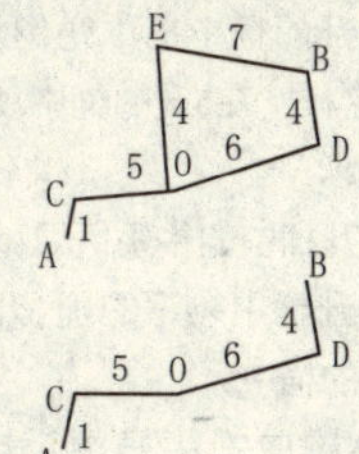

从A到B还剩两条路，A→C→O→E→B用17分钟，A→C→O→D→B用16分钟，排除前者，可将OE、EB抹去，简化为右上图。

小明按A→C→O→D→B走最快，用16分钟。

46

可以先算，再分。一共有7＋1/2×7＝21/2壶油，平均每份21/2÷3＝7/2壶油，21÷3＝7个壶。分法如下：

	第一种分法			第二种分法		
整壶	2	3	2	1	3	3

47

牛奶要翻倒7次，每次情况如下表：

	4升罐	1.5升罐	2.5升罐
第一次	1.5		2.5
第二次	1.5	1.5	1
第三次	3	1	
第四次	3	1	
第五次	0.5	1	2.5
第六次	0.5	1.5	2
第七次	2	2	

48

让我们用A表示一个40升的牛奶罐，用B表示另一个40升的牛奶罐，倒法如下：

从A罐中把牛奶倒满5升的桶。

从5升的桶中把牛奶倒满4升的桶，这样，在5升的桶中就留下1升牛奶。

将4升桶中的牛奶倒回A罐。

将5升桶中剩下的那1升牛奶倒入4升的桶中。

从A罐中把牛奶倒满5升的桶。

从5升的桶中把牛奶倒满4升的桶。这时，在5升的桶中就剩下2升的牛奶。

将4升桶中的牛奶倒回A罐。

从B罐中把牛奶倒满4升的桶。

从4升的捅中把牛奶倒满A罐。这时，在4升的桶中就剩下2升的牛奶，

现在2只小桶中各有2升牛奶，A罐还是满的，而B罐则减少了4升。

49

两个孩子先过河。一个孩子把船再划回学生这边来，自己上岸。然后一个学生上船再划回对岸，由留在对岸的孩子把船划回到学生这边来接另一个孩子，把他送到对岸后，再把船划回来，自己上岸，然后第二个学生再乘船渡过去，这样反复多次，直至把全部学生运到对岸。

50

A、B、C代表猪妈妈，a、b、c代表猪宝宝。

a、b过河，a回对岸。

a、c过河，a回对岸。（此时b、c已过河）

B、C过河，Bb回去。

A、a过河，C、c回去。（此时过河的为A、a）

B、C过河，a回去。（3只大猪已过河，问题解决）

a再来回四次，接另外两小猪过河即可。

51

因为称量1次只有两种结果：等于规定重量或轻于规定重量，所以可用对分法。先取500箱称，若等于规定重量，则次品在另500箱中；若轻于规定重量，则次品在这500箱中。然后对有次品的500箱再对分，取其中的250箱称……因为1000＜1024＝210，所以经过10次称必可查出次品。

52

取甲、乙两只杯子，先把活鱼放在装有水的甲杯里，一起放在秤上称。将称得的重量记下来。然后把红鱼放在装有水的乙杯里，再称一次甲杯，把称得的重量记下来，并用第一次称的重量减去第二次称的重量就是红鱼的重量，依次做下去，就可算出白鱼、黑鱼的重量。

53

先把银元分成三组，每组3枚。

第一次先将两组分别放在天平的两个盘里。如天平不平，那么假银元就在轻的那组里，如天平左右相平衡，则假银元就在未称的第三组里。

第二次再称有假银元那一组，称时可任意取2枚分别放在两个盘里，如果天平不平，则假银元就是轻的那一个。如果天平两端平衡，则未称的那一个就是假银元。

54

因为天平称重有三种结果；①两边一样重，②左边重，③右边重，所以可以用三分法。

先将81粒珍珠三等分，在天平两边各放27粒珍珠，天平下还有27粒。若两边一样重，则假珍珠在天平下的27粒中；若左边重，则假珍珠在天平右边的27粒中；若右边重，则假珍珠在天平左边的27粒中。

然后再将有假珍珠的一堆三等份，继续上面的做法。因为81＝34，所以只需要称4次就可将假珍珠挑出来。

55

将袋子编号：1、2、3、4、5、6、7、8、9、10。依次从中取：1、2、3、4、5、6、7、8、9、10个金币，共计55枚，然后对55枚金币称重。正常情况下，取出的金币总重应该为550克。但由于其中混有11克的不合格金币，所以总重应该超过550克。因为不合格金币重量多1克，所以超过的部分的重量就说明了这样一个事实：超了550克多少，就说明55枚金币中有多少枚不合格金币。而我们取的金币数量就是口袋的编号，所以立即可以知道是哪个口袋的金币超重，是不合格的。

56

分别把三位老师简记为张、王、李，三门课程简记为语、数、外，问题中的条件可以简单地借用数学符号表示成：

① 张≠外；

② 外＝男；

③ 李＝女；

④ 李≠数。

由②、③得到

⑤ 李≠外。

由④、⑤得到

⑥ 李＝语。

由⑥、①得到

张＝数，王＝外。

所以，结论是：李老师教语文，张老师教数学，王老师教外语。

原来的题目是一个逻辑问

题，解答时把它数学化，整合成紧凑的等式或不等式，一目了然。

57

用这条救生艇最多可以营救13人，必须采取其他营救措施。到达岛上要4分钟的话，来回就要花8分钟。先让5个人乘船上岛，因为必须有一个人要把救生艇划回来，所以只有4个人到达岛上避难（花8分钟，4人获救）。然后再载5个人到岛上，1个人再驾船回来（16分钟，8人获救），当船再载5个人离开后，就没有时间再回来接人了，当船到达岛上时，那艘船已经沉了。所以如果只用这条救生艇，最多能有13人安全脱险，必须采取其他营救措施。

58

至少分9次。这种题，一般统称为分液问题。解答时，最好用列表的方法。本题解答方法，如下表所示（这不是唯一的方法）：

杯子容量 / 杯中盐水 / 分的次数	100毫升	70毫升	30毫升
1	30	70	0
2	30	40	30
3	60	10	0
4	60	10	30
5	90	10	0
6	90	0	10
7	20	70	10
8	20	50	30
9	50	50	0

59

第一次用天平把140千克分成两个70千克；第二次把其中一个70千克分成两个35千克；第三次把其中一个35千克分成15千克和20千克（利用两个砝码，使天平一边是7千克的砝码加上15千克的盐共22千克，另一边是2千克的砝码和20千克的盐共22千克）。然后把未分的70千克盐和最后一次分出的20千克盐加在一起就是90千克，剩余的盐全加在一起是50千克。

60

可采取以下步骤（使用容量分别为3升和5升的两个容器，打回恰好4升的水）：

1.把大容器装满水，小容器倒空；

2.用大容器的水装满小容器。这时大容器中装有2升水，小容器中装有3升水；

3.倒空小容器，大容器中仍装有2升水；

4.把大容器中的2升水全部倒入小容器中；

5.小容器中保持有2升水，并把大容器装满水；

6.用大容器中的水把小容器装满。这时小容器中装有3升水，大容器中装有4升水。

这大容器中的4升水正是所需要的。

61

解答此题需要抓住两个重要的关键点：

第一：要保证桥的两边都有一个速度比较快的人来进行送灯的任务。

第二：要保证较慢的人能够同时过去。以便节省更多的时间。

条件一是为条件二服务的。通过确定了这两个思考方向，我们就不难解决此问题。

步骤：

（1）1秒、3秒先过去，用时3秒。

（2）1秒送灯回来，用时1秒。

（3）8秒、12秒一起过去，用时12秒。

（4）3秒送灯回来，用时3秒。

（5）1秒、3秒再过去，用时3秒。

（6）1秒送灯回来，用时1秒。

（7）1秒、6秒过去，用时6秒。

共计用时3＋1＋12＋3＋3＋1＋6＝29（秒）。

62

1.一人带一只小熊过河；

2.留下小熊后，那人独自返回；

3.让老熊带一只小熊过河；

4.留下另一只小熊后，老熊独自返回；

5.老熊留下，让两人同时过河；

6.留下一人，让一人带一只小熊返回；

7.留下小熊，让一人带老熊过河；

8.留下老熊后，由一人带一只小熊返回；

9.留下两只小熊后，两人又同时渡河；

10.三人都留在对岸，由老熊独自返回；

11.老熊带一只小熊过河；

12.留下小熊后，老熊独自返回；

13.最后，由老熊带另一只小熊过河。

经过十三次往返后，这三个人带着三只熊总算安全地渡过了河。当然还有别的渡法。

这种渡河问题，不管是简单的，还是复杂的，用船的次数必须是奇数次。这是因为一来一回，相加为2，无论多少次来回，其和总是偶数；而最后一次是只有“过去”没有“回来”，所以用船的次数必须是奇数。假如我们用试验的办法来解决渡河问题，只有得出奇数次才有可能是正确的，若是偶数次那就肯定错了。

63

9个球，至少称2次就可以找到那个较轻的球。

第一次：天平两侧各放3个球。

如果天平平衡，说明较轻的球在下面；如果不平衡，那么抬起一侧的3个球中必有轻球。

第二次：从含有轻球的3个球中任选2个，分别放在天平两侧。如果平衡，下面的球是轻的；如果不平衡，抬起一侧的球是轻的。

如果是27个球，至少需要称3次。

第一次：天平两侧各放9个球。

如果平衡，说明轻球在下面9个球中；如果不平衡，抬起一侧的9个球中含有轻球。

第二次、第三次与前面所说9个球的称法相同。

在这种用天平确定轻球（或重球）的智力题中，球的总个数与至少称的次数之间的关系是：若3n＜球的总个数≤3n＋1，则（n＋1）即为至少称的次数。

例如，设有25个球，因为32＜25＜33，所以至少称3次；

设有81个球，因为33＜81＝34，所以至少称4次。

64

如果按照题目告诉的几件事，一件一件去做，要95分钟。要想节约时间，就要想想在哪段时间里闲着，能否利用闲着的时间做其他事。最合理的安排是：先洗脏衣服的领子和袖口，接着打开全自动洗衣机洗衣服，在洗衣服的40分钟内擦玻璃和收拾厨房，最后晾衣服，共需60分钟（见下图）。

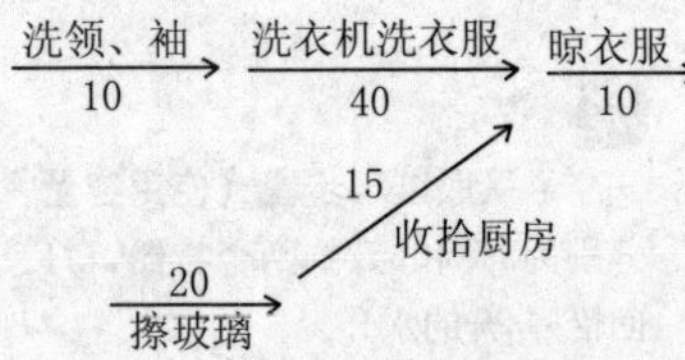

当有许多事要做时，科学地安排好先后顺序，就能用较少的时间完成较多的事情。

65

本题中实际隐含着加油时间忽略不计这个条件。可以把起点看做0，半圈看做“1”，一圈看做“2”，至少用4架飞机。可把4架飞机标号为1、2、3、4号。先1、2、3三架同时起飞，1号飞到1/4处把1/2油分别给2、3号加满，返回；2号飞到1/2处，把1/4油给3号加满，留1/2油自己返回；3号油箱满，可飞到1又1/2处，油箱空。在3号飞机到达全程一半处，1、2号已返回机场，再与4号同时起飞反方向去接3号飞机。4号飞到1又1/4处把1/2油分加给1、2号，1、2号飞行至1又1/2处正好接到3号，各加给3号1/4油后，1、2、3号同时返回。这样，3号飞机绕地球一圈。

66

先讲的是狼，这一天是星期天。

①狼只有在星期一和星期四才能说：“昨天是我说谎的日子。”因为狼在星期一说谎话，而星期天说真话；而在星期四说真话，在星期三说谎话。

狐狸只有在星期四和星期六才能说：“昨天是我说谎的日子。”

综合起来，今天是星期四。

②如果先说的是狼，它讲的是真话，那么后说的就是狐狸，讲的也是真话。同样道理，先说的是狐狸，他讲了假话，那么后说就是狼，讲的也是假话。因此，它们都讲真话，或者都讲假话。没有一天，狼和狐狸都讲假话，只有星期天，狼和狐狸都讲真话。

这一天是星期天，先讲的是狼。

67

王获第四名。

由“每个名次都有人猜对”可知钱第二，获第四名的是王、李二者之一。假定李第四，则李不是第五，只有孙第五；于是孙不是第一，只有赵第一；于是赵不是第三，只有钱第三；这与钱第二矛盾。因此只能王获第四名。

68

这个游戏对参加的两个人来说是不平等的，如果知道了游戏的奥妙，那么先放硬币的一方会稳操胜券。

游戏的奥妙是利用平面几何中的中心对称原理。先放者，首先抢占“对称中心”，即纸的中心。然后，不论对方把硬币放在什么位置，你每次都根据中心对称原理，把硬币放到对方硬币的对称位置上。这样，只要对方有地方放，你就必定有放的地方，直到你占满最后一处空白，逼得对方无处可放，你就获胜了。

69

甲和丙都是骗子，乙是老实人。

很明显，甲是骗子，否则，如果他是老实人，要说真话，可是却说“三人都是骗子”，这就不是真话，产生了矛盾。由此得出结论：“三人中至少有一个是老实人。”

现在再分析一下乙是哪种人。如果乙是骗子。与上面已得出的结论联系起来，就有“甲和乙都是骗子，丙是老实人（因至少有一个人是老实人）。”

这样一来，恰好有一个人是老实人，乙说的话又成了真话。与我们假设乙是骗子不符合。

现在可以断定，乙是老实人，他说的“恰好只有一个老实人”是真话，因此丙是骗子。

结论：甲和丙都是骗子，乙是老实人。

70

这位聪明人是这样回答的：“我到这绞首台上来是送死的。”守卫的人想绞死他，他回答的变成了真话。按规定，应推到河里淹死；把他推到河里淹死，也不行，因为这样他回答的话又变成了谎话。按规定，回答谎话的人，应该绞死。

71

30。左侧代表月，右侧代表每月的天数。

72

如果围绕原要入账的300元“虚数字”，那就无法算清了，也就是说，无法找回那“不见”的10元。事实是：三人实际付出270元（从收款员手上各人退得10元）。也是说，入现金账的是250元，进私人腰包是20元，合起来是270元，是对得上的。按最初的300元去计算是没有意义的。

73

贝尔、查理、迪克各自拿出10美元给阿伊库就可解决问题了。这样的话只动用了30美元。最笨的办法就是用一百美元来一一付清。贝尔必须拿出10美元的欠额，查理和迪克也一样；而阿伊库则要收回借出的30美元。再复杂的问题只要有条理地分析就会很简单。养成经常性地归纳整理、摸索实质的好习惯。

74

初看似乎缺少观众人数这个条件，实际上观众人数与答案无关。因为降价前后观众人数存在倍数关系，收入也存在比例关系，所以可以使用数值代入法。我们随意假设观众人数，为了方便，假设原来只有一个观众。由此得到，收入为15元，那么降价后有两个观众，收入为15×（1+1/5）=18（元），则降价后每张票价为9元，每张票降价15−9=6（元）。

75

日租金360元。

虽然比客满价高出200元，因此失去30位客人，但余下的50位客人还是能给我们带来360×50=18000（元）的收入；扣除50间房的支出40×50=2000（元），每日净赚16000元。而客满时净利润只有160×80−40×80=9600（元）。

76

买46张个人票应付钱：2×46=92（元）。

买50张团体票应付钱：2×50×80%=80（元）。

买团体票比买个人票少付：92−80=12（元）。

即买团体票比买个人票少付12元，所以，应该买团体票。

77

8个角上的小立方块三面涂色，6个中央的小立方块一面涂色，没有涂色超过三面的小立方块；因此，剩下的12 个小立方块两面涂色。

78

这是可能的。这个人的生日是元月2日。他说话时是今年12月31日。这样一来，他去年元旦时是19岁，1月2日20岁，今年元月1日还是20岁，元月2日21岁，明年元月2日就是22岁了。

79

18岁。按10−（−10）=20这种单纯计算方法是不准确的。因为一般的数列为……2，1，0，−1，−2，……而年历当中则因没有公元0年，只能是……2，1，−1，−2，……；同样，年号也没有所谓的0年，元年指的是第一年。一个人的年岁一般是以生日为起点计算的，也就是生日前后差一大，年龄就差一岁。

80

上楼的速度可以分为两部分：一部分是男、女孩自己的速度，另一部分是自动扶梯的速度。男孩5分钟走了20×5=100（级），女孩6分钟走了15×6=90（级），女孩比男孩少走了100−90=10（级），多用了6−5=1（分），说明电梯1分钟走10级。由男孩5分钟到达楼上，他上楼的速度是自己的速度与扶梯的

速度之和，所以扶梯共有

（20＋10）×5＝150（级）。

解：自动扶梯每分钟走

（20×5－15×6）÷（6－5）＝10（级），

自动扶梯共有（20＋10）×5＝150（级）。

81

奥尼尔太太买香蕉用了33.60美元，她可以买到48串红香蕉，48串黄香蕉，一共96串。但如果把买香蕉的钱对半分开，用16.80美元买红香蕉，再用16.80美元买黄香蕉，那么她可以买到42串红的，56串黄的，一共98串。

82

3张。因为取出前两张牌若不是同色牌，此时再在桌子上拿1张牌，那么肯定原来的两张牌中至少有一张与后拿的这1张同色。

83

根据孙子定理求得箩筐内原有的大米量，L＝6×7×3＋5×7×4＋5×6×4－5×6×7＝176（升）。甲小偷盗米：176－1＝175（升）；乙小偷盗米：176－2＝174（升）；丙小偷盗米：176－1＝175（升）。

84

第一次从电缆线的中点C检测。若A到C通，则断点在CB，否则在AC。这时检测范围变为50米。第二次再在50米的中点检测，使故障范围减少到25米。以此类推，当第七次检测时，范围缩小到了8米，符合维修要求。因此，最多检测7次。

85

共有三种。

边长为7厘米的正方形1种：7＝1＋6＝2＋5＝3＋4；边长为8厘米的正方形1种：8＝1＋7＝2＋6＝3＋5；边长为9厘米的正方形1种：9＝1＋8＝2＋7＝3＋6＝4＋5。

86

根据问题的条件，从家走到学校，两种速度所用时间的差是：

6＋3＝9（分）。

如果有两个人同时从小玲家往学校走，其中一个人以每分钟80米的速度快走，另一个人以每分钟50米的速度慢走，那么当快走的人到达学校时，慢走的人还差9分钟的路程，即：

50×9＝450（米）。

从两人同时同地出发，到距离拉开成450米，所用的时间是：

450÷（80－50）＝15（分）。

这15分钟是从家快步走到学校所用的时间，所以家到学校的距离是：

80×15＝1200（米）。

87

2人。假设所有49名女性成员都戴眼镜，则戴眼镜的男性成员就有21人。再假设这21人中有11人年龄小于20，这样就只剩10名年龄不小于20岁且戴眼镜的男成员了。最后再减去8个加入俱乐部不到三年的名额，就得出了符合条件的最少人数为2。

88

被剪的绳子齐不齐、乱不乱，与剪成几截并没有关系，关键只是看绳子被剪断几处：剪断1处变2截，剪断2处变3截，剪断3处变4截，其余类推。

在本题的图中，剪刀经过的路线是图中的虚线。从乱绳的一端沿着绳子走到另一端，共需穿过虚线15次，所以这根乱绳子将被剪成16截。

89

顺着图中的粗线将纸盒剪开，再沿着虚线处将A与B两块黏合，形成盒子的中央分隔部位，并使两片盖子可以以此为底轴任意开关。接下来便可很轻易地折出题目所要求的盒子。

解题的关键在于两片盖子的底轴位于同一处。当这个关键问题解决之后，要找出符合要求的设计并不难。在大部分的设计中，此答案是最理想的。

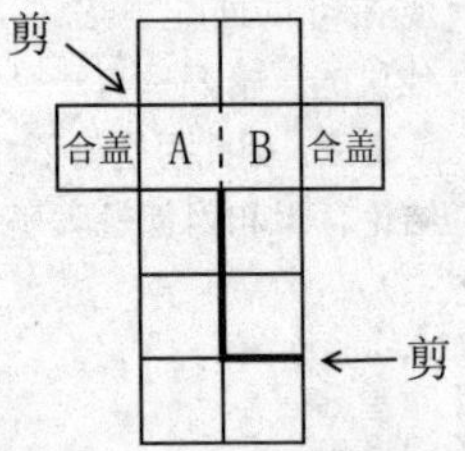

90

如果这句话是“我是骑士”，则不能将三种人区别开来；如果这句话是“我不是骑士”，则三人都不能说；如果这句话是“我是富骑士”，则不能判定无赖与穷骑士的身份；如果这句话是“我是穷骑士”，则不能将穷骑士与无赖区别开来；如果这句话是“我不是穷骑士”，则不能判定穷骑士的身份；如果这句话是“我不是富骑士”，则可断定说话的人正是穷骑士。因为无赖不能说这句话，否则就说了真话，而根据条件他是不能说真话的。富骑士也不能说，那样的话他就说了假话。只有穷骑士才可以说这句话。

91

假设女嘉宾为X人，即认识男士最多的女嘉宾应该认识16＋X－1位男士，所以男士总数为（16＋X－1）＋2，于是有（16＋X－1）＋2＋X＝69，解得X＝26。故女嘉宾为26人。

92

1955年前29倍数的年份有1943、1914、1885、1856、……如出生是1885年，那么爷爷1955年年龄70岁，但他逝世年龄却是65岁，显然不可能，同样可说明爷爷不会早于1885年出生。如出生是1943年，因为12岁的人不可能主持学术会议。排除所有不可能情况，就可知道爷爷1914年出生，1955年的年龄为41岁。

93

旅客总数由两部分组成：一部分是开始检票前已经在排队的原有旅客，另一部分是开始检票后新来的旅客。

设1个检票口1分钟检票的人数为1份。因为4个检票口30分钟通过（4×30）份，5个检票口20分钟通过（5×20）份，说明在（30－20）分钟内新来旅客（4×30－5×20）份，所以每分钟新来旅客：

（4×30－5×20）÷（30－20）＝2（份）。

假设让2个检票口专门通过新来的旅客，两相抵消，其余的检票口通过原来的旅客，可以求出原有旅客为：

（4－2）×30＝60（份）或（5－2）×20＝60（份）。

同时打开7个检票口时，让2个检票口专门通过新来的旅客，其余的检票口通过原来的旅客，需要：

60÷（7－2）＝12（分）。

94

当狐狸掉进陷阱时，它跳过的路程最短应是4.5米和12又3/8米的最小公倍数：99/2米。当黄鼠狼掉进陷阱时，它跳过的路程最短应是2.75米和12又3/8米的最小公倍数：99/4米。99/4＜99/2，所以黄鼠狼先掉进陷阱。这时黄鼠狼共跳了（99/4）÷2.75＝9（次）。这时狐狸也跳了9次，进而可以求出狐狸跳的路程。4.5×9＝40.5（米），即黄鼠狼先掉入陷阱，这时狐狸跳了40.5米。

95

一般来说，后开枪的人有利。如果以数学概率作严密计算，会发现两个玩家的死亡概率都是1/2。但从逻辑的角度来看，应该是后开枪的人有利。比方说当两个玩家发现弹匣里只有最后一发子弹时，后发的人可以朝对方先开一枪，然后逃跑。

96

鲁本叔叔实际买帽子花费了X，买衣服花费了Y，那么辛西亚买帽子花费了Y，衣服花费了X－1。

他们买帽子的总花费是X＋Y，即为15美元。

所以如果将他们所花费的帽子钱分两份，可知，一份是6美元，另一份是9美元。

而他们总共花费为：X＋Y＋Y＋X－1，即为29美元。

97

在那两道算式中，只有0和3没有出现。从第一道算式的个位数判断，可能3被7所取代，经过验算得知事实的确如此。

原来的算式应该是：

5632＋7343＝12975，

239×367＝87713。

98

官员从第一堆中拿出1条金块，第二堆中拿出2条，第三堆中拿出3条，……照此类推，至第十堆中拿出10条，所以总共拿了55条金块。

因为法定重量已知，如果重量较轻的金块包含在第四堆中，则总重量必定少了4克，所以由重量缺少的克数可以得知哪一堆黄金是不合标准的。

99

分析与解分割圆时，切的刀数和最多可分的块数之间有如下规律：

切n刀时，最多可分成：（1＋1＋2＋3＋……＋n）块。经整理，可归纳成公式：

$$\frac{n^2+n+2}{2}$$

其中n表示切得刀数举例如图

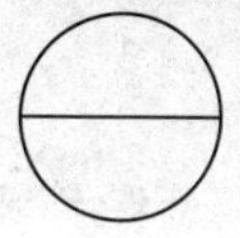

切1刀：

1＋1

切2刀：

1＋1＋2

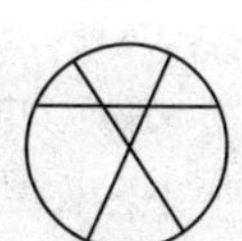

切3刀：

1＋1＋2＋3

切4刀：

1＋1＋2＋3＋4

100

一样多。因为不论有多少兄弟姐妹，最大的人就是有弟弟（或妹妹）的人，而最小的就是有哥哥（或姐姐）的人，其余的人除了有兄、姐也有弟、妹，因此比例是一比一。

101

以书本的一边作轴旋转180°，然后再以与原来旋转轴成45°角的直线作轴旋转180°，如图所示。一般而言，绕着一根轴旋转180°，然后再绕着与原轴成X度的另一轴旋转180°，等于绕着与两轴所形成的平面垂直的轴旋转2X度。

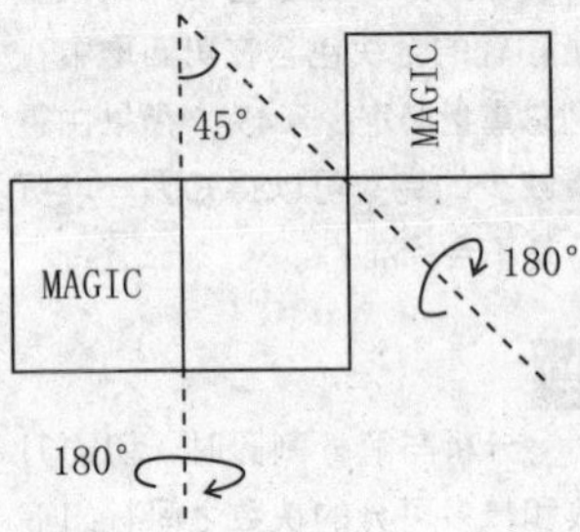

102

长为3米，宽为2米。假设窗子的宽为X米，则长为（12－3X）/2米，面积为Y平方米，所以，Y＝X（12－3X）/2＝－3/2（X－2）2＋6，所以当长为3米，宽为2米的时候，窗子透进来的光最多。

103

上珠一个表示5，下珠一个表示1。分三类枚举：

（1）两颗珠都是上珠时，可表示5005、5050、5500三个数；

（2）两颗珠都是下珠时，可表示1001、1010、1100、2000四个数；

（3）一颗上珠、一颗下珠时，可表示5001、5010、5100、1005、1050、1500、6000七个数。

一共可以表示3＋4＋7＝14（个）四位数。

104

当两艘渡轮首次相遇时，它们距离纽约720米，此时它们走过的距离总和等于河的宽度。当它们双方抵达对岸时，走过的总长度等于河宽的2倍。在返航中，它们在Z点相遇，这时两船走过的距离之和等于河宽的三倍，所以每一艘渡轮现在所走的距离应该等于它们第一次相遇时所走距离的3倍。

在两船第一次相遇时，有一艘渡轮走了720米，所以当它们再次相遇时，已经走了3倍的距离，即2160米。这个距离比河的宽度多400米。即河宽等于2160减去400，为1760米。

105

两人的回答离正确答案都太远了，因为这个柱子将比地球上最高的山峰还要高100倍。你看，一立方米有1000 x 1000 x 1000即10亿个立方毫米，把它叠放起来。形成的柱子将有1000000000毫米或1000千米之高！

106

如果我们肯定地知道那是一只公正的骰子，那么这只骰子无论被投掷多少次，也无论投掷的结果是哪一面朝上，在下一次投掷中6个面中每个面朝上的概率仍然是1/6。一个骰子根本不会对它过去被投掷的结果有任何的记忆。

许多人很难相信这一点，似乎某一偶然事件出现得越是频繁，它再次出现的可能性就越小。不过，我们来考虑另一个方面的问题，在投掷一只具体的骰子的时候，难以断定它是不是没有灌过铅，或者是不是受隐蔽的磁铁所控制。所以，如果我们前9次投掷的结果都是1点朝上，我们有理由怀疑这是一只统计学家所谓的有偏的骰子。因此，在第十次投掷时又出现1点朝上的概率要大于1/6。

107

题目问“共有多少种”，不能有遗漏。为此，可以首先估计一下正方形边长的最大值和最小值，确定搜索范围。

先计算篱笆的总长度，得到：

1＋2＋3＋4＋5＋6＋7＋8＋9＝45（米）。

由于：

4×11＜45＜4×12，

可见所得正方形边长最大不超过11米。

其次，因为各片篱笆的长度互不相等，所以在正方形的四条相等的边中，至少有三条边是由两片或更多片篱笆连成的。由此可见，至少要取出7片篱笆，因而其中至少有一片篱笆的长度大于或等于7米。

这样就确定了，正方形的边长可能取值范围是从7～11米。在这范围内，可以列举出全部可能取法如下：

边长为7：（7，6＋1，5＋2，4＋3），1种。

边长为8：（8，7＋1，6＋2，5＋3），1种。

边长为9：（9，8＋1，7＋2，6＋3），（9，8＋1，7＋2，5＋4），（9，8＋1，6＋3，5＋4），（9，7＋2，6＋3，5＋4），（8＋1，7＋2，6＋3，5＋4），5种。

边长为10：（9＋1，8＋2，7＋3，6＋4），1种。

边长为11：（9＋2，8＋3，7＋4，6＋5），1种。

108

550－350＝200（550克勺舀满，倒入350克勺直到满，则550

克勺内剩200克，350克勺清空，把550克勺内剩的200克倒入350克勺内，则350克勺内少150克）；

550－150＝400（550克勺内装满，倒入装有200克的350克勺内，则550克勺内剩400克，清空350克勺）；

400－350＝50（把550克勺内剩的400克倒入350克勺内直到满，则550克勺内剩50克，清空350克勺，把550克勺内剩的50克倒入350克勺内）；

550－300＝250（550克勺内装满，倒入装有50克的350克勺内直到满，则550克勺内剩250克，清空350克勺，把550克勺内剩的250克倒入350克勺）；

550－100＝450克（550克勺装满，倒入装有250克的350克勺直到满，则550克勺内剩450克）；

450－350＝100（清空350克勺，用550克勺内剩的450克把350克勺装满，则550克勺内剩100克，可以拿出卖了）。

109

在1982年，除了10月和12月之外，每个月的28日都会形成回文日期，例如28.6.82。此外，1982年2月8日（2.8.82）也是回文日期。因此1982年共有11个回文日期。之后的年份回文日期都很少，而1983年只有3.8.83一个回文日期，直到9.8.89为止，每年都只有在8月的一天会形成回文日期。

把同一月份或相邻月份的两位数日期与一位数日期并排在一起，比较容易找出相近的两个回文日期。

例如，1.2.21与之后的12.2.21，以及22.1.22与之后的2.2.22，两者的间隔都是11天。因此更接近的日期应该是：

29.8.92 与 2.9.92

其间隔只有4天。

110

各人由于速度相同，行走的距离相同，能使用工具也是平等的，因此三人应同时达到，从而他们三人步行的路程与骑车的路程也分别对应相等。由此即可设定行走方案。

依题意，A、B、C三人同时到达，自行车充分使用，恰好两辆自行车各用一个全程，两辆自行车行驶的路程总共是3千米×2＝6（千米）。每个人骑车行驶2千米，步行1千米即可使每人都用最短时间到达Q地，下面用“————”表示骑车1千米，用“……”表示步行1km来示意行走方案：

A：———— …… ————

B：———— ———— ……

C：…… ———— ————

111

从后向前推，如果1～3号强盗都喂了鲨鱼，只剩4号和5号的话，5号一定投反对票让4号喂鲨鱼，以独吞全部金币。所以，4号唯有支持3号才能保命。3号知道这一点，就会提（100，0，0）的分配方案，对4号、5号一毛不拔而将全部金币归为己有，因为他知道4号一无所获但还是会投赞成票，再加上自己一票，他的方案即可通过。不过，2号推知到3号的方案，就会提出（98，0，1，1）的方案，即放弃3号，而给予4号和5号各一枚金币。由于该方案对于4号和5号来说比在3号分配时更为有利，他们将支持他而不希望他出局而由3号来分配。这样，2号将拿走98枚金币。不过，2号的方案会被1号所洞悉，1号并将提出（97，0，1，2，0）或（97，0，1，0，2）的方案，即放弃2号，而给3号一枚金币，同时给4号（或5号）2枚金币。由于1号的这一方案对于3号和4号（或5号）来说，相比2号分配时更优，他们将投1号的赞成票，再加上1号自己的票，1号的方案可获通过，97枚金币可轻松落入囊中。这无疑是1号能够获取最大收益的方案了。

112

竹竿离船而去，开船去追竹竿，离开了多远、追上多少距离，都要考虑竹竿和船的相对距离、相对速度。

把水流的速度简称为“水速”，船在静水中行驶的速度简称为“船速”，船逆流行驶和顺流行驶的速度分别简称为“逆流速”和“顺流速”。那么在竹竿掉下河，没有被发现时，

竹竿下漂速度＝水速，

逆流速＝船速－水速。

所以，船、竿相离速度＝逆流速＋竹竿下漂速度＝船速。

在发现丢了竹竿，掉过船头去追以后，

竹竿下漂速度＝水速，

顺流速＝船速＋水速。

所以，船、竿靠拢速度＝顺流速－竹竿下漂速度＝船速。

综合以上两方面，得到：

船、竿相离速度＝船、竿靠拢速度。

所以，竹竿漂走多长时间，就要追赶多长时间。追了半小时，追上了，可见在追之前已经漂了半小时。10点半钟开始追，当时离竹竿掉下河已有半个小时。由此可见，竹竿是在10点掉下水的。

113

望远镜。

114

C。从题干中的“游客人数”、“减少约一半”和“入场门票从120元升到190元”，可见游客人数与入场门票价有因果关系。所以，“最可能有效解决上述游客锐减问题”当然从题干中的因果关系入手，故正确答案为选项C。因只有该选项涉及到入场门票价。

115

C。文中提到部分医生未尽告知义务，而绝大多数病人对不良反应均不清楚，故责任应由医生承担。

116

D。选项D作为题干的结论最为恰当，因为它比较完整地综合了题干中关于遗传与环境对人的素质的影响。

117

D。抱怨的人数比较少，而不是抱怨的比例比较低，这是题目的关键。为什么抱怨的人数比较少呢？不是因为伙食特别好，而是因为太差了，同学们都不去吃了，当然抱怨的人数绝对就少了。

118

B。题干中根据统计发现：甲现象（某性格特征）总伴随着乙现象（某疾病）出现，因此推断，甲是乙的原因。由B项，甲和乙可能是丙（某种生理因素）的共同结果。这就有力地反驳了题干中甲和乙存在因果关系（可通过调整性格来治病）的观点。

119

B。试题中给出了两个定义，以此说明二者的联系和区别，而要求的对符合辩解的选项选择。选项A和D属于典型的找借口，而选项C的解释内容与此关联性不大，只有选项B，通过负责人的辩解来证明他所承担的责任，使决定本身看起来充满争议，属于辩解的范畴，所以是正确选项。

120

E。选项E则明确提出了用甘蔗的优势所在，因此，选项E为正确答案。选项B、C和D都赞成用玉米提炼乙醇。选项A没有选择。

121

C。第一、二句构成了因果关系，“所以”引导的结论性语句重点强调“语言的文化性”。而第三句是用假设关系的偏正复句举例说明缺乏文化性的后果，以此来进一步解释第二句。所以选择C选项。

122

D。典型的总一分式层次脉络，首句提出“供过于求”这一现象。第二句是对第一句的进一步阐释说明，提出了广告的产生。由此可知正确答案应该为D。所以选择D选项。

123

A。文段首句提出中国沙漠与火星环境最为相似，为科学家提供了最好的实验室。接着解释了原因：中国的沙漠符合了科学家们需要的将寒冷和干燥相结合的极端环境。整个文段为典型的因果关系——前果后因。最后提出沙漠的研究价值在于最极端环境中生命的生存，从而推测外星生命。因此综上所述，中国的沙漠为外星生命的研究提供了最为相似、最为理想的场所。所以选择A选项。

124

D。这段话强调的是如何实现成功的“行销运作”，主题句由“更”引导的递进复句的后半句，即强调其他部门对行销部门的配合与支持。所以选择D选项。

125

A。由题干“大通港一号码头只对上述两条航线的轮船开放，该码头设施只适用于长度小于100米的轮船。捷运号是最近停靠在大通港一号码头的一艘货轮”可推出捷运号是长度小于100米的货轮。

再根据题干蓝星航线与金星航线轮船的对比，可以得出：捷运号或者是蓝星航线上的客轮或者是金星航线上的货轮或客轮。

结合以上两点推论，捷运号只能是“金星航线上的货轮”，而题干有“金星航线上的所有货轮和客轮都是 1990年以后下水的”的前提，故捷运号是1990年以后下水的。

即选项A为正确答案。

126

C。焦点题作题的技巧就是找争论双方共有的核心词语。

题干中司机的核心词语有：有经验的司机、安全行驶、最高时速改为、违反交规；而交警的核心词语有：法律规定的速度、最高时速修改、违规行为。比较两者，共有的核心词语为：最高时速修改、违规。可见只有选项C最为概括。

127

A对。娱乐活动增加的原因包括了问题中所列的全部现象，这个答题是正确的。

B错。劳资对立的原因有机器

人的普及——管理科学化；相反的原因有：工作时间缩短——娱乐设备充足。

C错。失业者增加的原因有：机器人的普及——管理现代化——金融和服务行业的自动化；相反的原因有：内销增大——新产业——雇佣人员增加——生活福利化的产业增长。

D错。专门职业技术人员不足的原因有：机器人的普及——内销增大——新产业雇佣人员增加——管理科学化——生活福利化的产业增长。没有相反原因，与答题 A 相比，形成结果的原因较少。

128

刚开始是图(1)，后来是图(2)，也可以图(3)。

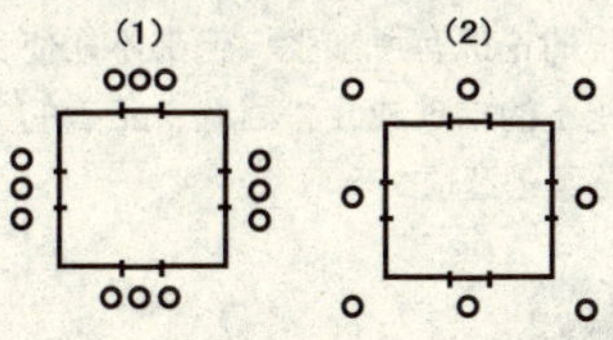

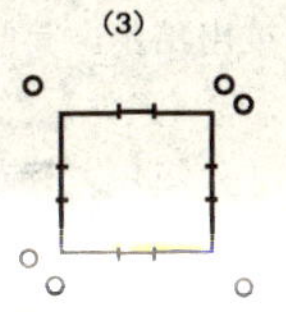

129

乙可以。根据（1），如果甲要鱼的话，那么乙要的就是鸡，这时，根据（2），丙要的也是鸡，这和（3）相矛盾。所以，甲能要的只能是鸡。再根据（2），丙要的只能是鱼。再从题意中看，发现乙既可以要鸡也可以要鱼。所以只有他能今天点鸡，明天点鱼。

130

B。本题属于主旨概括题。文段前两句首先说明什么是“和谐”，即“和谐的反面是千篇一律。‘君子和而不同，小人同而不和’，所以和谐的一个条件是对于多样性的认同”。接着列举中国古代音乐和乐器的材料来例证前文观点。因此可以明确本文的主题句在前两句，综合观点即“差异是和谐的一个必要条件”。所以选择B选项。

131

E。这道题的题干的关键词是“商品的价格”、“亚运会的广告费”、“消费者”；题干中乙的思想主旨是：厂家通过提高商品的价格把广告费用摊到了消费者（包括作为亚运会的现场观众的消费者）的身上。在选项A、B、C、D、E中，只有E为异型选项。选项E实际上断定，消费者从总体上所承担的广告费用的总额，并没有因为有些广告采取了亚运会广告方式而有所增加。换言之，作为消费者——一个亚运会的现场观众，即使不购买亚运会入场券，他所承担的广告费用也不会因此而减少。这就有力地削弱了乙对甲的反驳。

132

D。注意文段的行文脉络，采用了“提出问题——解决问题”的方式。首先提出了“如何解决阴历月比阳历月少”这个问题，然后回答文中的设问“在阴历月里加闰月”从而解决问题。因此文段主要阐述的是“中国古代如何解决阴、阳历差异问题”，所以选择D选项。

133

C。本题属于意图推断题。提问的方式为“意在说明”，因此考生应该把握整个文段作者论述的目的和意图所在。首先文段开句点明了湿地的重要作用。接着进一步举例1998年长江大水的事例来证明湿地的重要作用。主题句通过转折性引导词“可是”提出，意在说明由于人类的破坏使湿地的作用无法发挥。因此作者论述的主要目的是呼吁人类应该反省自身对于环境破坏的过失，保护好湿地，使其重新发挥作用。所以选择C选项。

134

C。从题干可得出，社会行为有三种类型：法律允许、法律禁止、法律未明文规定。

选项A不违反这一原则，如“对于官员来说，除了法规明文允许的以外，其余的社会行为都是禁止的”，即官员被禁止的社会行为包括“法律禁止的和法律未明文规定的”。

选项B不违反这一原则，允许平民实施的社会行为是除了法规明文禁止之外的，其中包含：法律允许、法律未明文规定的社会行为，这其中就包括法律允许之外的禁止官员实施的法律未明文规定的社会行为。

选项C违反这一原则，允许官员实施的只是法律允许的，而允许平民实施的社会行为包含法律允许、法律未明文规定的社会行为，在此不可能禁止平民实施。故选项C未正确答案。

135

D。此题首句是中心句，转折之后强调“发明家处境困难”。后面两个句子是对前一句的解释补充。尾句用“然而”进行转折，强调“没有发明家这种职业，也没有人付给发明家薪水”。由首尾句综合即可判断得出D项正确。

136

D。本题的关键信息是涉及三个数量：想收养的孩子的数量、可供收养的孩子的数量、被收养的孩子的数量。在边读题的过程中边在题上画出来，以利于推理。

所谓支持，就是把待选的选项放入题干中，使结论成立的可能性增大的选项就是正确选项：D，题干的结论是可供收养的孩子的数量远小于想收养的家庭的数量，论据是被收养的孩子的数量：5万，想收养的孩子的数量：200万。由D项，被收养的孩子的数量：可供收养的孩子的数量，这样加上题干论据，就可以使“可供收养的孩子数量比起想要收养的孩子数量要少得多”这个推论成立。

137

D。由题干知，大型游乐公园里的有两个经营项目：现场表演与公园餐馆。从题干的陈述不难发现，第一个项目是为第二个项目服务的，即现场表演的目的，是通过对人群流动的引导，在尽可能多的时间里最大限度地发挥餐馆的作用。因此，D项恰当。其余各项所断定的都可能是现场表演的，作为结束语言均不恰当。

138

B。本题属于定义判断题，考查的是领悟能力、严格理解和规范理解的能力，因而，我们在解答此类题目的时候，也要按照一个规范的步骤去操作。第一步，对定义进行快速扫读，过滤掉多余信息；全面把握定义，注意细节，以达到对定义的初步了解，并且找全、找准定义的属性；结合选项确定最具价值的属性（可能有的定义属性很多，但真正有用的却很少），这一过程必须在尽量短的时间内完成。以本题为例，晕论效应的属性有三点即：“对于他的某种品质或特征有清晰明显的知觉”、“这一特征或品质从观察者的角度来看非常突出”、“掩盖了对这个人其他特征和品质”。第二步，分析各选项中的案例，找到各选项的重心，并与定义属性对比，对不符合的选项进行排除，求解正确答案。

以本题为例，B项学习成绩好作为一种特性，在老师看来是好学生的非常突出的特征和品质，它足以掩盖其他特征和品质，因而，在老师评价其他方面时也认为非常好；反之亦然。符合定义属性。故选B。

139

D。（1）试题要求对“结论性命题”作选答。首先概括题干分句：

分句1：《对城市绿化工程施工的验收规范》对漂浮类水生植物凤眼莲和浮萍的种植适宜水深不设限制；

分句2：这意味着凤眼莲可全方位用于该城市的水体绿化工程。

（2）备选项三是对分句1的同义转述，在逻辑上是同一命题的完全重复，必然真。根据A推A公理，答案为D（只有三）。

（3）一、二两项都是没有确凿证据的猜测或想象，万万不可做推断出的真命题。

140

D。题干的论证所包含的推理如下：

所有想从事会计工作的人都想获得注册会计师证书，（条件1）小王想获得注册会计师证书，（条件2）所以，小王想从事会计工作。（结论）这一推理不成立。条件1和条件2不足够充分推出结论。因为条件1断定的只是“所有想从事会计工作的人都是想获得注册会计师证书”，从中推不出“所有想获得注册会计师证书的人都想从事会计工作”。因此，不能由“小王想获注册会计师证书”，推出“小王想从事会计工作”。选项D的含义正是“所有想获得注册会计师证书的人都想从事会计工作”，以它作为补充条件，就能使题干的推理成立。而其他选项虽然可能对题干的论证有所加强，但都不能使题干的推理成立，因此，正确的答案是选项D。

141

C。（1）试题要求根据“一个现象”推出结论。简明概括题干现象作分句（条件）：

现象（分句）：有专家发起“取消中医”的运动，认为中医“不求进步，不属科学；滥用资源；不仁不义，欺骗患者”。

（2）A、D都是对现象中观点的反驳，不是从现象推出的结论，排除A、D。

（3）从一个个例现象不能推出具有全称含义的B项，即部分不推全。答案为C。

（4）C项符合试题要求，首先针对现象“该言论”出发，然后推至反映出“一些”面临的困境，符合“部分不推全”的不完全归纳原则。至于中医的困境是什么并没有断定，起码遭遇激烈质疑的本身也是一些困境。

142

C。本题属于词语理解题。考生要准确理解这个“硬币”的含义，关键在于明确“这个”代词的指代的内容。“虽然中国的消费者没有透支消费的习惯，而这个‘硬币’的另一面是中国居民的个人负债率很低”通过这句话可知看出“硬币”之前的代词“这个”讨论的是“中国消费者的消费习惯”问题，符合代词指代的就近原则，所以“硬币”的含义指的就是“中国消费者的消费习惯”，所以选择C选项。

143

A对。计算机犯罪率增加的原因包括了问题中所列的全部现象，因而能预测将发生计算机犯罪率增加的结果。

B错。侵害个人隐私的原因有计算机大众化——计算机管理社会——计算机管理情报泄密，没有相反的原因，但比起解答A形成结果的原因较少。

C错。计算机过敏症增加的原因有计算机大众化——计算机管理社会——企业全部管理业务计算机化，没有相反的原因，与解答B一样，形成结果的原因太少。

D错。业务人员失业者增加的原因有计算机大众化——计算机管理社会——计算机操作人员增加——企业全部管理业务计算机化，相反的原因有计算机技术人员道德低下——计算机管理情报泄密。

144

A错。招工困难的原因有：专门职业需要量增加——低薪金——社会保障完善；相反的原因有：经济萧条——企业促进自动化。

B错。公司倒闭的原因有：专门职业需要量增加——经济萧条；相反的原因有：企业促进自动化——低薪金。

C对。普通失业者增加的原因包括了问题中所列的全部现象，所以此预测是正确的。

D错。理工科大学毕业生就业难的原因有：经济萧条；相反的原因有：专门职业需要量增加——企业促进自动化。

145

C。（1）推断题，概括分句。

分句1：音乐欣赏并非仅以接受而存在，还以反馈方式给音乐创作和表演以影响；

分句2：它的审美判断和选择往往能左右作曲家和表演家的审美；

分句3：每个“严肃的”音乐家都注意信息反馈，来改进自己的艺术创造。

（2）三个分句结合，宏观推出C：音乐欣赏者的审美观对于音乐家来说也很重要。

（3）偷换概念：B项的“所有音乐家”与分句3的“每个严肃的音乐家”不同。

146

D。题干中，前提A：衡量一项社会改革措施是否成功，要看社会成员的幸福感总量是否增加，S市最近推出的福利改革明显增加了公务员的幸福感总量；

结论B：改革措施是成功的。

从题干的前提和结论中可见存在着“以偏概全”的错误，前提推出的改革指的是“公务员的幸福感总量”，而结论加上前提的衡量标准却指的是“社会成员的幸福感总量”，削弱正是从此入手，除选项E为无关选项外，选项A、B、C、D均指出了题干中的错误。

但只有选项D涉及到了“社会成员的幸福感总量”，故为正确选项。

147

D。这道题目要求概括原文段，因此要对原文段的表述进行总结和归纳。原文段通过转折性引导词“但”引出主题句，即伴随着我国现代化建设的加速、文化标准化以及环境条件的变化，尚有不计其数的文化遗产正处于濒危状态，它们犹如一个个影子，随时都可能消亡”，这句话的意思显然是说：“现代化建设的加速、文化标准化以及环境条件的变化”等诸多因素威胁着文化遗产的生存状态。所以选择D选项。

148

C。文段首句明确了观点，其后的内容则是对观点的证明。因此明确了首句为主题句，其中存在一个转折性引导词“但”显示了明显的转折关系，所以“商业设计也许越来越被赋予艺术创作和欣赏的价值，但它根本的出发点和落脚点永远是把产品的特质用艺术的方式展现给顾客”一句的意思即：成功的设计必须能够艺术地展现产品特质。所以选择C选项。

149

D。文段选取的是经济方面的内容，谈到了能源价格与能源流向的问题。解题的关键在于把握重点的引导词，文中通过“实际上”引导了主题句“如果我们遵循价格杠杆，甚至无须教育消费者，人人都会作出理智的选择”强调“价格杠杆对于调节能源流向的作用”。所以选择D选项。

150

C。（1）题干列举：①污水处理厂能在短期内实现城镇用水COD的减排。②地方城镇生活污水经过鱼塘和天然湿地生态净化，COD浓度也能大幅度降低。

（2）以上两个事例，分别指出不同地方、不同情况采用的不同方法，可概括为C：减排手段因地制宜，多种方式相结合。注意：这是对列举事例的概括，既不是“要求”，也不是“应该”。答案为C。

A中所说的“规律”是附加的，题干中没有关于“规律”的陈述。退一步说，地区环境不同就可能蕴涵不同规律。针对某个特定环境，单一的集中治理模式有可能符合特定环境的规律而适用。具体问题具体分析，不能“以偏概全”、“以点罩面”地一概而论。

151

B。题干的结论是：全球的石油需求，至少可以在未来五个世纪中得到满足，即使此种需求每年呈加速上升的趋势。其根据是：根据地质学家的观点，目前包括未勘探地区在内的地下未开采的能源含量比原来估计的要多一万倍。

要使这一论证成立，有一个条件必须满足，即地球上未勘探地区中储藏的石油事实上可以被勘测和开采出来。B项正是断定了这一点。因此，B项是题干的论证必须假设的。

152

B。此题的中心语义是讲政府的政策对利益集团的影响，主题句是“此时如果”后面引导的假设关系（里面包含递进关系）复句。假设关系重点看假设给出的条件——“如果政府因此而改变政策，其结果不仅……更严重的……”由此可知B是此题所要表达的意思，即强调政府对其制定的政策要贯彻执行，否则会有严重后果。所以选择B选项。

153

A。此题的中心语义是讲中国的科技创新不缺乏什么，最缺乏什么，强调的是在科技创新过程中企业参与的重要性。B项表述不全，因为原文段中还谈到缺乏“企业政治资助、共建、独资创立的科研机构”。C项表述不全，理由同B项。D项表述错误，因为题意说的是科技创新，而不是企业效益。只有A项最符合这段文字的主旨。所以选择A选项。

第四章

1

根据所给的前提条件：（2）如果A是罪犯，那B一定是同犯。（3）是说盗窃发生时，B在喝咖啡，因此可知：B没有犯罪。根据逆否命题，我们可知：A也不是罪犯。而（1）说，三者至少有一个人是罪犯，因此我们就可以推出：C是罪犯。

2

（1）若是甲做的，则三人说话中有二真一假、不合题意。

（2）若是乙做的，则三人说话中还是二真一假、不合题意。

（3）若是丙做的，则三人说话二假一真、则符合题意。

所以得到结论是丙做的。

这种方法是穷举法，找出全部可能进行判断。

3

假设张三说真话，则李四在说谎。因为李四说：“王五在说谎。”所以王五说实话，即张三、李四都在说谎，这与原假设矛盾。假设李四说真话，即王五说谎，所以张三、李四不都说谎话，又因为张三说：“李四在说谎。”所以与原假设不矛盾。假设王五说真话，则可以推断张三、李四都说真话，这与原假设矛盾。综上我们得出结论李四说真话。

4

丁老师只能教化学，甲老师教物理，只有丙老师教数学，乙老师教英语。

把已知条件列表：

	数学	物理	化学	英语
甲		√	√（×）	
乙	√（×）			√
丙	√	√（×）	√（×）	
丁			√	

由“丁老师只能教化学”知甲、丙老师不教化学。于是甲老师教物理，丙老师不教物理，只有丙老师教数学。最后，乙老师不教数学，乙老师教英语。

5

李老师教数学，王老师教外语，张老师教语文。

根据条件，在不可能的相应格内写“0”，可能的写“1”。例如：根据条件①，李老师不可能是外语教师，就在相应一格内写“0”，从条件②可知，外语老师是男，而条件③告诉我们，张老师是女的，所以张老师也不可能是外语老师，在相应格内也写“0”，于是可知，外语教师必是王老师，在相应格内写“1”，如此下去，就可以找出答案：

	李	王	张
语	0	0	1
数	1	0	0
外	0	1	0

所以，李教师教数学，王老师教外语，张老师教语文。

6

小郑第一，小王第二，小吴第三，小周第四。

根据三位老师的预测排表如下：

	第一	第二	第三	第四
赵老师	周		吴	
钱老师	郑			王
孙老师		王	周	

假如赵老师说的是周对吴错，则孙老师说的周错王对，由此推出钱老师说的王错郑对。这样周和郑都是第一了。应该否定。

赵老师说的周错吴对，则孙老师说的周错王对。因此钱老师说的王错郑对。由此可得小郑第一，小王第二，小吴第三，小周第四。

7

（1）班第一，（4）班第二，（2）班第三，（3）班第四。

为了便于分析，先把小明和小华所猜名次列成下表：

名次＼姓名	小明	小华
第一名	（3）班	（2）班
第二名	（2）班	（4）班
第三名	（1）班	（3）班
第四名	（4）班	（1）班

已知（4）班是第二名，其他各班的名次小明和小华都猜错了，根据这个已知条件来分析，先看第一名是哪个班。小明猜（3）班第一和小华猜（2）班第一都错了，（4）班已知是第二名，很显然第一名由（1）班所得，再看第三名是由哪个班所得。已知小华猜（3）班是第三错了，（1）班和（4）班分别得了第一名和第二名，当然得第三名的是（2）班，剩下的（3）班肯定是第四名。

所以，四个班名次排列是：（1）班第一，（4）班第二，（2）班第三，（3）班第四。

8

由（1）知1号、6号在前排，由（3）知3号、4号一前一后，因此2号、5号在后排。因为5号不站五号位；5号不是副攻，5号不站六号位，因此5号站一号位。因为2号不是二传手，2号不站五号位，2号站六号位。后排剩下的五号位只能3号或4号站。3号不是二传手，3号不站五号位，只有4号站五号位。3号在前排，3号不站三号位，3号不是二传手，也不是二号位，因此3号站四号位，6号不站三号位，因此，6号站二号位。剩下1号站三号位。

四3	三1	二6
五4	六2	一5

前排：6号站二号位，1号站三号位，3号站四号位；后排：5号站一号位，2号站六号位，4号站五号位。

9

毛毛已握了3次手。

	明	冬	蓝	静	思	毛
明		√	√	√	√	√
冬	√		√	√	×	√
蓝	√	√		×	×	√
静	√	√	×		×	×
思	√	×	×	×		×
毛	√	√	√	×	×	

10

画一个日历表。（如图）

日	一	二	三	四	五	六
	★	×	×	×	×	×
×	×	×	×	×	×	×
×	×	×	×	×	×	×
×	×	×	×	×	×	×
×	×	×				

因为有5个星期二，所以从第一个星期到第五个星期二，共29天。6月份共有30天，剩下的一天只可能在第一个星期二前，而不可能在第五个星期二后（想一想：为什么），也就是图中的★处，这一天正好是6月1日。这年的6月1日是星期一。

11

分步完成一项工作，每步有若干种可能，因此可以通过画枚举树的方法来求解。但必须考虑到所有可能的情形。

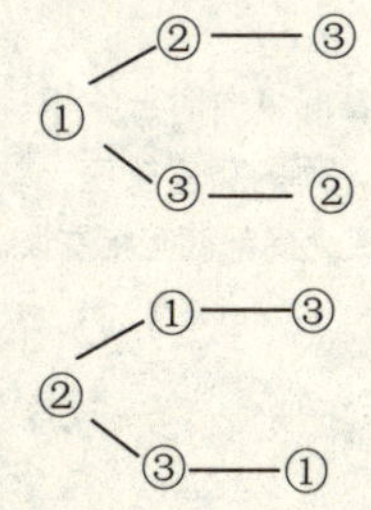

③——②——①

由上图可知，共有5种不同的顺序。

12

本题是分步进行一项工作，每步有若干种选择，求不同安排的种数（有一步差异即为不同的安排）。这类问题简单一些的可用乘法原理与加法原理来计算，而本题中由于限定条件较多，很难列出算式计算。但是，我们可以根据实际的安排，对每一步可能的选择画出一个树枝状的图，非常直观地得到结果。

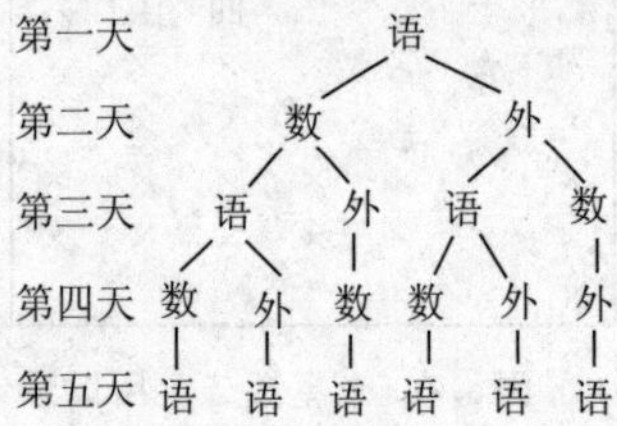

由上图可知，共有6种不同的安排。

13

围着圆桌逆时针按甲、丁、乙、戊、丙的顺序就座，就能邻座的两人之间都能互相交谈。

只有一人会西班牙语，不能用西班牙语交谈。会西班牙语法国人（戊）两边只能坐法国人（乙）和会说法语的英国人（丙）；日本人（丁）应坐在法国人（乙）和中国人（甲）之间，这样邻座的两人都能互相交谈了。

围着圆桌逆时针按甲、丁、乙、戊、丙的顺序就座，就能邻座的两人之间都能互相交谈。

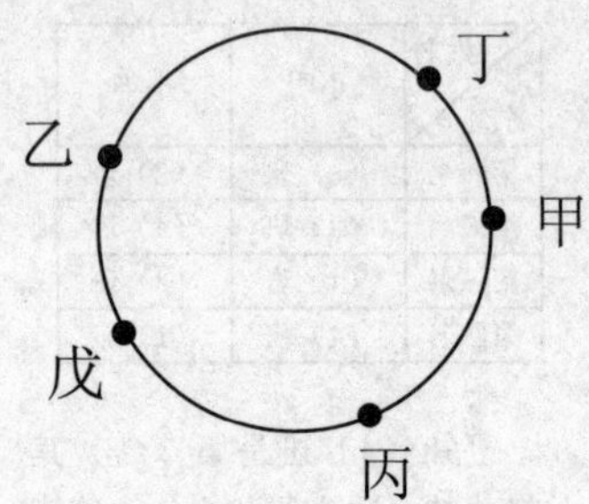

14

起初你会以为题目中所给的资料不够，但是因为总点数为40点，我们可做出下列合理的假设：

（1）每一项比赛所分配的点数皆相同。

（2）第一、第二、第三名所得的点数皆不同。然后考虑下列情形：若共有5项比赛，则前3名得分为（4、3、1）或（5、2、1）；若共有4项比赛，则前3名得分为（5、3、2）或（6、3、1）或（7、2、1）。如此，方可使得总点数为40点。只有下列一种情形符合题目的要求：

	汤姆	狄克	亨利
标枪	2	5	1
第二项	5	1	2
第三项	5	1	2
第四项	5	1	2
第五项	5	1	2
点数	22	9	9

所以亨利除了标枪得了第三名之外，在其他各项比赛中皆得到第二。

15

29。中心数字是外围数字所有数位上的数字相加之和。

16

12。左下角的数字×右下角的数字－（左上角的数字＋右上角的数字）。

17

623，36，18

847，224，16

726，84，32

商议每个数个位数上的数字相乘即为下一个数字。

18

18。每行数字从左到右的规律为：（第一个数×第二个数）－第三个数＝第四个数。

19

24。7×4/2＝14，9×8/2＝36，6×8/2＝24。

20

1536。前面的数字中前两位数×后两位数字＝后面的数字。

21

14。其他的数字均两两构成1:3的比例。

22

20。（n－4）×2。

23

17。（n－7）÷2。

24

第二个圈。其中的2917和其他数字不一样。各圈中其余数字，后两个数字为前两个数字之积。

25

F。两个圆中的数字对应关系为：奇数的个位数和十位数是颠倒的，偶数不变。

26

方块中间的问号为48，右下角的问号为3。

在每个正方形中，下面两个数字之积的平方，拆成两个数字，即为正方形上面的两个数字。然后，将正方形上面的两个数字和下面的两个数字分别看成是一个两位数，用大的两位数减去小的两位数，得数即为正方形中间的数字。

27

9。中间数字＝（上＋右）－（下＋左）。

28

8。（4＋11＋9）-（7＋3＋6）＝8。

29

C。八角形的每个面上的两个数字相加之和都是9。

30

34。每个正方形有着相同的规律，即：（左上角数字×右下角数字）－（左下角数字－右上角数字）＝中间的数字。

31

4752。在每行数字中，每个数的前两个数字与后两个数字之积，等于后面的数。

32

50。窗户＋窗户－门＝屋顶。

33

24。在第一个圆圈中，（56＋79）÷5＝27，将同样的算式运用到第二和第三圆圈中。

34

22。按两个序列进行：7、13、19、25之间依次加6；8、15、22、29之间依次加7。

35

72。轮子上半圆中的每个数字乘以相同倍数，得数即为下半圆中相对的数字。第一个圆中，相同的倍数为3，第二个圆中相同的倍数为6，第三个圆中相同的倍数为9。

36

360。所有数字相乘。

37

120。左边的数字之和×右边的数字之和。

38

D。每个三角形中，左角的数字除以右角的数字等于顶角的数字。

39

6	2	3	4	4	3
3	5	5	2	6	2
5	3	1	3	5	0
2	4	5	3	0	5
3	3	4	6	6	5

[illegible]

2、1。a＋b＋e＋f＝cd。

41

11＋6＋13＋14＋9＝53。

42

C。方法1，设今年哥哥x岁，弟弟y岁，则（x＋5）＋（y－3）＝29，y＝4（x－y），解得x＝15。

方法2，由第二个条件弟弟现在的年龄是两人年龄差的4倍，y＝4（x－y），即可知4x＝5y，即哥哥的年龄应是5的倍数，在A、C中选择，代入A项，哥哥5年后15岁，弟弟3年前14岁，可知A不符合题意。直接可以推出C项正确。

43

C。由题意可知，丁今年25岁，丙今年27岁，甲和乙今年共127－25－27＝75（岁），甲－乙＝5，所以乙今年35岁。

44

C。这是一个排列组合问题。对于三个部门发放到的材料份数，可分为三种情况：①9、9、12，有3种方法；②9、10、11，有6种方法；③10、10、10，有1种方法。总计有3＋6＋1＝10种方法。

45

D。这是一个几何问题。因为任意两段距离的和都不大于或等于第三边，所以没有组成三角形，即要形成N段距离，至少要有N＋1个孔，即为7个。

46

C。1～5题分别错了20、8、14、22、26道，加起来（注意利用凑整法速算）为90。题目问[illegible]试”，所以我们应该让更多的人不及格，因此这90道错题分配的时候应该尽量每3道分给一个人，即可保证一个人不及格，那么90道错题一共可以分给最多30人，让这30人不及格，所以及格的人最少的情况下是70人。

47

因为从1连接到9的总和为45，所以当前面的数字比较大的时候，思考算式的过程会相对比较轻松。

1＋2＋34－5＋67－8＋9＝100；

1＋23－4＋56＋7＋8＋9＝100；

123＋45－67＋8－9＝100。

×、÷或（）的记号也可加以运用：

1＋234×5÷6－7－89＝100；

12＋3×45＋6×7－89＝100；

123＋4×5－6×7＋8－9＝100；

（1＋2）×3＋4×5＋6－7＋8×9＝100；

（1＋2＋3＋4＋5）×6－7＋8＋9＝100。

48

通过尝试，容易得到满足要求的填法，而且不止一种。例如可以填成图1或图2。

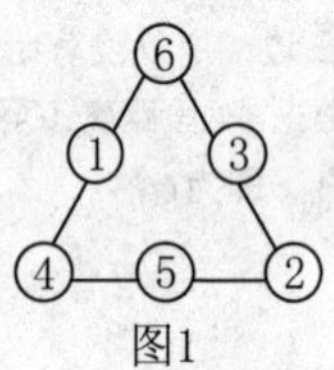
图1

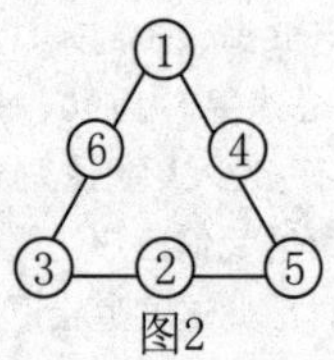
图2

在图1中，每一边上3个数的和都是11；而在图2中，每一边上3个数的和都是10。

能不能找到一种填法，使各边上3个数的和不但相等，而且达到最大？或者，能不能使各边上3个数的和不但相等，而且达到最小？

在计算一边上各数的和时，角上的每个数都在两条边里出现，因而被重复计算一次。要使每边上3个数的和最大，只要使填在角上被重复计算的3个数达到最大，所以应该把4、5、6填在角上，结果得到图3，其中每边3个数的和是12。

类似地，要使每边上3个数的和最小，只要把1、2、3填在角上，结果得到图4，其中每边3个数的和是9。

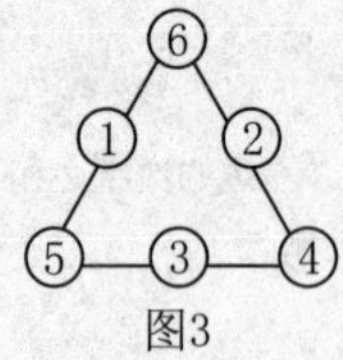
图3

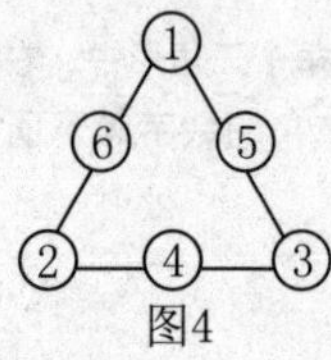
图4

49

根据题意，红色铅笔分别与黄、蓝、绿、白四种颜色的铅笔搭配，有不重复的4组；黄色铅笔分别与蓝、绿、白三种颜色的铅笔搭配，有不重复的3组；蓝色铅笔分别与绿、白两种颜色的铅笔搭配，有不重复的两组；绿色铅笔与白色铅笔搭配，有不重复的一组。所以最多可以搭配成不重复的4＋3＋2＋1＝10（组）。

50

60块砖。其实你只需数一下第一圈的12块砖然后乘以5层即可。思维模式的差异性往往在这种小地方体现。

51

7人。戴红帽子的人看来，戴红帽子和白帽子的人一样多，就是说戴红帽子的人比戴白帽子的人多一个。而在戴白帽子的人看来，就是说当戴红帽子的人比戴白帽子人多2个人时，戴红帽子的人是戴白帽子的人的2倍。所以可以知道这时的一倍就是2人，所以可以知道戴红帽子的人数是4人，戴白帽子的人数是3人，所以共7人。

52

甲。由“丙一共当了8局裁判”可知甲、乙一共打了8局，再由“甲一共打了12局”可知甲、丙一共打了4局。因为“乙一共打了21局”所以总局数是25局，因为甲一共打了12局，所以可知第一局乙、丙打，甲当裁判，然后甲一直是上去打一次输一次，所以第十一局的裁判是甲，第十局的输者也是甲。

53

获第三名的学生C得4分。

因为每盘得分不是2分就是0分，所以每个人的得分一定是偶数，根据比赛规则，五个学生一共要赛10盘，每盘胜者得2分，共得了20分。每名学生只赛4盘，最多得8分。

我们知道，并列第一名的两个学生不能都得8分，因为他们两人之间比赛的负者最多只能得6分，由此可知，并列第一的两个学生每人最多各得6分。

同样道理，并列第四的两个学生也不可能都得0分，因此他们两人最少各得2分。

这样，我们可得出获第三名的学生C不可能得6分或2分，只能得4分。

54

一共要赛66盘。

要想得出正确答案，我们可以从简单的想起，看看有什么规律。

假如2个人（A、B）参赛，那只赛1盘就可以了；假如3个人（A、B、C）参赛，那么A—B、A—C、B—C要赛3盘；假如4个人参赛，要赛6盘，……

于是我们可以发现：

2人参赛，要赛1盘，即1；

3人参赛，要赛3盘，即1＋2；

4个参赛，要赛6盘，即1＋2＋3；

5人参赛，要赛10盘，即1＋2＋3＋4；……

那么，12人参赛就要赛1＋2＋3＋……＋11＝66盘。

我们还可以这样想：

这12个人，每个人都要与另外11个人各赛1盘，共11×12＝132（盘），但计算这总盘数时把每人的参赛盘数都重复算了一次，（如A—B赛一盘，B—A又算了一盘），所以实际一共要赛132÷2＝66（盘）。

55

4。左边两位数字减去右边两位数字所得之差就是中间的数字。

56

位于A和C中间的位置上。这样可以使消防车到任何一个城镇的时间最长为10分钟。

57

管路的最短长度是520米。将A、B、H、G、I、E、F连接起来，再接上CI及DI两管路。

58

如下图所示，将各段需运输的次数（括号内的数）及运输走向（箭头指向）标在图上。由于C到A的次数最多，所以应从C开始。按C→A→B→C，两次循环后，B地的钢材运完，C地还有8吨粮食待运，A地还有4吨煤待运。再从C运4吨粮食到A，然后空驶回C地，再从C运4吨粮食到A，最后从A运4吨煤到B。这样的安排只空驶了7千米，空驶里程最短。

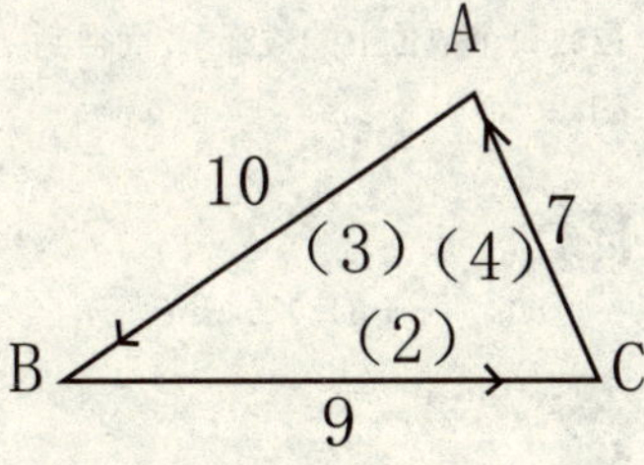

59

我们可以根据列车的往与反把它们分成两大类（注：为了方便，我们将上述地点简称为宁、常、锡、苏、沪）：

在第一大类中，我们又可以根据乘客乘车时所在起点站的不同分成4类。

第一类：从宁出发：宁—常，宁—锡，宁—苏，宁—沪，4种；

第二类：从常出发：常—锡，常—苏，常—沪，3种；

第三类：从锡出发：锡—苏，锡—沪，2种；

第四类：从苏出发：苏—沪，1种。

我们同样可用刚才的方法将回来的车票分类，你可能已经想到了，它的种数与第一大类完全相同。

（4＋3＋2＋1）×2＝20（种），

铁路部门要准备20种车票。

60

依题意，大卡车每吨耗油量为10÷5＝2（升）；小卡车每吨耗油量为5÷2＝2.5（升）。为了节省汽油应尽量选派大卡车运货，又由于137＝5×27＋2，因此，最优调运方案是：选派27车次大卡车及1车次小卡车即可将货物全部运完，且这时耗油量最少，只需用油10×27＋5×1＝275（升）。

61

许多人马上就着手寻找各种可能的组合方案，但他们的努力是徒劳的。其实，只要略为思考一下，就会明白这种探求是毫无益处的。因为这个题是不可解的。假如100这个数可以分成25个奇数的话，那么就仿佛说奇数个奇数的和，等于100即等于偶数了，而这显然是不可能的。事实上，我们这里共有12对奇数，另外还有一个奇数。每一对奇数的和是偶数——12对偶数相加，它的和也是偶数，再加上一个奇数不可能是偶数，因此，100根火柴分给25个人，每个人都不许分到偶数是不可能的。

62

不可能，这可用弃九法。

一个数在进行平方运算之前，其各位数码之和可为12345678或0（代表9），于是在平方之后，平方数的数码和将是上述数码和的平方：14916253649640。

由弃九法可知，以上这些数码和将变成140770410。

然而2468的和为20，弃九以后为2，而2在上面的数列中根本不出现。

63

一人理发时，其他人需等待，为使总的等待时间尽量短，应让理发所需时间少的人先理。甲先给需10分钟的人理发，然后

15分钟的，最后24分钟的；乙先给需12分钟的人理发，然后20分钟的。甲给需10分钟的人理发时，有2人等待，占用三人的时间和为（10×3）分；然后，甲给需15分钟的人理发，有1人等待，占用两人的时间和为（15×2）分；最后，甲给需24分钟的人理发，无人等待。

甲理发的三个人，共用（10×3＋15×2＋24）分，乙理发的两个人，共用（12×2＋20）分。总的占用时间为：

（10×3＋15×2＋24）＋（12×2＋20）＝128（分）。

按照上面的安排，从第一人开始理发到五个人全部理完，用了10＋15＋24＝49（分）。如果题目中再要求从第一人开始理发到五人全部理完的时间最短，那么做个调整，甲依次给需10、12、20分钟的人理发，乙依次给需15、24分钟的人理发，总的占用时间仍是128分钟，而五人全部理完所用时间为：10＋12＋20＝42（分）。

64

父亲担水，母亲磨豆腐。

65

3。A＋E＝B，A＋B＝D，D/E＝C。

66

54。左上角数字×左下角数字－右上角数字×右下角数字。

67

110。把每个正方形对角的两个数字相加，然后把得到的两个数字相乘，乘积即是中间的数字。

68

2。四个圆周围的数字有着相同的规律：（上×左）/（右×下）＝中间。

69

12684。右边的数字是左边四位数每个数位上的数都乘2而得到的。

70

80。（n＋8）×5。

71

12。第一个六边形中相对的两个数字之和都是36；第二个六边形中相对的两个数字之和都是43；第三个六边形中相对的两个数字之和都是32。

72

G。奇数加3，偶数减2。

73

B。分解左边的数字：（百位数×十位数）＋个位数＝右边的数字，即9×6＋4＝42，例题是：4×8＋2＝34。

74

17。内圈数字是与其相对的外圈中两位数的两个数字之和。

75

18。最外面的两个数字相加＝对面部分中间的数字。

76

60。（右窗－门）×左窗。

77

10。图中外层每2个数字和内层的相对应的1个数字组成1组，共有8组数字，每组数字之和均为15，例：

8＋2＋5＝15；

2＋4＋9＝15；

……

3＋2＋10＝15。

78

10。外围上边的数字×外围下边的数字－里面的数字，左边的数字－右边的数字＝结上的数字。

79

－25。2n－9。

80

49.5。从上到下按先加3、再乘3的顺序循环。

81

18	6	4	30	47	29
45	30	6	18	17	2
1	21	1	42	23	5
3	28	7	17	1	6
44	4	32	43	30	40

82

4、8。A×B－C×D＝EF。

83

E。第一行的数字加上第二行的数字等于第三行的数字22570＋49576＝72146。

84

6。（BC）＋A＝DE。

85

60851。上排的数值＋下排的数值＋右边字母所代表的数值＝中间一排的数值。

86

25。黑圆＝5，白圆＝2，带阴影的圆＝8。

87

C。方法1，设弟弟现在x，哥哥现在y，当年z年，则得到：

x＋y＝30，y＝3（x－z），x＝y－z，解方程组得：x＝12；y＝18；z＝6，所以哥哥现在18岁。

方法2，设弟弟当年为a岁，则哥哥现在为3a岁，设当年与现在相差k年，则由哥哥当年的年龄与弟弟现在的年龄相同可得a＋k＝3a－k，解得k＝a。弟弟现在2a岁，哥哥现在3a岁，5a＝30，a＝6，即哥哥今年18岁。

88

A。这是一道年龄问题。现在四人年龄之和是73岁，则四年前应为73－4×4＝57（岁），实际上是58岁，这看似矛盾的问题只有一个可能，就是那时候弟弟是一1岁，即还没有出生，所以弟弟现在是3岁。

89

正确答案为D。你只要把A、B两人的步行速度相加，然后被甲、乙两地间距离相除即可得出答案。

90

A。甲每天完成工作的1/10，乙每天完成工作的1/15，两人合作3天完成工作的，因此，选A。

91

A。这是一个排列组合问题。将2个新节目安排进来一共分两步：先插进第一个节目，有4个空，所以有4种安排方法；再插进第二个节目，有5个空，所以有5种安排方法。分步用乘法原理得到总共有4×5＝（20）种安排方法。

92

A。要使第四名的活动最多，则前三名要尽量的少，又因每项活动参加的人数都不一样，那么，前三名人数分别为1、2、3。设第四名的人数为x人，则有：1＋2＋3＋x＋（x＋1）＋（x＋2）＋（x＋3）＝100，解得x＝22，所以，参加人数第四名的活动最多有22人参加。

93

将10盒扑克水平放在一排上，自左至右依次编号为1～10，然后从第一盒拿出1张牌，第二盒拿出2张牌……第十盒拿出10张牌。这样总牌数为1＋2＋3＋……＋10＝55（张）。用天平将这55张牌称重，设总重量为x克，若令k＝（55－x）×10，那么第k盒扑克肯定为轻者。

94

奎贝尔教授只养了三只动物：一只狗，一只猫和一只鹦鹉。除了两只以外所有的都是狗，除了两只以外所有的都是猫，除了两只以外所有的都是鹦鹉。如果你领悟到“所有”这个词可以指仅仅一只动物的话，头脑中就有了这个问题的答案。最简单的情况一只狗，一只猫，一只鹦鹉，即是其解。

把这个问题用代数形式来表示也是一次很好的练习。令x、y、z分别为狗、猫、鹦鹉的只数，n为动物的总数，列方程求解。

95

E＝7，W＝4，F＝6，T＝2，Q＝0。

7240＋6760＝14000。

只能是Q＋Q＝Q，而不可能是Q＋Q＝1Q，故Q＝0。

同样只能是　W＋F＝10；

T＋E＋1＝10；

E＋F＋1＝10＋W。

所以有三个式子

（1）W＋F＝10；

（2）T＋E＝9；

（3）E＋F＝9＋W。

可以推出2W＝E＋1，所以E是奇数。

另外E＋F＞9，E≥F，所以5推算出E＝9是错误的，E＝7是正确的。

96

A——甲、B——乙、C——丙。

只有AB相对，A活下来的可能性为：

30%＋70%×50%×30%＋70%×50%×70%×50%×30%＋……＝0.3/0.65

B活下来的可能性为：

70%×50%＋70%×50%×70%×50%＋70%×50%×70%×50%×70%×50%＋……＝0.35/0.65，恰好等于1－0.3/0.65。

只有AC相对：

A活下来的可能性为30%；

C活下来的可能性为70%。

只有BC相对：

B活下来的可能性为50%；

C活下来的可能性为50%。

三人相对，A活下来有三种情况：

（1）A杀了C，B杀不死A，A又杀了B，概率30%×50%

×0.3/0.65；

（2）A杀不死C，B杀了C，A杀了B，概率70%×50%×0.3/0.65；

（3）A杀不死C，B杀不死C，C杀了B，A杀了C，概率70%×50%×30%。

所以A活下来的可能性为0.105＋3/13

≈0.336大于三分之一，比较幸运了。

97

68。（左上方的数字平方－右下方的数字）＋（左下方的数字平方－右上方的数字）。

98

8。黄色的正方形四角数字之和再加上5，得数即为正方形内的数字，绿色的正方形四角数字之和减去5，得数即为正方形内的数字。

99

28。每一行中，前面数字中的第一个数与第二个数之积，分别是后面数字中的第一个数和第二个数，前面数字中的第三个数与第四个数之积，分别是后面数字中的第三个数和第四个数。

100

6。（5×6×7）/（3+7）＝21，（4×9×2）/（4+4）＝9，（6×1×9）/（4+5）＝6。

101

52。

6×5－7＝23，

2×8－9＝7，

14×2－6＝22，

8×7－4＝52。

102

207。第一个数字72加上3的2次方为第二个数，第二个数再加上4的2次方为下一个数，依次类推。

103

54×88＝4752。

104

71。左窗×门＋右窗。

105

中间的数字除以5，得到顶端的数字。中间的数字十位数和个位数相加，得到左下角的数字。中间的数字十位数和个位数的顺序颠倒后除以3，得到右下角的数字。

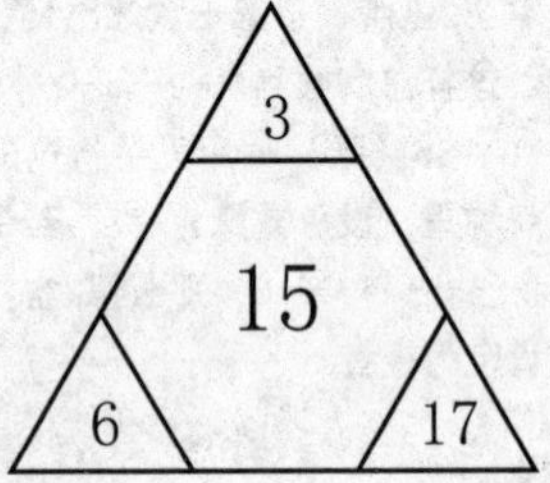

106

（7＋7＋4）－（6＋5）＝2；（9＋1＋7）－（2＋2）＝13；（11＋4＋2）－（5＋2）＝10。

107

20。从10开始，每次跳过一部分，分别加1、加2、加3，以此类推。

108

25

如图。

（a×b）－c＝d

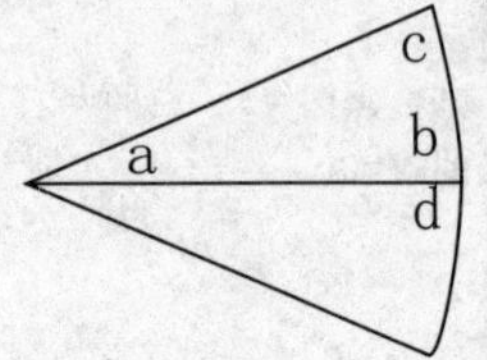

109

104。（3n－1）、（3n－2）、（3n－3），依此类推。

110

-18。左边数字的乘积－右边数字的乘积。

111

18又5/8。有两个顺序：处于第一、三、五、七位置的数字依次加上7/8；处于第二、四、六的数字依次减去3/4。

112

如图。

5	7	8	15	4	7	5	6
11	6	9	8	16	12	10	10
7	12	10	12	3	11	6	8
6	7	2	5	7	7	15	10
12	15	10	8	5	12	8	7
6	7	11	13	9	6	9	6
9	8	10	6	8	8	1	2
3	6	4	10	10	10	15	15

113

C的值为41。

16	9	8	1
15	10	7	2
14	11	6	3
13	12	5	4

114

115

Q。根据26个英文字母的顺序，图中字母的顺时针排列有着这样的规律，遗漏1个字母，遗漏2个字母，遗漏3个字母，遗漏1个字母……

116

45。黑圆＝3，白圆＝8，带阴影的圆＝13。

117

B。本题注意分析题干的关系。当弟弟长到哥哥现在的年龄时，如果哥哥与爸爸的年龄都同时减少到现在的年龄，那么弟弟与哥哥年龄和仍然等于爸爸的年龄，即爸爸现在的年龄是哥哥的2倍，所以哥哥现在的年龄是50÷2＝25（岁）。

或直接列方程求解：设弟弟今年为a岁，经过k年和哥哥现在的年龄一样大，那时的哥哥为（a＋k＋k）岁，爸爸为50＋k岁，则可得关系式：

（a＋k）＋（a＋k＋k）＝50＋k，即2（a＋k）＝50，a＋k＝25岁。

118

将两枚骰子的点数和分别为7与8的各种情况都列举出来，就可得到问题的结论。用a＋b表示第一枚骰子的点数为a，第二枚骰子的点数是b的情况。

出现7的情况共有6种，它们是：

1＋6、2＋5、3＋4、4＋3、5＋2、6＋1。

出现8的情况共有5种，它们是：

2＋6、3＋5、4＋4、5＋3、6＋2。

所以，小明获胜的可能性大。

注意，本题中若认为出现7的情况有1＋6、2＋5、3＋4三种，出现8的情况有2＋6、3＋5、4＋4也是三种，从而得“两人获胜的可能性一样大”，那就错了。

119

小木球涂色的次序是：“5红、4黄、3绿、2黑、1白”，也就是每涂过“5红、4黄、3绿、2黑、1白”循环一次，给小木球涂色的周期是5＋4＋3＋2＋1＝15。所以只要用2003除以15，根据余数就可以判断球的颜色。

2003÷15＝133……8

这就是说，第1999个小木球出现在上面所列一个周期中的第八个，所以第2003个小球涂的是黄色。

120

B。20人总共失分（100－88）×20＝240（分），由及格率为95%知只有1人不及格。要使第十名失分尽量多（得分尽量低），可使前9名失分尽量少，设分别失分0、1、……8分。而从第十一～十九名亦是失分尽量少，设第十名、第十一名……第十九名分别失分x、x＋1、x＋2、……x＋9，则可得（0＋1＋……＋8）＋[x＋（x＋1）＋（x＋2）＋……（x＋9）]＋41≤240，解得x最大为11，即第十名最少得分89分。

121

D。这是一个几何问题。根据四条定理：（1）等面积的所有平面图形当中，越接近圆的图形，其周长越小。（2）等周长的所有平面图形当中，越接近圆的图形，其面积越大。（3）等体积的所有空间图形当中，越接近球体的几何体，其表面积越小。（4）等表面积的所有空间图形当中，越接近球体的几何体，其体积越大。由（4）可以选出正确答案为D。

122

选择最短的路线最合理。那么，什么路线最短呢？一笔画路线应该是最短的。邮递员从邮局出发，还要回到邮局，按一笔画问题，就是从偶点出发，回到偶点。因此，要能一笔把路线画出来，必须途径的各点全是偶点。但是图中有8个奇点，显然邮递员要走遍所有街道而又不走重复的路是不可能的。要使邮递员从邮局出发，仍回到邮局，必须使8个奇点都变成偶点，就是要考虑应在哪些街道上重复走，也就是相当于在图上添哪些线段，能使奇点变成偶点。如果有不同的添法，就还要考虑哪一种添法能使总路程最短。

为使8个奇点变成偶点，我们可以用图中的4种方法走重复的路线。

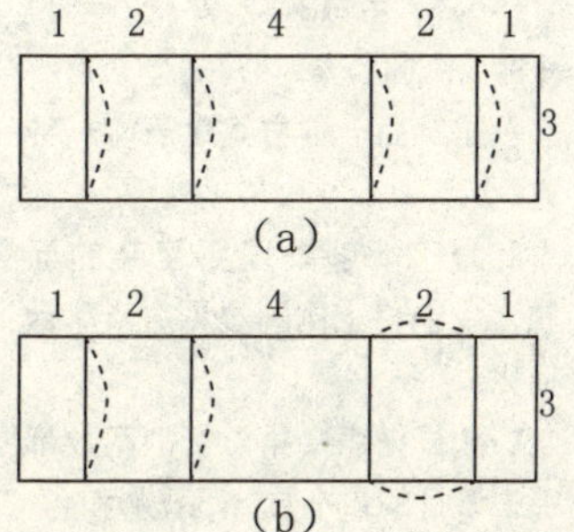

（a）

（b）

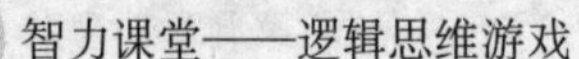

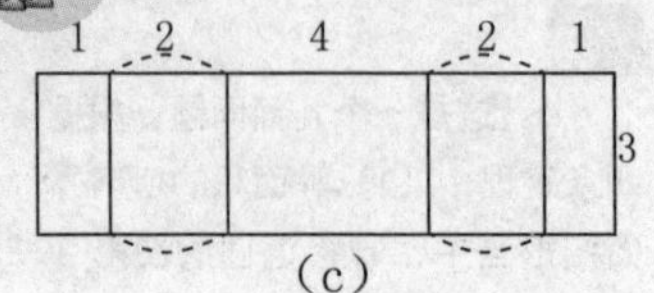

(c)

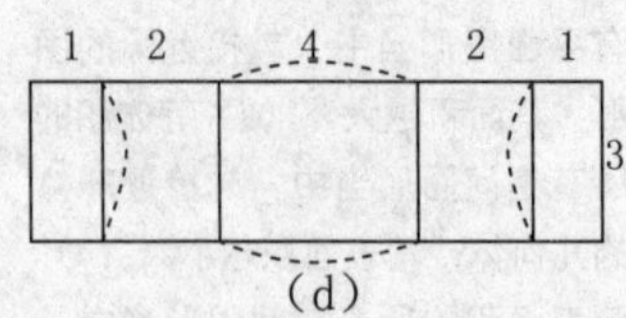

(d)

图中添虚线的地方，就是重复走的路线。重复走的路程分别为：

3×4＝12（千米），

3×2＋2×2＝10（千米），

2×4＝8（千米），

3×2＋4×2＝14（千米）。

当然，重复走的路程最短，总路程就最短。从上面的计算不难找出最合理的路线了。

邮递员应按图（c）所示的路线走，这条路重复的路程最短，所以最合理。全程为：

（1＋2＋4＋2＋1）×2＋3×6＋2×4

＝20＋18＋8

＝46（千米）。

123

因为不同的人要做不同的工作，所以上表中不同行、不同列的两数之和对应一种方案，共两种：

（1）甲做A、乙做B，需要7＋6＝13（时）；

（2）甲做B、乙做A，需要4＋8＝12（时）。

显然后一种方案优于前一种方案。

为了能够处理更复杂的问题，我们将上例的数量关系尽量简化。

如果把表中第一行的两数都减去该行的最小数7，变成0和1，那么上面（1）、（2）各式也各减少7，不影响它们之间的大小关系，即不影响最优方案的确定。

同理，第二行都减去该行的最小数4，变成0和2，也不影响最优方案的确定。

经上述变换后，原表变成下表：

	A	B
甲	0	1
乙	0	2

此时，再将第二列都减去该列的最小数1，变成0和1，同样不影响最优方案的确定，原表变为下表。

	A	B
甲	0	0
乙	0	1

不同行、不同列的两个数之和代表一种方案，因为：

0＋0＜0＋1，

所以最优方案为乙做A、甲做B。上面的化简过程可表示为：

$$\begin{pmatrix}7 & 8\\4 & 6\end{pmatrix}\xrightarrow[\text{减7}]{\text{第一行}}\begin{pmatrix}0 & 1\\4 & 6\end{pmatrix}\xrightarrow[\text{减4}]{\text{第二行}}$$

$$\begin{pmatrix}0 & 1\\0 & 2\end{pmatrix}\xrightarrow[\text{减1}]{\text{第二列}}\begin{pmatrix}0 & 0\\0 & 1\end{pmatrix}$$

总结上面的方法：对于n个人n项工作的合理分配问题：

（1）先将各行都减去该行中最小的数；

（2）再将各列都减去该列中最小的数；

（3）最后选择不在同一行，也不在同一列的n个0即可。

在实施上述变换后，如果仍选不出n个不同行也不同列的0，因为我们的目的是选取一组不同行、不同列的n个数，使这n个数之和尽量小，既然得不到n个0，可用表中最小的数代替0。

124

首先来分析下第一个人，“可以摸出剩下的火柴数”的条件对他来说毫无意义，因此他只能拿多少算多少了。如果他拿走96根，那大家只有一起死了；如果他拿走20根以上，那他是拿的最多的，必死无疑了；如果他拿走20根以下，后面的人可以让他成为最少的；如果他正好拿走20根，这是他唯一可能存在的活路。后面的人可以计算来提高活的概率，而第一个人有几率活但绝对是纯靠运气。

来看看第二个人。如果第一个人拿走20根以上，哪怕是21根，第二个人100%不会死，这样就增加了50%的存活概率；如果第一个人正好拿走20根，第二个人也拿走20根，那么他得和第一个人一起死了，这种情况拿走19根是最好的选择。因此第二人存活概率是0～75%。

接下来是第三个人。如果前两个人拿走火柴的总和在40根以上，那么第三个人100%不会死，他的存活概率多了50%；如果前两个人拿走火柴的总和在40根以下，那第三个人生死的概率各50%。因此第三个人存活概率是：0～75%。

最后是第四个人。如果还剩2根，那死的可不只是第四个人了，而至少是有三个人必须死了；如果还剩3～20根，第四个人就能活下了；如果还剩21～39根，说明前面有人多拿，第四个人就拿20，也能活下来。因此第四个人存活概率大于75%，是最高的。

最后来分析下最后一个人。如果剩下的火柴在20根以上，他可以选择最靠近4个人的均数，因为当有余数时，舍掉余数就不会是最大的，入上去就不会是最小的，这样会在原有的概率就会提高一半；如果正好是均数20根，只要不都死，那最后一人肯定是活下了；如果就剩下了1根，那只有死了。因此最后一人存活率是：0～50%。

125

现在是上午，胖的是哥哥。

假设：现在是上午，那么哥哥说实话，也就是较胖的是哥哥。那么没有矛盾，成立。

假设：现在是下午，那么弟弟说实话，而两个人都说我是哥哥，显然弟弟在说谎话，所以矛盾。

126

乙、丁的口供相矛盾，必有一真一假，那么甲的口供是假话，所以甲是罪犯。

127

是丁打碎的，推理如下：

1.假定是甲打碎了古董，说真话的是乙、丙和丁；

2.假定是乙，说真话的是丙和丁；

3.假定是丙，说真话的是甲和丁；

4.在假定丁打碎了古董时，说真话的只有丙一人，所以古董是丁打碎的。

128

没有人会承认自己有钱，因为有钱的人说假话，不会承认有钱，无钱的人说真话，也不会承认有钱。因此，老五说的是假话，有钱，由此可知，老三没钱，说真话。

老三所说的“老四说过，我们兄弟五个都没钱”因而是句真话，即事实上老四说过此话，但“我们兄弟五个都没钱”是句假话，因而老四有钱，可进而推知，他所说的“老大和老二都有钱”是句假话，即事实上老大、老二两人中至少一人没钱。

老大说的不可能是真话，否则老三说的是假话，这和已得到的结论矛盾。因此，老大有钱。又因为老大、老二两人中至少一人没钱，所以老二没钱，说真话。

概括起来，老大、老四和老五有钱，说假话；老二和老三没钱，说真话。

129

如果C作案，则A是从犯；

如果C没作案，则由于B不会开车，不会单独作案，因此A一定卷入此案。

C或者作案，或者没有作案，二者必居其一。

因此，A一定卷入了此案。

130

由于队长和警员的总数是16名，从（1）和（4）得知：警员至少有9名，男队长最多是6名。于是，按照（2），男警员必定不到6名。根据（3），女警员少于男警员，所以男警员必定超过4名。

根据上述推断，男警员多于4名少于6名，故男警员必定正好是5名。于是，警员必定不超过9名，从而正好是9名，包括5名男性和4名女性，于是男队长则不能少于6名。这样，必定只有一名女队长，使得总数为16名。

如果把一名男队长排除在外，则与（2）矛盾；把一名男警员排除在外，则与（3）矛盾；把一名女队长排除在外，则与（4）矛盾；把一名女警员排除，则与任何一条都不矛盾。因此，说话的人是一位女警员。

131

夫妻二人说因为他们的意见总是不一致所以要离婚，可是如果逻辑地想一下的话，他们不能离婚，因为在“要离婚”这一点上他们的意见是一致的，所以离婚的理由也就不成立了。

132

因为三个人都没有说真话，所以A不娶甲，甲不嫁C，所以甲只能嫁给B，而C不娶丙，那么C只能娶乙了。剩下的A只能娶丙了。

133

9天。可根据题意列出下表：

日	1	2	3	4
上午	晴	晴	晴	晴
下午	雨	雨	雨	雨

5	6	7	8	9
晴	晴	雨	雨	雨
晴	晴	晴	晴	晴

（6＋5＋7）÷2＝9（天）。

134

A德国人，B法国人，C美国人，D日本人，E英国人，F中国人。

	中	日	美	英	法	德
A	×	×	×	×	×	√
B	×	×	×	×	√	×
C	×	×	√	×	×	×
D	×	√	×	×	×	×
E	×	×	×	√	×	×
F	√	×	×	×	×	×

135

C盒子里有匕首。因为A盒子上的话和D盒子上的话不能同时都是假的，所以能断定C盒子里有匕首。

136

李四。如果张三说的是实话，那李四、阿七说的也不错。但只有一个人说实话，可张三、李四、阿七说的都是假话，只有王五说的是实话，李四是头儿。

137

根据（1）和（2），如果甲练的是手枪，那么乙练的就是步枪，丙练的也是步枪。这种情况与（3）矛盾。因此，甲练的只能是步枪。于是，根据（2），丙练的只能是手枪。因此，只有乙才能昨天练手枪，今天练步枪。

138

如果李第一成立，则（丙）中李不可能第三，于是陈第二；则（乙）中陈第四错，于是张应第一。这与李第一矛盾。如果刘第三正确，则（丙）中李第三错，同时陈第二对；则（乙）中陈第四错，同时张第一正确。所以，张第一，陈第二，刘第三，李第四。

139

用列表示意：

	第一名	第二名	第三名	第四名	第五名
甲：			乙×		丙×
乙：				⑤ 戊√	④ 丁√
丙：	甲×			戊	
丁：	③ 丙√	乙√ ①			
戊：			甲√②	丁√	

140

这样的结果是可以发生的。

第一次：甲、乙、丙、丁；

第二次：乙、丙、丁、甲；

第三次：丙、丁、甲、乙；

第四次：丁、甲、乙、丙。

141

丁组。因为甲＋乙＝丙＋丁，丙＋乙＜甲＋丁，甲＜乙，丙＜乙；可得：甲＋乙－丙＝丁，丁＞乙＋丙－甲；所以甲＞丙，乙＜丁。因此，丁组力气最大，乙组第二，甲组第三，丙组最小。

142

（3）。其实这道题中，只有第一个断定是有用的，另外两个断定都是干扰项。因为C的票数多于D，但是E并没有得到最佳警员。根据第一个条件：如果A大于B，并且C大于D，那么E是最佳警员，现在C大于D成立，但是E没有得最佳警员，那么显然A大于B这个条件不能成立。也就是说A的票数不比B多。所以（3）是正确的。其他的情况，要注意的是，有可能会有票数相同的情况出现，所以不能断定其他3个选项是否是正确的。

143

列车在广阔的地带飞驰前进，火车旁有一辆汽车与火车平等飞驶。这样，火车、汽车处于相对静止。难怪，张先生看到车厢（实际是汽车的车厢）有人跳出跳进。飞贼在汽车上再伸出一块跳板到火车顶上，就可以在两者之间来往自由了。

144

B。应用直言命题的矛盾关系来解题，互为矛盾的两个命题必有一真一假，上述命题中乙和丁是互为矛盾的命题，可见必有一假一真，而题干说明四个人的口供只有一个是假的，那么可以断定甲和丙就说的真话。由甲说的是真话，可推出案犯是丙；由丙说的是真话可推出丁是主犯，可见丙是罪犯，丁是主犯，从而我们再来分析甲和丁之间谁说的是真话和假话，显然可以推断说假话的是丁，所以选择B。

145

如果丙作案，则甲是从犯；如果丙没作案，则由于乙不会开车，不会单独作案，因此，甲一定参与作案。丙或者作案，或没有作案，二者必居其一。因此，甲一定参与作案。

146

7个观点如下：张三：星期一；李四：星期三；王五：星期二；赵六：星期四、星期五、或者星期日；刘七：星期五；孙八：星期三；周九：星期一、星期二、星期三、星期四、星期五或星期六。综上所知，除了星期日外，都不止一方说到，因此，今天是星期日，赵六所说正确。

147

假如乙是老实国人，他回答一定是“老实国人”。如果他是说谎国人，他要说谎，回答也一定是“老实国人”。丙如果是说谎国人，他在转述乙的回答的时候必定要说谎，就会说成“他说他是说谎国人”。可是丙并不这样说，可见他没有说谎，他是老实国人，而甲、乙两个都是说谎国人。

148

只要随便问其中一个人，“如果我问你的兄弟应该走哪条路，他会怎么回答我？”然后按照与答案相反的方向走就可以了。这其实是一道数学逻辑题。假设指示正确方向的答案为命题P，即如果直接问两兄弟，则说真话的会回答P，说假话的会回答非P。那么，按照上面所述的方法提问，假使你问的是会说真话的人，他告诉你的就是会说假话的那个人的答案，即非P；假使你问的是会说假话的人，那么他一定不会如实告诉你自己兄弟的回答，所以得到的答案仍然是非P。所以，无论你问的是哪一个，正确答案都是与他的回答相反的。

149

先做如下分析：

（1）假如张三记错，那么张三不是A型，而李四是O型，小赵是AB型，因此张三必为B型，小钱必为A型。与小钱说的“我不是AB型”没有矛盾。

（2）假如李四记错，这种情况实质上与(1)相同，没有矛盾。

（3）假如小赵记错，那么小赵不是AB型，而张三是A型、李四是O型。于是小赵是B型，小钱是AB型。这与小钱说的话不符，这也是不可能的。

（4）假如小钱记错了，那么小钱是AB型，于是小赵不是AB型，这与小赵说的话不符，这也是不可能的。

由上可知，四人中要不是张三记错，那便是李四记错，所以只可能是上述两种情形中的一种。

150

分别假定陈述（1）、陈述（2）和陈述（3）为谎言，则没有两个陈述能同时为谎言。因此，要么没有人说谎，要么只有一人说了谎。

根据（4），不能只是一个人说谎。因此，没有人说谎。由于没有人说谎，所以既不是谋杀也不是意外事故。因此，达纳死于自杀。

注：虽然（4）是真话，但（1）和（2）也都是真话，达纳居然是死于自杀，这似乎有点奇怪。存在这种情况的理由是：当一个陈述中的假设不成立的时候，不论其结论是正确还是错误，这个陈述作为一个整体还是正确的。

151

侦探的结论是可信的。假设所有B城人的头发都不一样多。不妨把所有的B城人按其头发的数量由少至多作一排列。由条件，B城人中无秃子，所以，在上述排列中，第一个B城人的头发不会少于1根，第二个人头发的数量不会少于2根，第三个人不会少于3根……因此，最后一个人，也就是头发最多的B城人的头发，一定不少于B城人的数量。这和本题的条件矛盾。本题的条件是，B城人的数量，比任何一个B城人的头发都多。因此，至少有两个B城人的头发一样多。

152

A监狱囚犯的总数最多不可能超过518人！把A监狱的所有囚犯依据他们头发数量由少至多按顺序编号。在这个编号中，以下两个条件必须满足：第一，1号囚犯是秃子。第二，n号囚犯的头发数量是n－1根。例如，2号囚犯的头发是1根，100号囚犯的头发是99根，等。否则，囚犯的总数不可能比任何一个囚犯头上的头发的总数要多。如果囚犯的人数超过518人，则编号大于518的囚犯的头发的数量就会与他们的编号相等，破坏了上面的第二个条件，使得囚犯的总数不可能比任何一个囚犯头上的头发的总数要多。因此，A监狱囚犯的总数不可能超过518人。

153

柯尔发给他们的草棒长度一样，拿手表的侍者做贼心虚，自己折短了一截。

154

2519个囚犯。

2519÷3＝839张桌子，剩下2个人；

2519÷5＝503张桌子，剩下4个人；

2519÷7＝359张桌子，剩下6个人；

2519÷9＝279张桌子，剩下8个人；

2519÷11＝229张桌子，刚好。

155

以100个男嫌犯为基数，那么每100个男嫌犯中：

15人未婚；

30人没有电话；

25人没有汽车；

20人没有自己的住房。

有可能90个男嫌犯各不相同，这就意味着，有老婆、电话、汽车、房子的男嫌犯仅10人。

156

首先，确定哪个数字不表示孩子的年龄。1～13这13个数字之和是91，而三个家庭所有孩子的年龄之和是84，因此，不表示孩子年龄的数字是7。

家庭A的四个孩子的年龄只能是以下两种情况之一：12、6、10、13或者12、8、10、11（12必须包括其中）。

家庭C的四个孩子的年龄只能是以下四种情况之一：4、1、3、13或者4、1、6、10或者4、2、6、9或者4、3、6、8（4必须包括其中）。

这样，家庭A孩子的年龄不可能是12、6、10、13，否则，家庭C孩子年龄的四种可能情况没有一种能够成立。因此，家庭A孩子的年龄必定是12、8、10、11。

这样，家庭C孩子的年龄只能是4、1、3、13或者4、2、6、9。

由此不难得出结论：

家庭C孩子的年龄必定是4、2、6、9；

家庭B孩子的年龄必定是5、1、3、13；

小明是家庭B的孩子。

157

（1）选D。根据已知条件4和5，便能知道三个警员最少的总靶数为五靶，故接下去应该打6号靶。

（2）选E。根据题意和已知条件5，我们可知S和T每人各打三个靶。再由已知条件2和3，我们可以得知T打的是三个奇数靶，那么剩下的一个奇数靶肯定由S或U来打。A、B、D一定错。至于C，不一定对。

（3）选A。由已知条件3和4，可推出T至少打了两个奇数靶，因而S和U所打的奇数靶的命中率不可能超过2，因为总共只有四个奇数靶，所以A是错的。而其他选项中，S和U的总和都没超过2，因而都属可能产生结果的范围。

（4）选C。由题意可知，S和T的命中率各为50%，则S、T、U总共打中最少为6×50%＝3（靶）（假设U没打中，因题中并未提到U的命中率）。

（5）选D。对付这种题目，我们只能一条一条地进行分析，即通过排除法来解决。A、C、E所给条件不充分。B虽然限制了S，但对T和U却无法限制。只有选D才是正确的。因为如果T打1号靶和7号靶，那么S只能打2号靶、3号靶、5号靶和6号靶，而把4号靶留给U去打，否则就将违反已知条件6。因此，这是加上D所述条件后唯一的一种可能。

158

主犯是B。注意问题中的提示，即三条证词不一定是出自三人之口。

我们首先来判断三条证词中几条是实话几条是谎话。根据第一名证词以及三条证词中提到的三个名字，可知这三条证词不可能为一人所说，因而由第三条证词可知其中必有谎言。另由第二条、第三条可知，三条证词中至少要有一条是实话，这就是说，在这三条中少则一条、多则两条是谎话。

其中有两条谎话。这里又多了以下三种情况。A：（1）、（2）是谎话。这时A是主犯，B是从犯，因而C是无关者，由此可以推知的（3）也是谎话，这与上面的分析结果相矛盾。B：（1）、（3）是谎话。这时A是主犯，C是无关者，因而B是从犯。由此可推得（2）也是谎话，也与上面的分析结果矛盾。C：（2）、（3）是谎话。这时B是帮凶，C是无关者，因而A是主犯，由此可推得（1）也是谎话。这仍与上面的分析结果矛盾。由以上分析可知，证词中的谎言不可能是两条，只可能是一条。先设（1）为谎言，（2）、（3）为实话。这样，讲实话的人，即与案件无关者是A。这样一来，（1）也就不是谎言了，这与上面的假设矛盾，故（1）不为谎言。其次，假设（2）为谎言，（1）、（3）为实话。这样，讲实话的，即与案件无关者必是B，这与（2）为谎言的假设相矛盾，故（2）也不是谎言。最后，假设（3）为谎言，（1）、（2）是实话，这时由（1）、（2），第三、第一可知，与案件无关的人是C，从犯是A，主犯是B，这与（3）是谎言不矛盾，因而是问题的答案。

159

（1）应选B。根据已知条件4、5可排出其中四人的高矮顺序：山姆、伊恩、阿里、玛丽。由此可见，如果伊恩比阿里高，那么山姆肯定比玛丽高。

（2）应选C。由已知条件2、3和本题附加条件可知，约翰、玛丽、山姆和保罗四人中，约翰的体重最重，其次是玛丽和山姆，保罗的体重最轻，而选项C中所示体重恰恰相反，即保罗的体重重于约翰的体重，所以错。

（3）应选E。

（4）应选C。根据已知条件1、5和本题附加条件可排出下列五人从高到矮的顺序：卡尔文、巴里、哈里、阿里、玛丽，这样我们就可以很明显地看出卡尔文高于玛丽，因此C对。而A、B、D由于条件不充分，推出结果当然也是不可靠的。

160

如果王正确，则他得大奖；此时刘不正确，于是刘也得大奖，这不可能。如果刘正确，则刘未得大奖；此时王不正确，即他也未得大奖；同时邓不正确，即他未得任何奖，这与每人得一种奖矛盾。如果邓正确，则刘不正确，即刘得大奖；于是邓得一般奖；此时王未得奖，恰与他的预言矛盾。所以，刘得大奖，邓得一般奖，王未得奖。

161

供词（2）和（4）之中至少有一条是实话。

如果（2）和（4）都是实话，那就是柯蒂斯杀了德怀特；这样，根据一，（5）和（6）都是假话。但如果是柯蒂斯杀了德怀特，（5）和（6）就不可能都是假话。因此，柯蒂斯并没有杀害德怀特。于是，（2）和（4）中只有一条是实话。

根据二，（1）、（3）和（5）中不可能只有一条是实话。而根据一，现在（1）、（3）和（5）中至多只能有一条是实话。因此（1）、（3）和（5）都是假话，只有（6）是另外的一条真实供词了。由于（6）是实话，所以确有一个律师杀了德怀特。

根据前面的推理，柯蒂斯没有杀害德怀特；（3）是假话，即巴尼不是律师；（1）是假话，即艾伯特是律师，从而，（4）是实话，（2）是假话，而结论是：是艾伯特杀了德怀特。

162

最佳警员和最佳警员的孪生同胞年龄相同；根据（2），最佳警员和最差警员的年龄相同；根据（1），最佳警员的孪生同胞和最差警员不是同一个人。因此，四个人中有三个人的年龄相同。由于王先生的年龄肯定大于他的儿子和女儿，从而年龄相同的三个人必定是王先生的儿子、女儿和妹妹。这样，王先生的儿子和女儿必定是（1）中所指的孪生同胞。因此，王先生的儿子或女儿是最佳警员，而王先生的妹妹是最差警员。根据（1），最佳警员的孪生同胞一定是王先生的儿子，最佳警员无疑是王先生的女儿。

163

珍妮是这样推论的：

凯瑟琳举手了，这说明我和汤姆两人中，至少有一个人是戴红帽子的；

同样，汤姆举手了，这说明我和凯瑟琳两人中，至少有一个人是戴红帽子的。

如果我头上不是戴红帽子，那么，凯瑟琳会怎么想？她一定会想：“汤姆举了手，说明珍妮和我至少有一个人头上戴红帽子，现在，我明明看到珍妮不戴红帽子。所以，我一定戴红帽子。”在这种情况下，凯瑟琳一定会知道并说出自己戴红帽子。可是，她并没有说自己戴红帽子。可见，我头上戴的是红帽子。

如果我不是戴红帽子，汤姆会怎么想？他的想法和凯瑟琳是一样的：“凯瑟琳举了手，这说明珍妮和我两人中至少有一个人头上戴红帽子，现在，我明明看到珍妮头上不戴红帽子。所以，我一定戴红帽子。”在这种情况下，汤姆一定会知道自己戴红帽子，可是，汤姆并没有这样说。所以，我头上戴的是红帽子。珍妮的推论是完全合乎逻辑的。

本章题记所举的例题也可用类似的思路来分析。该题以同样的问题先后问了A、B、C。A、B均说自己猜不出。据此，聪明的C猜到自己头上戴的是红帽子。C的推论如下：

A猜不出，说明B和我两人中至少有一个人戴红帽子；B猜不出，说明A和我两人中至少有一个人戴红帽子。如果我戴蓝帽子，A和B肯定能判断自己戴红帽子，他们都猜不出，可见我戴的是红帽子。

164

侦探问甲卫兵，“请你说，乙将如何回答，他手里的酒是毒酒还是美酒。”甲卫兵的回答只能有两种：第一，“乙将答，他手里拿的是毒酒？”侦探据此有如下推理，如果甲卫兵说的是真话，那么乙卫兵的回答就是假的，则他手里拿的不是毒酒而是美酒。如果甲卫兵说的是假话，则由这句话直接可以推出乙卫兵拿的不是毒酒而是美酒。因此，不论甲卫兵说的是真话还是假话，侦探都可以根据他的这句话判定乙卫兵拿的是美酒。第二，“乙将答，他手里拿的是美酒。”侦探据此可以作出与上述相似的推理。因此，不论甲卫兵说的是真话还是假话，侦探依然可以判定乙卫兵拿的是毒酒。侦探充分利用甲乙之间不可同真不可同假的矛盾关系，构筑一系列的推理，挽救了自己的生命。

165

丙是受害者。假设甲是受害者，那么丙的话虽然是对受害者说的却又是真的，所以，甲不可能是受害者。假设乙是受害者，那么甲和丁的发言虽然是对被害者说的却又是真的。所以乙不可能是受害者。假设丁是受害者，那么乙的话是对受害者说的却又是真的，所以丁不可能是受害者。综上可知，丙就是受害者。

166

假设甲是无辜者，则“甲不是帮凶”就是真话。由于只有无辜者才说真话，所以这句话就必定是甲说的，但从条件“每句话的所指都不是说话者自身”来看，因此，矛盾！假设不成立。甲不是无辜者。

假设乙是无辜者，则“乙不是凶手”就是真话。同样由于只有无辜者才说真话，所以这句话就必定是乙说的，同理，矛盾！假设不成立。乙不是无辜者。

因此，无辜者是丙。

由条件，“三句话中至少有一句话是无辜者说的”，又第三句话不可能是丙说的，因此，第一句和第二句话中，丙至少说一句话。

如果丙说的是“甲不是帮凶”，则事实上甲不是帮凶，而是凶手，乙是帮凶，因而“乙不是凶手”就是真话，因而也是丙说的；如果丙说的是“乙不是凶手”，则事实上乙不是凶手，而是帮凶，同样甲是凶手，因而“甲不是帮凶”还是真话，仍然也是丙说的。

总之，第一和第二句话都必然是丙说的。事实上甲是凶手，乙是帮凶。

167

这个狱吏向监狱长说：“遵照国王陛下的命令，这个犯人应该坐一天牢，释放回家一天，直到他死。”

168

A说B叫真真，这样，无论A说的是真话还是假话都说明A不会是真真。因为他要说的是真话，那么B是真真，如果他说的是假话，那么说假话的不会是真真。而B说自己不是真真，如果是真话，那么B不是真真，如果是假话，那么说假话的B当然也不是真真。由此可见叫真真的只能是C了。而C说B是假假，那么B一定就是假假了，所以A只能是真假。

169

8位警员所说的话中，有6位警员是互相矛盾的。

周警员和王警员互相矛盾显而易见。

赵警员断言：在王、吴两警员中至少有1个人射中；而吴警员说自己同王警员没有射中。这两个判断根本对立，因而也是互为矛盾的。

钱警员与李警员的话也互为矛盾。

互相矛盾的判断不能同真，不能同假；必有一真，必有一假。因而，以上6位警员有三人猜对，三人猜错。

如果8位警员有3位警员猜对，那么孙警员与郑警员猜错了，可推出逃犯是孙警员射中的。

如果8位警员有5位警员猜对，那么孙警员与郑警员猜对了，可推出逃犯是郑警员射中的。

170

（1）根据两人的供词真假，可推论出葛辟的可能死因如下：

A.若江狮说真话，则：葛辟是被谋杀，但不是何虎所为。

B.若何虎说真话，则：葛辟不是自杀，就是被谋杀。

C.若何虎说假话，则：葛辟的死因是意外。

（2）由A及C，可知提示2并不符合实情。因为如果提示2符合实情，则何虎的供词就会为假。如此一来，便会自相矛盾。因此，提示3才符合实情。

（3）既然提示3符合实情，则知江狮和何虎两人中有一人说谎。参照提示3，B及D，可知，说谎的人是江狮。

（4）所以，答案是：葛辟是死于被谋杀。

171

E。由于周未被选上，而根据题设，张、周两个人中至少选上一个，所以张肯定被选上了。如果孙被选上，但选项中没有这样的组合。这样，一定是赵被选上了。因此，正确的答案是赵、张，即选项E。

172

本题可利用假设法来解决。若是一组或二组得金牌，则甲、丙、乙都对。若是三组，则甲、丙、丁都错，只有乙对。这样由判断语言的逻辑关系，找到正确的结论，即三组获得最佳专案小组。这类问题需要我们运用语言间的逻辑关系进行判断。

173

（1）应选C。根据已知条件1和2可知乔治不能入选；根据已知条件3，可知罗伯特不能入选，除他们两人外其余四人都有资格，故选C。

（2）应选D。根据已知条件3可排除罗伯特，其他人均可入选。

（3）应选B。因为艾咯特和伦纳德拒绝进入专案小组，这就意味着所剩的男性候选人只有乔治和罗伯特两人，而这个专案小组需三人组成，这样势必有异性参加，根据已知条件3，罗伯特又不能入选，因此真正留下的候选人只有四人，其中乔治和珍妮又是亲戚关系，又不能一同进入专案小组，否则违反已知条件1和2，所以可能的组合只有两种：一种是乔治、海伦和苏三人组成；另一种是珍妮、海伦和苏组成。

（4）应选D。因为入选的是乔治，根据已知条件1和2可排除珍妮；因为专案小组不能全部由同性别人员组成，根据已知条件3可排除罗伯特。其余四人均有资格当选为另两位专案小组成员，故选D。

（5）应选E。

174

根据（1a）和（2a），李四第一次去赌场的日子必定是以下二者之一：

（A）张三第一次去赌场那天的第二天。

（B）张三第一次去赌场那天前六天。

如果（A）是实际情况，那么根据（1b）和（2b），张三和李四第二次去赌场便是在同一天，而且在20天后又是同一天去赌场。根据（3），他们再次都去赌场的那天必须是在二月份。可是，张三和李四第一次去赌场的日子最晚也只能分别是一月份的第六天和第七天；在这种情况下，他们在一月份必定有两次是同一天去赌场：1月11日和1月31日。因此（A）不是实际情况，而（B）是实际情况。

在情况（B）下，一月份的第一个星期二不能迟于1月1日，否则随后的那个星期一将是一月份的第二个星期一。因此，李四是1月1日开始去赌场的，而张三是1月7日开始去的。于是根据（1b）和（2b），他二人在一月份去赌场的日期分别为：

李四：1 日、5 日、9 日、13 日、17 日、21 日、25 日、29 日；

张三：7 日、12 日、17 日、22 日、27 日。

因此，根据（3），张三和李四相遇于1 月17 日。

175

由年龄最小者和死者是异性，可知死者不是年龄最小者。又，从犯比死者年龄大，可知从犯是父或母。又，年龄最大者和目击者是异性，而父亲年龄最大，因此，目击者是女性。又，从犯和目击者是异性，故从犯是男性因而是父亲。如果死者是女性，则由年龄最小者和死者是异性，可知年龄最小者是男性并是凶手（因为目击者也是女性），但由条件，“凶手不是年龄最小者”，因此，死者是男性即儿子，并因而年龄最小者是女性，即女儿。同样因为凶手不是年龄最小者，所以，凶手是母亲，女儿是目击者。

176

有题可知里面关系：夫妻，妻子的母亲和丈夫的岳母，丈夫的兄弟，兄弟一人中的子女。那E岳母(母亲)，BC兄弟，C的兄弟就是B有妻子(有女婿关系)B就是丈夫，A妻子，D就是B兄弟C的子女。

由（1）B是我父亲的兄弟（3）C是我女婿的兄弟，猜测B、C是兄弟，B是（1）（儿子或女儿）的叔叔。由（B）C是我女婿的兄弟，推出B是女婿，B和（3）是女婿和岳母关系。由（2）E是我的岳母，推出B（2）是E（3）的女婿。由（4）A是我兄弟的妻子，因为已推出B是（2），所以这句话不可能是B说的，只能是C说的，C的兄弟是B，则，A是B的妻子，D是C儿子（女儿）。

177

无论哪个打开一个就行。比如，打开贴着钻石标签的箱子，如果里面放的是蛋白石，那么钻石就一定装在贴着红宝石签的箱子里。因为如果钻石装在蛋白石签的箱子里，那么剩下的红宝石就只能装在红宝石签的箱子里了，这是有悖于试题题目的。这样，如果知道了，蛋白石签的箱子里装的是红宝石，那么就可以把3个标签换到与各自箱内东西相符的箱子上。

178

（1）当天不可能是星期天，因为根据提示，星期天两人都会说真话，则胡梭应该会说他昨天（星期六）说真话才对。

（2）当天不可能是星期五或星期六，因为那两天巴道说谎话，则他应该说他昨天（星期四或星期五）说真话才对。

（3）当天也不可能是星期二或星期三，因为那两天胡梭说谎话，则他应该说他昨天（星期一或星期二）说真话才对。

（4）当天也不可能是星期一，因为当天胡梭说谎话，巴道说真话，则胡梭应该说他昨天（星期天）说谎话，而巴道应该说他昨天说真话才对。

（5）所以，答案就是星期四。

因为当天巴道说谎话，胡梭说真话，则巴道应该说他昨天（星期三）说谎话，而胡梭应该说他昨天（星期三）说谎话。符合题意。

179

假设甲死于谋杀，则三人中有一个撒谎，与自杀的条件矛盾；假设是自杀，则三人说得都对，也与条件矛盾。因此，甲死于意外事故。

180

D。第一个箱子和第四个箱子上写的话是矛盾的，所以必有一真，必有一假。因此第二、第三个箱子上的话是假话。从而推出第三个箱子中有遗物。

181

不管A是盗窃犯或不是盗窃犯，他都会说自己“不是盗窃犯”。

如果A是盗窃犯，那么A是说假话的，这样他必然说自己“不是盗窃犯”；

如果A不是盗窃犯，那么A是说真话的，这样他也必然说自己“不是盗窃犯”。

在这种情况下，B如实地转述了A的话，所以B是说真话的，因而他不是盗窃犯。C有意地错述了A的话，所以C是说假话的，因而C是盗窃犯。至于A是不是盗窃犯是不能确定的。

也可以用假设法来判断：设A是盗窃犯，则无解（这样A和C都撒谎）；A不是盗窃犯，则A说真话，B招供符合，C撒谎。所以C为盗窃犯。

182

根据（3）和（5），如果甲非常聪明，那她也多才多艺。根据（5），如果甲办案干练，那她也多才多艺。根据（1）和（2），如果甲既不办案干练也不聪明，那她也是多才多艺。因此，无论哪一种情况，甲总是多才多艺。根据（4），如果丙非常漂亮，那她也多才多艺。根据（5），如果丙办案干练，那她也多才多艺。根据（1）和（2），如果丙既不办案干练也不漂亮，那她也是多才多艺。因此，无论哪一种情况，丙总是多才多艺。

于是，根据（1），乙并非多才多艺。再根据（4），乙并不漂亮。从而根据（1）和（2），乙既聪明又办案干练。再根据（1），甲和丙都非常漂亮。于是根据（2）和（3），甲并不聪明。从而根据（1），丙很聪明。最后，根据（1）和（2），甲应该很办案干练，而丙并非办案干练。

183

根据1，每条供词都是由供词中没有提到的怀疑对象所作的。因此，供词与怀疑对象之间的对应关系只有两种可能：

A

（1）王五：李四是无辜的。

（2）赵六：王五说的是真话。

（3）李四：赵六在撒谎。

B

（1）赵六：李四是无辜的。

（2）李四：王五说的是真话

（3）王五：赵六在撒谎。

对于A，（2）支持（1）；而（3）否定（2），进而否定（1）。事实上，供词变成了：

（1）王五：李四是无辜的。

（2）赵六：李四是无辜的。

（3）李四：李四有罪。

如果“李四有罪”是真话，那么李四说了真话而且是有罪的。根据2，这是不可能的。如果“李四是无辜的”是真话，那么王五和赵六说了真话，而且其中有一人是有罪的。根据2，这也是不可能的。因此，A是不可能的。对于B，（3）否定（1）；而（2）支持（3），进而否定（1）。事实上，供词变成了：（1）赵六：李四是无辜的。（2）李四：李四有罪。（3）王五：李四有罪。如果“李四有罪”是真话，那么李四说了真话而且是有罪的。根据2，这是不可能的。如果“李四是无辜的”是真话，那么李四是无辜的，而且李四和王五都撒了谎。由于撒谎的是李四和王五，他们两人中有一人是有罪的。由于李四是无辜的（尽管他撒了谎），所以王五必定是凶手。